U0922737

那时的大学

陈明远/著

山西出版集团　山西人民出版社

图书在版编目（CIP）数据

那时的大学 / 陈明远著．—太原：山西人民出版社，2011.8

ISBN 978－7－203－07339－0

Ⅰ．①那… Ⅱ．①陈… Ⅲ．①高等教育－教育史－中国－代近 Ⅳ．①G 649.29

中国版本图书馆 CIP 数据核字（2011）第 119075 号

那时的大学

著　　者：陈明远
责任编辑：张小芳
装帧设计：清晨阳光（谢成）工作室

出 版 者：山西出版集团·山西人民出版社
地　　址：太原市建设南路 21 号
邮　　编：030012
发行营销：0351－4922220　4955996　4956039
0351－4922127（传真）　4956038（邮购）
E－mail：sxskcb@163.com　发行部
sxskcb@126.com　总编室
网　　址：www.sxskcb.com

经 销 者：山西出版集团·山西人民出版社
承 印 者：山西出版集团·山西新华印业有限公司

开　　本：960mm×787mm　1/16
印　　张：19.75
字　　数：329 千字
印　　数：1－6 000 册
版　　次：2011 年 8 月　第 1 版
印　　次：2011 年 8 月　第 1 次印刷
书　　号：ISBN 978－7－203－07339－0
定　　价：39.80 元

目 录
CONTENTS

序

那时的大学告诉我们什么真相和真理?

近几年来,“科教兴国”的话题已成为舆论的热点。随着“知识经济”在全球范围的突飞猛进,知识阶层的创造性劳动,已被确认为先进生产力的首要因素。近年来我国高校持续扩招,大学生数量急剧上升,相应的也带来许多问题。如何有效地改革科教体制、合理使用教育经费、大力保障师生的教研学习环境、端正学风等,愈来愈成为社会关注的重心。

本书就是我在长期研究的基础上,以大量的第一手史料,通过考证事实,来讨论我国近现代教育的发展,以期用历史的经验教训,提供今后改革的参考。

粪土与鲜花

南开大学创始人张伯苓先生有句名言——

鲜花也需要粪土来培育!

人们理解他的主张:发展教育事业必须有足够的基础作为保障,说白了,办学离不开金钱和权力。俗话云“金钱如粪土,文化如鲜花”;还有句贬斥的成语曰“挥金如土、纸醉金迷”。固然,金钱和权力可以成为文明的土壤,也可以成为罪恶的渊薮。

19 世纪末年以来,从清帝制“家天下”到国民党独裁政权“党天下”

和列强瓜分掠夺的半殖民地的中国，艰难萌芽、挣扎成长的中国文教事业，她好比一株青春之树，半身是不屈不挠、枝条茂盛、绿叶纷披；另半身却深受人祸天灾，枯败腐朽、凋谢飘零。

前清华大学校长梅贻琦先生也有句名言，近来常为人们引用和称道：

> 所谓大学者，非谓有大楼之谓也，有大师之谓也。

但他这句名言的出处，恐怕很少有人去考证，我查阅史料，这是1931年12月3日，梅贻琦在出任清华大学校长的就职演说中着重提出的——

> 一个大学之所以为大学，全在于有没有好教授。孟子说："所谓故国者，非谓有乔木之谓也，有近臣之谓也。"我现在可以仿造说："所谓大学者，非谓有大楼之谓也，有大师之谓也。"我们的知识，固赖于教授的教导指点，就是我们的精神修养，亦全赖有教授的 inspiration（感召）。但是这样的好教授，决不是一朝一夕可罗致的，我们只有随时随地留意延揽而已。
>
> 学术的造诣，是不能以数量计较的。我们要向高深研究的方向去做，必须有两个必备的条件：其一是设备，其二是教授。设备这一层比较容易办到，我们只要有钱，而且肯把钱用在这方面，就不难办到。可是教授就难了。……

先进的社会制度，必须为从事教学科研的师生们创造尽可能有利的环境，才会出人才、出成果、出大师。无论自然科学、技术科学还是人文科学，要得到学术成就必须有三要素作为前提：勤奋、才能和机遇。所谓"机遇"，在很大程度上受到经济基础的作用，受到钱的制约，在更大程度上受到体制机构作用，受到权力的制约。

学校教育问题，包括三大方面：（1）师生的管理体制，知识阶层的工作条件；（2）教学设备的建造、更新与充分利用；（3）校园的学习环境和风气。

许多精神文明的财富，"真、善、美"的情操，是金钱和强权无法估价、更不能收买的。

校园就是"追求真、实行善、创造美"的摇篮和基地。

任何一块金币或一张纸币，翻过来覆过去，都可以显出两面性：一面可带来肥沃的营养，另一面含有致命的毒素。金钱和权力，只有用来培育鲜花硕果才有真正的价值；而鲜花硕果决不允许被粪土损伤、淹没、玷污甚至扼杀。

贫瘠的砂石或者过分的施肥、高压的温室或霉菌繁殖的大棚，都是埋葬良种的坟墓、窒息生命的刑场。

以北京大学、清华大学、北洋大学（今天津大学）、南开大学、东南大学、中央大学（今南京大学）、复旦大学、交通大学、同济大学等名校为代表的中国现代教育事业的发芽、开花、结果，并不是一直在条件优越的温室中成长起来的。20世纪上半叶，中华民族“科教救国”的历程，饱经风霜、备受磨难。就在重重艰难险阻中，磨炼出我国几代教学科研群体，为现代文明作出了重大贡献。他们学识渊博、专业精深、思想活跃、治学严谨；更令人敬佩的是，在当时物质设备简陋、经济条件困窘的环境下，在国民党法西斯党化钳制的威压下，他们认真、敬业，实践了“独立之精神、自由之思想”，培育出一大批栋梁之材。

诺贝尔奖得主杨振宁先生回忆道——

> 想起在中国的大学生活，对西南联大的良好学习空气的回忆总使我感动不已。联大的生活为我提供了学习和成长的机会，我的爱憎主要是在该大学度过的六年时间里（1938—1944）培养起来的。

无数实例说明了：教育机构管理的权和教育经费使用的钱，应该提供和保障有利的条件，而不是束缚甚至扼杀教学与科研的自由发展。如此，中国现代化的未来才有希望。

挖掘老校园的真金

人们对于我国的“老校园”存在许多误解。

有这么几个典型的例子：

就在北京大学百年校庆的时候，有人著文说：“看见今日北京西郊海淀通往颐和园的林荫大道上悬挂着‘北京大学’横匾的民族形式校门，特别是门口两个古色古香的石狮子，就不由得遥想起当年蔡元培老校长首次进入这个校门的动人情景……”但实际上，1917 年 1 月 4 日蔡元培所走进的北京大学校门，并不是今天北京西郊“畅春园”和“勺园”之间的这个仿造的宫门（1952 年以前它一直是燕京大学的校门），而是在北京城内景山东街马神庙公主府旧址的原“京师大学堂”校门。

又如，有些人散步在今日秀丽的“未名湖”畔，浮想联翩，说是好像身临 20 年代“未名社”之诗情画意中，聆听鲁迅先生对于知识青年的谆谆教导，甚至有人说是可以感受到 80 年前五四运动时学生游行队伍从这里集合出发的景象！……但实际上，五四时期这里还荒草丛生、人烟稀少。当时，无论蔡元培还是鲁迅，都没有到过这一片被称为“燕园”的地方。

之所以产生这些误解，是由于不清楚历史真相。今天的北京大学早已不是 20 世纪上半叶的“老北大”了。50 年代院系大调整以后的“北京大学”远离了汉花园、沙滩、红楼一带的原址，迁往西郊海淀，占据了原“燕京大学”的校园。那个曾在五四时期发出“反帝反封建”怒吼、高扬“德先生赛先生”大旗的民主圣地、科学摇篮，今天只在沙滩留下一座红楼，作为文物局的保管遗址……

从青年时期以来，我多少次越过北海白玉桥和景山的墙门，徘徊在这“老北大”的遗址红楼前面，默默地看着夕阳的余晖又把它返照得通红！我们的祖辈、曾祖辈，曾经在这里读书、上课、演讲、辩论，从这里踏上新文化的征途。如今，虽然那些雪泥鸿爪早已消逝，但先辈的影踪总在我眼前、先辈的足迹总在我脚下，引起我无限的遐思。

近年来，一些高等院校相互攀比追溯自己的光荣历史，有的甚至到古代“书院”去寻根。例如东南大学和南京大学两校为了谁拥有原“南高师与中央大学”的正统继承权而争论不休，例如原教会学校金陵大学、沪江大学、东吴大学等等的遗址问题、历史建筑的归属问题，议论纷纷。一些高等院校一味热衷于新校园的扩建、教研基金的申请，然而对于管理体制问题、教研质量问题、学术打假问题，则有所顾忌和回避。

我们究竟要继承和发扬光大什么样的教学传统？

那时的大学告诉我们什么真相和真理？

从前的北大、清华、北洋、南开、东大、中大、复旦、交大……是否就是今日所谓“贵族学校”？

民国以来的高等院校是否均为“老少爷们儿”的福地？它们可曾是

“清贫学子”的寒窗？

挣脱了束缚的“娜拉”们，出走以后又遭遇怎样的命运？

神圣而令人崇敬的学府，跟世俗而令人难堪的金钱之间，跟强权和势利眼的衙门之间，是一种什么样的关系？

大学评议会、教授会怎样实现民主管理？怎样保障学术独立和思想自由？

教师、学生怎样对待钱和权？

通过金钱和强权能得到什么？

又是谁，为金钱和强权而出卖了青春、健康和自由？

什么是金钱和强权买不到的？

本书就以具体真实的我国著名高等院校半个多世纪的历史记录，试图提供一个解开难题的线索。

长久以来，文化教育史，各大学的校史，学府介绍、校园旧闻、学人传记等方面的论述，汗牛充栋。但是，我们还没有看到一部专门考证和探讨“清末民初以来教育管理问题”的著作。本书就是企图填补这个空白。

从人类文明史的大视野看来，校园所培育的人文学者梁启超、王国维、陈寅恪、赵元任、陈独秀、胡适之、周树人、闻一多、朱自清、顾颉刚、冯友兰……以及科学家吴有训、李四光、钱三强、陈省身、华罗庚、杨振宁、李政道……他们的价值何止胜过千万座金山银山！

在思想自由、人格独立、自强不息、厚德载物、追求完美的科教大师和莘莘学子面前，强权和金钱的威胁利诱是无法得逞的。管理体制和经济效益，应该提供精神文明的自由广阔的发展空间，而不应该是枷锁与牢笼。辛勤的园丁们，如蔡元培、马相伯、张伯苓、郭秉文、蒋梦麟、梅贻琦、傅斯年、罗家伦、陈望道……这些杰出的教育家，他们的英名将同北大、清华、南开、南高师、东大、中大、复旦、交大等一起，与日月同光。

作者不揣冒昧，将本书呈献给老师和同学们。

陈明远

2002年4月5日深夜于北京丝竹园初稿

2010年6月3日凌晨于北京中关村修订

清代晚期的“西学”学堂

凡是看过《林则徐》、《鸦片战争》、《火烧圆明园》、《甲午海战》等电影，或读过清末民初文学作品的人，都会有一种强烈的历史屈辱感，民族自尊心也受到最残酷的伤害——从1840年中英鸦片战争、1860年英法联军攻占北京……到1937—1945年日本侵华战争，这一百年间，中华民族由于落后、贫穷、愚昧、衰败，内忧外患不断。每一次对外军事冲突，几乎处处被动、挨打；每一次外交谈判，签约总是割地赔款、丧权辱国，中华古国实已沦为半封建、半殖民地国家。

其中，最使中国人（特别是知识阶层）深感阵痛的，就是1895年甲午战争失败后，清廷向日本帝国的赔款和赎金达白银2.3万万两，年利5厘，三年还清；1900年八国联军攻陷北京后，清廷又欠八国“庚子赔款”连本带息9万万多两白银，预期限39年还清；而当时的清政府每年财政总收入为0.8万万两白银。也就是说，甲午战争的赔款赎金为清朝每年财政总收入的3倍，而“庚子赔款”为清朝每年财政总收入的11倍!

“羊毛出在羊身上”，如此空前巨大的经济损失，还不是由4万万中国人民来承担？物质文明每况愈下造成民族精神的严重失落；曾经灿烂辉煌的华夏文明古国，一再陷入水深火热的困境。

帝国主义列强的军舰、火炮、洋枪，以“打、砸、抢”的空前野蛮暴力，冲开了“天朝”的腐朽门关。罪恶的强暴手段，扼杀了中西文化交流的宁馨儿。从雨果到托尔斯泰，有识之士无不谴责这些强盗、匪帮的反人道的兽行。一个世纪以来，中国走向现代化的过程，竟然成为充满血泪的痛史。中国一场又一场的革新运动，几乎都流产和夭折，“国耻”难洗。

“知耻近乎勇。”爱国忠勇的文人志士如马相伯、严复、梁启超、蔡元培、张元济、张伯苓、胡适、梅贻琦、蒋梦麟、傅斯年等，他们大声疾呼的“教育救国”事业，今天终于得到发扬光大。通过现代化教育的普及，中国人民的素质终于有较大提升。

“前事不忘，后事之师。”在隆重纪念北京大学（前身为京师大学堂）100周年、天津大学（前身为北洋大学堂）100周年、南京大学和东南大学（前身为三江师范和中央大学）100周年、复旦大学90周年、清华大学90周年、南开大学90周年、西南联大60周年之际，回顾一个世纪以来这些校园的生活，对于今后如何“科教兴国”大有启迪。

新学萌发——“西学”的传播

“西学”是作为“中学”（中国学术、传统文化）的相对之词出现的，泛指漂洋过海而来的西方文化，包括自然科学、社会科学、宗教神学等各个方面。

“西学”在我国的传播，可以上溯到明代大学士徐光启（上海人）对《几何原本》等西方科学技术典籍的翻译介绍，以及他对天主教的皈依。在徐光启和同仁的努力下，上海徐家汇成为“西学东渐”的根据地。近代西学在中国传播的途径，除了开设教堂以外，主要有三种：一是翻译西方书籍（介绍西学）；二是发行报纸刊物（宣传西学）；三是兴办新式学校（教授西学）。

甲午战争以前，由传教士和其他外侨开办的、允许中国学生入内学习的学校，有徐汇公学、裨文女塾、文纪女塾、明德学校、清心学校、经言学校、圣芳济学堂、圣约翰书院、圣玛利亚女校、中西书院、中西女塾等。

徐汇公学于1849年创办。当时江南发生了严重的水灾，很多难童无家可归，徐家汇圣依纳爵天主堂传教士晁德莅（意大利人 Angelo Zottoli，1826—1902）收容难童12人，供给食宿衣着，一面教书，一面传教。第二年即1850年正式建校，取名“徐汇公学”，因奉耶稣会主圣依纳爵为主保，故亦称圣依纳爵公学。

1851年学生增加到31人（近代著名学者、教育家马相伯就在这一年进入此校），教员增加到4人。首任院长晁德莅1846年来到中国，他博学强记，深通中文，1850年升为司铎。他在徐汇公学先后任教十多年，用拉丁文写了一部《中国文学读本》，为初来中国的传教士们广泛使用。徐汇公学初由徐家汇圣依纳爵天主堂领导，后改由上海教区主教领导。院长均由耶稣会嫡系的神父担任。院长下设校长，相当于教导主任，负责教学，此职均由耶稣会修士担任。学校以法文和宗教课为主要课程，有一课不及格便不能升级。教室的前二排座位叫“光荣座”，专门留给法文成绩最好的学生坐。毕业时，要求对法文、拉丁文能读会讲，否则留级。因此，徐汇公学毕业的学生，均通法文与拉丁文。为此，日后蔡元培等人曾专门向马相伯讨教拉丁文。

徐汇公学纪律极严。学生绝大部分住宿校内，有严格的规则约束学生的行动，甚至上厕所也要排队前往，小便限制五分钟，大便限制十分钟，超过时间要罚跪，打手心，打屁股，罚吃白饭，罚星期天假日不准回家。学生宿舍从早晨起身后就上锁，一直到夜晚临睡前五分钟才开门。吃饭时规定先吃素、后吃荤，不许发出大的声响。徐汇公学是教会学校中纪律严明的表率。新中国成立后，徐汇公学接办为徐汇中学。

裨文女塾于1850年由美国公理会传教士裨治文夫人格兰德女士（Eliza Gillette）创办，地处上海西白云观（今方斜路），刚开始只有女生20人，后改为裨文女子中学。这是外国人在上海创办的第一所女子学校。新中国成立后，裨文女子中学接办为上海市第九中学。

文纪女塾于1851年由美国圣公会传教士琼司女士（Emma Jones）创办，地点在上海虹口，刚开始女生仅8人，以后陆续增加。学生除了读一般西学知识和中国的“四书”以外，还学习纺织、缝纫、园艺、烹调等技术。1881年改为圣玛利亚女校。新中国成立后与中西女塾合并为市三女中。

其他如圣约翰书院、中西书院等，详见后文介绍。

清末“西学”学堂概况

同治十二年（1873）花之安编著的《泰西学校论略》出版，我国学制改革的讨论由此发端，断断续续，进展很慢。光绪五年（1879）王之春游历日本，考察日本及西方各国学校制度后，向朝廷呈文，汇报了西方普及教育和多段多级学制的概况。1894 年，郑观应在引述《英法俄美日本学校规制》后指出：

> 按古今中外各国，立教养之规，奏富强之效，原本首在学校。今日本师泰西教养之善，培育人才，居然国势振兴，我国胡可不亟力行之？一语为之断曰：不修学校，则人才不出；不废帖括，则学校虽立，亦徒有虚名而无实效也！
>
> （引自《盛世危言》，《郑观应集》上册，第 261 页）

然而，言者谆谆，听者藐藐。直到甲午战争时，西学在中国仍然缺乏文化市场，而传统的“儒学”基本垄断文教。从乡间草台戏班，到城镇集市茶馆，从绅士对四邻的宣谕，到朝廷对国策的制定，没有表现出任何西学的影响。保守落后的封建社会，自给自足的小农经济，自未能形成追求西学的内在动力。

1894 年甲午战争前夕，“京师书肆尚无地球图”；学人在广州各大书院，竟然找不到西书译本；而内地书院，更明令禁止西学书籍进门。文坛著述，独尊儒学。梁启超指出：“盖当时之人，绝不承认欧美人除能制造、能测量、能驾驶、能操练之外，更有其他学问。”

“新学”在中国步履维艰

“新学”在中国的发展、进步极其迟缓。据统计，江南制造局翻译馆从 1868 年创立到 1897 年，30 年间仅售出各类译著 13000 部（参看梁启超《戊戌政变记》，载《饮冰室合集·专集》第 1 册，卷 1，第 22 页），平均每年不过 400 部，分到全国，大约每五县才有一本“西书”。对照日本，在明治维新之前的 1866 年，仅福泽谕吉译著的《西洋事情》一书，刚出版就销售达 25 万册。中华帝国对于西学的引进，比之日本，相差何止百倍！

设立“洋务学堂”同文馆等，是中国近代新式教育的发端。丁韪良认为：“有希望革新这古老帝国的是新教育，新教育的肇端是同文馆。”同文馆是新教育潮流的“最初的源泉”。（参看丁韪良《同文馆记》上篇，写于 1907 年 6 月 19 日，载《教育杂志》第 27 卷第 4 号）但是，洋务学堂水平不高，发展更遭遇重重障碍。

西方各国并不希望中国在工业技术和科学教育等方面迎头赶上，而清政府又不能派专员去西方选聘专家学者来华执教，所以，洋务学堂的西学教师，只能就地延聘在华传教士担任。传教士专攻神学，对于自然科学、社会科学只是兼通，有真知灼见的“洋教习”凤毛麟角，且多滥竽充数者。

1892年郑观应曾批评说：“广方言馆、同文馆虽罗致英才，聘师教习，要亦不过只学言语文字，若夫天文、舆地、算学、化学，直不过粗学皮毛而已。……况督理非人，教习充数，专精研习曾无一生，何得有杰出之士，成非常之才耶?”

教师质量差，教材程度低，必然影响学生的质量和程度。严复在主持了十多年北洋学堂后说：“复管理十余年北洋学堂，质实言之，其中子弟无得意者。……此不独北洋学堂为然。即中兴诸老，如曾（国藩）、左（宗棠）、李（鸿章），其讲洋务、言培才久矣，然前之海军，后之陆军，其中实无一士。”（引自《与熊纯如书》，载《严复集》第3册，第687页）

专制官僚政治对教育的桎梏

洋务学堂虽也参照西方办学模式，试图对传统教育有所改革，但仍然一派衙门作风，沿袭封建机构的官僚体制。如京师同文馆，学生不过数十人，教习不过十几名，而重重叠叠的管理者却有总教习、提调、帮提调、专管大臣、总管大臣，直到听命于皇帝。彼此间层层统辖，举凡制定章程、添置馆舍、筹措经费，乃至教习的聘用升迁、学生的招考奖惩，都要级级报批，甚至连学生的试卷都须“恭呈御览”。腐败的官僚作风和衙门习气，全盘搬到“学堂”里面。各级官员贿赂公行，克扣学生伙食及奖赏银两，贪污公款、百计渔利，“吮众人之膏血，肥自己之身家”。三餐醉饱，吸食鸦片，“而馆内一切大小事宜，概不管束”。至于学员，大多是官僚阔少，平时仆役扈从，吃喝嫖赌。临考则枪替抄袭，贿赂师长，“试则前茅也，食则全俸也，……其不讲联络者，虽文理优长，名次概行列后”。（参看光绪九年即1883年广东道监察御史陈锦奏，转引自《中国近代学制史料》第1辑上册，第583—584页）

古训尝谓夷夏大防、义理之辨，由此而成之夜郎自大和排外心理，使一般士大夫视讲求西学为可耻，“有谈者，诋为汉奸，不齿士类”。（引自梁启超《戊戌政变记》，《饮冰室合集·专集》第1册，卷1，第21页）

中华帝国的科举制“以学干禄”，学而优则仕是三百六十行中最受人尊敬的出路。而洋务学堂的学生“为士林学人所不屑，被斥之为名教罪人、士林败类”。个别学生例如严复等，即使脱颖而出，亦难以忘情所谓“科甲正途”。周树人、周作人进入洋务学堂时，竟然被诋毁为“把灵魂出卖给洋鬼子”；在京师朝廷“许多人连公开承认他们是同文馆学生的勇气都没有”。（丁韪良语，见乔纳森·斯潘塞著，曹德骏等译《改变中国》，第138页）

洋务派的两类实用教育

19世纪欧美各国兴起“革新大学”运动。世界新潮涌动，日本1868年明治维新后，开设新式学校，代替儒教学院。1881年正式建立了东京大学。中国方面，19世纪60年代以后至清晚期，少数新派人士办“洋务”，兴“西学”。近40年间所谓“西学”的主要内容有两方面，即为政治外交服务的“西文”和为富国强兵服务的“西艺”，办学方针是洋务派提出的“中学为体、西学为用”。

洋务运动是中国工业化的萌芽。而中国的工业化酝酿于太平天国的战火之中。1861年湘军首领曾国藩创办安庆内军械所，1865年淮军首领李鸿章创办上海江南制造总局，后来又创办了几处重工业和轻工业工厂。这是洋务运动的开始。

相应的，从同治元年（1862年）起，洋务派先后设立20多所“西学”学堂。我根据收集的历史档案资料加以考证、分析和归纳，认为这些学堂大致可以分为两大类：第一类是主要学习“西文”的方言学堂，也即外国语院校（把西方语言称作“方言”，可见以“天朝”中央帝国自居之心态）；第二类是主要学习“西艺”的实业学堂，即工程技术院校，包括水陆师和武备学堂，即军事技术和军工院校。后来也有一些新式学堂兼顾“西文”和“西艺”，但总有所侧重。这仅是我本人的一家之言，提出来供参考——

“西文学堂”即外国语院校性质的方言学堂

主要有：1862年创办的京师同文馆（1866年后转为综合性学院），

1863 年创办的上海广方言馆，1864 年创办的广州同文馆，1893 年创办的湖北自强学堂等。这一类学校以学习外国语和西方文化常识为主，主要培养外交翻译人员。

“西文学堂”的新学，是中国 20 世纪文理学院和现代语言文化专科教育的先驱。

“西艺学堂”即军事技术和军工性质的实业学堂

主要有：1865 年创办于上海的江南制造局附设机械学堂，1866 年创办于福州的船政学堂，1881 年创办于天津的北洋水师学堂，1890 年创办于南京的江南水师学堂，1895 年创办于武汉的湖北武备学堂等。办这一类学堂的主要目的，是培养使用和维修西洋机械、船舶、火器的人员，其中包括军事技术院校性质的水陆师和武备学堂等。

“西艺学堂”的新学，是中国 20 世纪工程学院和实业技术专科教育的先驱。

洋务派学堂的规模和局限

以上两大类，是我国最早专攻“西文”和“西艺”的新式学堂，它们完全是为“洋务运动”的政治服务，所以专业设置过于狭窄，思想没有真正解放。

这些“西文学堂”和“西艺学堂”规模不大，学生名额通常仅有百名左右。例如——

京师同文馆最初的英文馆学生只有 10 名；后来增添法文馆和俄文馆，各馆也只有 10 名学生，共 30 名；到光绪十三年（1887 年）学生共 120 名；

上海广方言馆初办时，学生 40 名，以后陆续增加，最多时每届 80 名；

1896 年，湖北自强学堂开设英文、法文、俄文、德文四门，每门 30 名，学生共 120 名；

北洋水师学堂分为三班，学生最多时为 120 名；

江南水师学堂驾驶科和管轮科各 60 名，共计 120 名学生；

……

仅仅为了帝国外交的实用目的，而学习外国语；为了维护专制统治

“富国强兵”的实用目的，而进行军事和技术的职业教育。这就是所谓“中学为体、西学为用”，实际上是“专制极权为体、枪杆笔杆为用”。

即使规模较大的由总理各国事务衙门（相当于今外交部）于1862年创设的京师同文馆，在1866年以前也只限于学习英、法、俄等外国语课程。1866年后才附加天文、算学等自然科学的基础课程，然而教学水平不高，学员的兴趣也不大，成就与影响甚微。

这些都属于洋务派的实用专科学堂，尚缺乏现代化的文、史、哲、政、法等社会人文科学的先进观念，也缺乏现代化的数、理、化、生物、地学等自然科学和技术科学的系统方法。但它们毕竟是“教育救国、实业救国”的启蒙运动的起点，揭开了中国现代化的扉页，尽管还仅是脆弱的一页。

最早的“西文学堂”——同文馆

1858年第二次鸦片战争期间签订的《天津条约》规定：以后中外交涉的条约均用英文书写，仅在三年内可以附用中文。1859年2月，翰林院编修郭嵩焘上奏朝廷，请开设外国语言文字学校；不久战事扩大，朝廷无心也无暇顾及此事。1861年战火平息，奕䜣、桂良等人重提开设外语学校，冯桂芬也建议在上海等地设立翻译公所，招收中国幼童学习外国语文。1862年，清政府开设京师同文馆，这是我国最早的外国语学堂，培养的对象主要是北京的满族八旗子弟。

一、京师同文馆

从光绪二年（1876年）公布的同文馆“西学”课程来看，学生“由洋文而及诸学共须八年”。对那些年龄稍长，口舌僵硬而不能读写外文，仅愿学习西方常识的八旗贵族子弟，规定肄业年限为五年，课程上删掉了外国语操练和翻译的内容。（以上参见《同文馆题名录》光绪五年即1879年刊）

同文馆起初只设英文一科。1863年增入俄文馆，1871年新设法文馆，1888年又设翻译馆。1897年设东文（日文）馆。但英语教学一直居于首位。学习科目逐渐扩充，包括算术、天文、化学、物理、万国公法、医学、生理等科，学习年限8年。前5年近似后来的中学程度，后3年近似大专程度。

京师同文馆主要是为清廷训练外交翻译官服务的，所以规模并不大。创设之初，学生只有10名；后来添设法文馆和俄文馆，各馆也只有10名学生，共30名。再以后有所增加，到光绪十三年（1887年）建校20多年时学生总共也只120名。

按照原规划，同文馆的“教习”（师资），创建之初暂聘外国人担任，逐渐由本国人代替。后因课程扩充，大部分学科又无中国人能够讲授，只好继续聘请外籍教习；仅中国语文和算学二科，由中国教习担任。而中国教习的出路还是担任行政官职（知县等），即所谓“仕途”。

同治八年（1869年）美国基督教传教士丁韪良被任命为京师同文馆总教习（教务长），一直到1894年，教龄（或职龄）长达25年。京师大学堂建立后，丁韪良又担任大学堂总教习。（1916年丁韪良于北京去世）

二、上海同文馆——广方言馆

同治二年正月二十二日（1863年3月11日），江苏巡抚李鸿章委托幕僚冯桂芬代拟《奏请设立上海学馆》的折稿，特别说明了在上海开设外语学校的必要性：上海为洋人总汇之地，中外交涉繁杂，各国均设有翻译官，中国方面则缺少外语人才，遇事往往吃亏。同时上海洋人种类较多，书籍较富，见闻较广，在这里设立外语学校，可以博采广益，收到良效。折上，仅17天，令准。不久，校舍动工。最初拟名“上海外国语言文字学馆”，始见于李鸿章请设上海学馆的奏稿。在冯桂芬拟订的试办章程中，正式定名为“上海学习外国语言文字同文馆”，简称“上海同文馆”。这个名称用了4年，1867年改名“上海广方言馆”。

上海同文馆——广方言馆，设监院一人，由上海县学官承办。总办董事一人，管理馆中一切事务；司事四人，分管学生注册、考核、设备、杂务。

学制3年，学习成绩优秀者，可由督抚保奏，授以官职。

跟容闳（1828—1902，中国近代史上首位留学美国的学生）一起担任过第一批留美幼童监督的陈兰彬（1816—1895）为广方言馆第一任总办（校长）；冯桂芬（1809—1874）1863年为第一任监院，英国传教士傅兰雅、美国传教士林乐知，曾受聘为广方言馆第一批洋教习。

从上海广方言馆开始，打破了入学资格必须为“八旗子弟”的限制，而向汉族（主要是江浙、东南沿海一带）的士民阶层“开门”。馆内诸生每日享受生活费白银一钱，合每月白银3两，不在馆时不给。学生每月归省不

得超过3日，疾病事故不得超过百日，逾期者辞退。（参见《广方言馆全案》第6—10页）

同治八年（1869年）上海广方言馆分为上、下两班。初入馆者先进“下班”，学习算学、代数学、对数学、几何学、重学（力学）、天文、地理、绘图及外国语言文字。一年后甄别，择优升入“上班”。分7个专业。后又改为正科、附科，分英文馆和法文馆，毕业后送到北京同文馆肄业（插入高级班进修），所以实际上可看作是京师同文馆的预备学校。（参见《上海县续志》卷11）

广方言馆最初设在上海城内旧学宫之后，敬业书院之西，由上海县儒学教谕章安行负责筹办。据记载，学馆建筑“楼阁房廊，制极宏敞”。堂中有李鸿章楹联：“声教遍中西，六寓同文宣雅化；诵弦宜春夏，四方专对裕通材”；冯桂芬楹联：“九邱能读是良史，一物不知非通儒”。宣示办学方针为通中西之学。1869年11月，江海关道涂宗瀛以江南制造局已设译书馆，与广方言馆事属相类，禀准南洋通商大臣将广方言馆移入江南制造局。学馆新址在制造局西北隅，1870年初建筑竣工，计楼房、平房共8座74间，楼上24间为翻译馆，楼下及平房50间为广方言馆。1870年2月，广方言馆迁入新址。

广方言馆初办时，学生额定40名，以后陆续增加，最多时每届80名；到1899年并入江南制造局工艺学堂的机器馆学生20名，化学馆学生20名。入学保送与考试相结合；开始年龄限为14岁以下，后来改为15岁以上20岁以下。学制初为3年。开始时学生均为免费住馆就读，并由馆方发给伙食费每日一钱，即每月3两，1894年以后有所变通。课程起初以外文、算学为主，兼习经史辞章，1870年以后增加重学、天文、地理、勘探冶炼、机器制造、行海理法等课，由一般的培育外语人才变为培养多方面的科技人才的综合学校。广方言馆所开外语有英、法、德等语种，多聘外国学者如著名的林乐知、傅兰雅、金楷理、璞琚等担任教习。江南制造局所出版的中译西书中，有不少是广方言馆学生翻译的。

广方言馆历时42年，培养了500多名擅长外语、懂得近代知识的新型人才；他们后来或在外交部门，或充海关翻译，或到工矿办实业，或到学堂教学。其中陆征祥、胡惟德代理过国务总理或担任外交总长，至少有9人担任过驻外公使，如杨兆均、刘式训、吴宗濂等；许多毕业生担任了各种学校校长、教习，或翻译西书。“一馆之中，极勋位于首辅，展奇韬于秘府，遍

使节于环球，振古以来未有若斯之盛也。”（参看吴宗濂：《上海广方言馆始末记》，载《京师同文馆学友会第一次报告书》前附）

1905年，两江总督周馥以各省已设学堂，兼习外国文字，足备翻译人才，而“工商各业，尚无进步”，奏请改上海广方言馆为“工业学堂”；不久，又由陆军部重定名称，分为专门、中学、小学三部分，统称为“兵工学堂”。

三、广州同文馆

京师同文馆和上海广方言馆开办以后，李鸿章又奏请在广州开设类似的同文馆。广州同文馆于同治三年（1864年）五月建成。聘翰林院编修吴嘉善为汉文总教习，美国人谭顺为英文教习，谈广楠、汤森为首任馆长。

选广州满汉八旗子弟、资质聪慧，年龄在14岁内外，或年龄在20左右而满、汉文字都能通晓、质地尚可造就的人才，同时也招收内地品学兼优之士。学制3年，学生待遇和上海广方言馆类似，诸生每日享受生活费银一钱，也就是每月白银3两。

四、湖北自强学堂

光绪十九年（1893年）洋务派大臣张之洞上奏皇帝，认为湖北地处战略要冲，汉口、宜昌均为通商口岸，洋务时期，应及时创设学堂。他建议于同年创立湖北自强学堂。

学堂最初分方言、格致、算学、商务四门，每门招学生20名，共80名。年龄一般限制在15岁到24岁之间，学习期限以5年为准。

1896年，学堂总办蔡锡勇在张之洞的授意下，修改自强学堂章程，把算学移归两湖书院，格致、商务两门纳入方言科中学习。学校专教所谓“方言”，即各国语言文字，主要有英文、法文、俄文、德文四门，每门学生以30名为额，共120名。各请教习，分门授课。1897年，又增设日文一门。这时候，湖北自强学堂成为专习五国方言的外国语学堂。

以前各种学堂都是由官府供给学生膏火费资助。自强学堂在开始的几年里，除供应学生饮食、书籍、纸笔外，还发给学生每人每月膏火银5圆（注：当时1银圆约合2009年人民币200元）。

1897年后，张之洞仿效西方，实行按考试成绩给予鼓励的办法。虽不像西方高校那样要收取学费，但停止了膏火供应。规定“按月比较华洋文字进境分数，分别甲乙，给予奖励，以资鼓励”。（引自《自强学堂不给膏火示》见《张文襄公全集·公牍》卷28）一方面节约财政开支，另一方面也杜绝了专图膏火的不学无术之辈，从而选拔一批有志于“西学”的后起之秀来学堂受教。自强学堂的新规定，可说是中国近代教育史上“奖学金制度”的发端。

光绪二十九年（1903年）张之洞将湖北自强学堂改为普通中学，成为湖北第一所现代中学。

富国强兵的“西艺学堂”

一、福建船政学堂

1. 福建船政学堂的创建

同治五年（1866年），洋务派、闽浙总督左宗棠，奏请在福州船政局附设船政学堂（跟马尾造船厂配合），分为前堂和后堂两部。这是我国第一所海军技术专科学校。

前堂注重法国学问，所以又称为“法国学堂”，学习机械和造船；

后堂专重英国学问，又称为“英国学堂”，主要学习驾驶技术。

除上述二学堂外，又添设绘事院（测绘技术室），内分二部：一部学习船图（造船结构设计图），一部学习机器图（机械制图）。

左宗棠在开办学堂时，拟“艺局章程”规定：

> 除膳宿费由学校供给外，学生每人每月可得白银4两，以便赡养家属。学习期限以5年为准。入学时需由各学生的父兄及本人具结担保。在学习期间不得请长假或改习别业。每三月考试一次，由教员分别等第。获一等者赏洋银10圆，二等者无赏无罚，三等者记过一次。两次连考三等者给以警告，三次连考三等者，则勒令退学。反之，如三次连考一等者，则除照章奖励外，还另加赏衣料以示鼓舞。

2. 严复

福建船政学堂培养了一位杰出人才——严复。严复（1854—1921年，笔者注：严复生于清咸丰三年阴历十二月，换算到公元纪年应为1854年。

过去有的学者以咸丰三年简单地折算为1853年，那是弄错了，本文特此订正)，福建侯官人，父亲是中医。14岁时父亲去世，家境陷入贫困，无法供他走“科举入仕”的正途，所以考入福建船政学堂。在当时被士大夫阶层鄙视。5年后毕业，于1877年（光绪三年）被选派赴欧洲留学。在英国格林尼茨海军学校进修3年，作为高材生而结业；回国后，又留在福建船政学堂任教1年。此后被洋务派李鸿章调往天津，在北洋水师学堂任职。

光绪十年（1884年）8月，法国远东舰队袭击福州马尾港，将“大清国”新装备的军舰击沉9艘，马尾造船厂亦遭炮击。马尾海战给严复深刻的教训，他认识到，如果中国缺乏先进实干的人才，将不可能“富国强兵”而只能是“穷国弱兵”。由此他决心献身于启蒙事业。严复在北洋水师学堂任职20年，自总教习（教务长）、会办（副校长），升任总办（正校长）；在1894—1895年中日甲午海战之前，一直过着军校生活。跟他同一批出国的学员如刘步蟾、林泰曾、林永升、方伯谦等，学成回国后都在水师担任舰长等职务，而严复则长期从事教学和翻译等启蒙工作。

3.《申报》关于福建船政学堂的报道

社会舆论对洋务学堂越来越关注。在19世纪80年代的中文报刊中，已能看到有关洋务学堂的消息和报道。上海一带对洋务学堂培养新式人才的成就虽然多加赞许，但也有所批评。如1883年10月11日《申报》在“闽中近事”的报道中，刊载一条批评“福建船政学堂”毕业学生普遍吸食“洋烟”（鸦片）的消息：

> 福州船局创设将及二十年，其前后学堂所教学生将及百人。除出洋之十余名外，其在前学堂者则司绘图、制造，及管理绘事院事务，其在后学堂者则随时派出轮船，或为驾驶之任，或为大副、二副，或派赴天津差遣，似觉人才济济，可济时限。
>
> 但查各轮船驾驶者均有吸食洋烟之弊，其成瘾者固有三五人，即未瘾而将成瘾者亦有五六人，下至司理各事人等，及水手、炮手无不如是。查各轮船自驾弁以至水手，薪俸颇厚，原欲以鼓励人才，今乃以饱暖之故，而渐入于放辟邪侈，委靡不振，则是国家岁糜数十万金钱，曾不收一船一人之效，可慨也夫！

福建船政学堂的优等毕业生严复，也是在校时染上了鸦片烟瘾，由此埋下了他40年后被撤去北大校长等职务的一个伏笔。这是后话。

此外，洋务学堂的一些明显不同于中国传统的教学方式，也往往造成人们的好奇和疑惑，引起一些不同的议论。如1880年福建船政学堂为使学生锻炼身体，购置了一些秋千、球类等体育用品，供学生们进行体育活动。《申报》曾就此作了报道：

> 船局后学堂内，去冬设有秋千两架，及皮球、鸡毛燕等件，以为学生早晚游戏之具。许稽查偕学生等打秋千、踢皮球、打燕子，颇有乐趣。又由粤购蛇皮自制鸡毛燕，送入堂中，故操此技者皆兴高采烈。惟秋千架入地未深，今正许稽查已打跌一次，几有性命之虞。嗣又另置一大架，似稍坚固。……夫玩物适情，于学业尚属无碍，惟打秋千则险不可测。

船政学堂置秋千，学堂"稽查"亲率学生一起热衷于打秋千一事，执笔者对此举是并不以为然的，谓其"玩物适情"，使人想起"玩物丧志"这句中国人所忌讳的老话。

二、广东实学馆

光绪六年（1880年）广东实学馆开始兴建，竣工于光绪七年（1881年）。

教职员：从福建省学堂和其他各处选调精通外国语言文字和算学者，派充教习。翰林院编修廖廷相为馆务总办。学馆内设监督一员，专管局务，考查学生勤惰；副监督一员，主要负责财务，兼管局务；洋教习二员，一教驾驶，一教制造；洋文教习三员，分教三个班；汉文教习一人，专教各班汉文和算学。实学馆大都仿效福建船政学堂的办法。

学制5年。每年阴历正月二十日开馆，十二月十五日散馆。端午中秋两节给假五日。星期日休息。跟着汉教习受教的学生，每月初一、初七、十五、二十三等有四天休息。父母病丧，给假五十日。学生如果患病，医疗费由公给发，若疾病较重，允许回家调理。学生平时不许出外探亲访友；亲友来访只许歇息半日，不得留饭住宿。

学生进校时由督抚选拔。选进后的5年里，升迁需通过考试，优良者列入一班。二班要升入一班者，也必须由督抚考核后才准升转。其余二班以下，由监督按月考课，随时升降黜陟。列入一班者，每月给膏火银4两。大考时三次排名在前者，每月加膏火银1两。六次排名在前者，赏品级功牌。一般来说，每年（阴历）四月、七月、十一月中旬各大考一次。

广东实学馆根据学生的不同状况和程度高低，将学生分为不同的专业：

（1）如若算学突出，有升至一班的，从其中选择体质强壮者，教以驾驶，学习航海诸法、航海、天文、船艺集成各书；

（2）文秀且心思灵敏的学生，教以制造，学习重学（力学）、微积、化学、格致、汽机、造船、制炮各书；

（3）稍差一些的学生，教以管轮，学习重学、汽机各书；

（4）文笔流畅的，教以翻译，学习《万国公法》、《星轺指掌》各书，各专一艺。

5年期满后，再分赴工厂、轮船、外国学习，使他们的学业精益求精。（参见《广方言馆全案》第54—59页）

三、北洋水师学堂

1. 北洋水师学堂的创办

同治十三年（1874年）清政府筹划海防，北洋大臣兼直隶总督李鸿章奏请建立北洋水师，向西欧订购铁甲战舰，修筑辽东半岛的旅顺口和山东半岛的威海卫两处军港。相应的，为培养海军人才，在天津城东创办了北洋水师学堂。

1881年7月学堂建成，学制5年，分驾驶、管轮二科。招选13岁以上17岁以下，已读经书数年有文化基础者，分为三班。学生最多时为120名。

学业：除规定必修汉文外，大部分时间学习“西学”，包括英语、天文、地理、几何、代数、三角、微积分、重学（力学）、驾驶、测量等课程。

教职员：总教习由严复担任。他曾留学英国，学成归国后，先在福州船政学堂任教，后被保荐到天津水师学堂任总教习（教务长），校内诸事“实由先生一人主之”（引自《严几道年谱》第8页），以后升任会办（副校长）、总办（校长）。北洋水师学堂聘用少数外国教习，但大部分教师则是留学英国归来的年轻教官。

学堂实行公费，不仅食宿全免费，每个季度还发给制服，每月发给赡银4两，“俾一经入选，八口有资，贫寒之家，咸知感奋”。（据张焘《津门杂记》中卷）也就是说，当时每月赡银 4 两可供一个大家庭——老少八口之家的生活费，由此奖励优秀人才入学。这些学员就成为大清水师的后备队员。1885 年设立海军衙门，1888 年编成北洋水师，共 22 艘新式军舰。

2. 北洋水师学堂招生遇到困难重重

继福建船政学堂之后，北洋水师学堂开办招生，但很不顺利，一个最大问题就是新生来源短缺。由于这些学堂专门传授西学、西艺，必须招收有一定文化根底的少年入学。天津北洋水师学堂所定招生章程规定：

> 挑选学生，无论天津本籍，或邻县，或外省寄籍良家子弟，自十三岁以上十七岁以下，已经读书数年，读过两三经，能作小讲半篇或全篇者，准取。其绅士认保报名，并将年岁籍贯三代开报入册，届时由天津道或海关道面试，择其文理通顺者先取百名左右，送赴水师学堂面复，挑选六十名。……其系外省投习者，来往川资皆由该学生自备。（引自《万国公报》第 631 卷，1881 年 2 月）

为保证新生专心学业，规定在学期间不许应试科举，北洋水师学堂明文规定："学童在学堂以五年为期，未满五年，不得告退，亦不准应童子试，致妨功课。"

3. 张伯苓

1890 年北洋水师学堂招收了一名公费生，他就是后来著名的教育家张伯苓。

张伯苓 1876 年 4 月 5 日生于天津，童年曾在私塾和义馆读书；15 岁（虚岁）考入北洋水师学堂，学习航海驾驶。当时总教习是严复先生，言传身教，给予他很深的影响。

1894 年秋，张伯苓以优异成绩毕业。按照水师学堂的规定，学生完成 5 年堂课毕业后，还要派上练船实习驾驶及操作枪炮鱼雷等。但是，正在毕业生们等待实习时，战争风云给古老的中国带来了前所未有的灾难。

1894 年 7 月，日本对中国军队发动海、陆两路袭击，中日甲午战争爆发。9 月黄海之战，中日舰队各有伤亡。1895 年 2 月，李鸿章"避战令"造成洋务派引以为荣的"北洋水师"全军覆没，甚至无法留一条完整的舰船供水师学堂毕业生实习。清军频频失利的战报，淹没了那拉氏"万寿庆典"的笙歌长宴。

甲午战争后，山东威海卫海军基地先是被日军占领，后又被英国强行“借用”。

1898 年 7 月，张伯苓作为一名海军实习军官，随着清政府的军舰参加了丧权辱国的接收仪式。他亲眼目睹了在中国的土地上“三易”国旗（先降下日本太阳旗，升起中国龙旗；第二天再降落中国龙旗，升起英国“米”字国旗）的屈辱场面，张伯苓的内心受到了极大刺激：要抵御外侮、复兴中华，必须依靠改革教育，创办新式学校，造就一代新人。于是，他辞官为民，决心投身于教育事业，以挽救祖国危亡。

四、江南水师学堂

光绪十四年（1888 年）清政府建成北洋水师，并将广东、福建、台湾、上海的军舰划归南洋大臣统辖，称为“南洋水师”。在沿海各省广设学堂的同时，由南洋大臣曾国荃提议，于光绪十六年（1890 年）在南京仪凤门内建成江南水师学堂。参考北洋学堂的章程，并按照英国训练海军的办法，分驾驶、管轮两科。由于所用图书大都属英文，所以招收学生时对英文看得很重。

根据江南水师学堂章程，拟定招收 120 名学生，年龄 13 岁至 20 岁，已读过二三经，能作策论、文理通顺、曾学习英文三四年，而且“气体结壮，身无隐疾”者。学生招进来后，还要留堂试习四个月，如果口齿不灵或性情执拗、举止轻浮，则剔退另选。周树人（1918 年后才用笔名鲁迅）曾于 1898 年进入江南水师学堂管轮班。1901 年，周作人也步大哥的后尘，经杭州往南京，进了江南水师学堂。

中日甲午战起，1895 年 2 月北洋水师在山东威海卫覆没后，大清国的海军实力一蹶不振。南洋水师分编为长江舰队和远洋舰队。

驾驶科和管轮科各招 60 人，以 20 人为一班（级），四个月的试习后，再根据英语程度分为三班。列入第一班的，每月每人除饭食外给赡银 4 两，第二班给银 3 两，第三班给银 2 两。在堂试习未满四月的，只供免费饭食，不给赡银。（1 两白银即 1.4 银圆，约合 2009 年人民币 200 元）

课程因专业不同而异：

（1）驾驶科以精求英国文法为第一要义，另外开设几何、代数、平三角、弧三角、中西海道、星辰部位、升桅帆缆、划船泅水、枪炮步伐、水电鱼雷、重学（力学）、微积分、驾驶、御风测量、绘图诸法、轮机理要、格致、化学等，凡是作为兵船将领应知应能之事均应学习。

(2) 管轮科除重英语外，也重勾股算学，并加习气象学、力学、水学、火学、轮机理法、推算绘图诸法。另外，还要由洋教习领赴堂外机器厂、绘图房、鱼雷厂、木厂等学习修理轮机器各项手艺。无论驾驶科还是管轮科的学生，还都必须学习《春秋·左传》、《战国策》、《孙子兵法》、《读史兵略》诸书。学生每日傍晚放学后都需到操场进行体育锻炼。

学堂的考试分夏、秋两次，由学堂总办（校长）派员考核，成绩分甲、乙二等，名列前茅的除伙食外，另赏衣料以示鼓励。学制5年，在学期间的生活费、学习费、医疗费都由学堂负担。（参见《江南水师学堂简明章程》，载《万国公报》第22册）

水师学堂办得略有成绩，创办两年时，学生便能用英语对话和学习，技术训练也比较认真。但是能坚持到毕业的学生并不多。如周树人就中途辍学，转到路矿学堂。据《教育大辞书》载：江南水师学堂自创办起到宣统年间，十几年间先后毕业于航海班（驾驶科）的学生只有6届92名；毕业于轮机班（管轮科）的学生也只有6届92名。

对于同文馆等洋务学堂的评价

到19世纪末，当时的新派人士对于同文馆等洋务学堂感到非常失望。在1896年的《请整顿同文馆疏》中指出：

> 计自开馆以来，已历三十余年，问有造诣精纯、洞悉时务，卓为有用之才乎？所请之洋教习，果确知其教法精通，名望出众，为西国上等人乎？授受之法，固不甚精，而近年来情弊之多，尤非初设馆时可比。向章有月考、有季考，立法尚严，今则洋教师视为具文。……学生等平时在馆，亦多任意酣嬉，年少气浮，从不潜心学习。间有聪慧异人者，亦只剽窃皮毛，资为谈剧。及至三年大考，则又于洋教习处先行馈赠，故作殷勤，交通名条，希图优等。（引自《皇朝道咸同光奏议：变法类，学校》，转引自《戊戌变法资料汇编》一书）
>
> 广方言馆、同文馆虽罗致英才，聘请教习，要亦不过只学语言文字，若夫天文、舆地、算学、化学，直不过初习皮毛而已。他如水师武

备学堂，仅设于通商口岸，为数无多，且皆未能悉照西洋认真学习。……况督理非人，教习充数，专精研习曾无一人，何得有杰出之士，成非常之才耶？（引自《皇朝经世文三编》第2卷《西学》，转引自《戊戌变法资料汇编》一书）

对于官立洋务学堂的洋教习，梁启超曾指出，“半属无赖之工匠，不学之教士”，训练出来的学生“未尝有非常之才，以效用于天下”，至多“仅为洋人广蓄买办之才”而已。梁启超认为：“国家岁费巨万之帑，而养无量数至粗极陋之西人”，乃是“数十年来变法之所以无效”的原因之一。（引自梁启超《学校余论》及《论师范》，《饮冰室合集》第1册之一）

当时担任京师同文馆总教习的美国人丁韪良说，京师同文馆的名气很大，总教习的官衔也不小，但初期学生只有10个人，都是满族大臣的子弟，好像几只调皮贪玩的小猫，外国教习真有点儿不想去教，不过是混混日子，捞一笔可观的俸银。

当然，同文馆也并非没有培养出人才，它曾为洋务派所办的机构输送了一批外文翻译和官吏。而洋务派后来的要员，如户部尚书董恂、刑部尚书谭廷襄等，也是同文馆的毕业生。此外，同文馆的“译员班”在30年间陆续翻译出版了20余种书籍，介绍了一些西学知识。这就是同文馆的历史价值。

清朝末年学堂的缓慢发展

新式学堂的生活记载

夏丏（音免）尊（1886—1946），原名夏铸，浙江上虞人。早年曾留学日本，回国后在浙江省两级师范学堂任教。1919 年与刘大白、陈望道等倡导新语文运动。后加入文学研究会，并于 1925 年发起组织“立达学会”。

根据夏丏尊先生的回忆，他的中学校时代（13—18 岁）正是由科举制度到现代教育的过渡时期。学校未兴，少儿读书只有进私塾。夏丏尊自幼也从塾师读经书，学八股，考秀才，且后来考过举人。直到科举全废的前两三年，然后改进学校。

夏家上代是经商的，父亲却是个秀才。兄弟五人中，祖父与父亲都期望夏丏尊将来中举人点翰林，光大门楣，不预备叫他去学生意。

1902 年夏丏尊 16 岁考得了秀才，不久“八股取士”的考试方式即废止，但科举制度仍然暂时保留，改为“以策论取士”。以“八股文”作为考试标准，在 1898 年戊戌变法时曾废过，不数月即恢复，至 1902 年乃真废了。这改革使全国的读书人大起恐慌。当时的读书人大半是一味靠“八股文”吃饭的，他们平日朝夕所读的是“八股文”范本，案头所列的是闱墨或试帖诗，经史向不研究，“时务”更所茫然。废止“八股文”无疑中断了他们的仕途出路……

亲戚中有从上海回来的，都劝夏丏尊学外国语、读外国书。当时上虞没有新式学堂，要学习外国语，只有到上海。据说上海最有名的是梵王渡的圣约翰学院，全部讲授英文，如果在那里毕业，包定有饭吃。父母也觉得科举制度眼看快要全废，长此下去终究不成事，于是就叫他到上海去读外国书。当时读外国书的地方并不多，外国人立的只有梵王渡圣约翰学院、震旦公学与中西书院，中国人开设的只有南洋公学。他是去学外国语、读外国书的，当然要进外国人操办的学校。震旦公学是读法文的，梵王渡据说程度较高，要读过几年英文才能进去，中西书院（即东吴大学的前身）入学比较容易些，夏丏尊于是就进了中西书院。

那时生活水平还很低，可是学费却并不便宜，中西书院每半年（一学期）要缴费 48 银圆。家中境况已甚拮据，夏丏尊第一学期的学费还是母亲把首饰变卖了给他的。他与同伴到了上海，由大哥送入中西书院。那时他年已 17 岁。

中西书院分为初等科三年，高等科三年，此外还有特科若干年。那时功课不限定年级，是依学生的程度定的。英文入甲班，最初读的是《华英初阶》；算学乙班，读《笔算数字》；国文甲班。各种学科中，最被人看不起的是国文，上课与否可以随便，最注重的是英文。时间表很简单，每日上午全读英文，下午第一时板定是算学，其余各科则配搭在这些以后。监院（即校长）是美国人潘慎文，教习有史拜言等。同学 100 多人，大多数是包车接送的富者之子，间有贫寒子弟，则系基督教徒，受教会补助，读书不用花钱的。同学中有丁榕、马寅初等。

中西书院门禁森严，除通学生（走读生）以外，非得保证人来信不能出大门一步，并且星期日不能告假（因为要做礼拜），告假限在星期六下午。礼拜次数很多。每日上课前要做礼拜，星期三晚上要做礼拜，星期日早晨要做礼拜，晚上又要做礼拜。每次礼拜有舍监来各房间查察，非去不可。每天早晨的礼拜约需 30 分钟，其余的都要费 1 小时以上。唱赞美歌、祷告、讲经，使学生厌倦。

夏丏尊读了一学期，学费无法继续，于是只好仍旧在家里，借助《华英进阶》《华英字典》（这是中国第一部英文字典，商务印书馆出版）《代数备旨》等书自修。另外再作些策论《四书义》，请邑中老先生评阅。秋间再去考乡试，举人当然无望，却从临时书肆买了严复翻译的《原富》等书回来翻阅。又因受到社会上改革的呼声影响，他向朋友那里借了《新民丛报》等来看。

1904 年夏丏尊 18 岁，因了一位朋友的劝告，同到绍兴府学堂（即浙江第五中学的前身）入学。在那一两年中，内地学堂已成立了不少。当时办学依照奏定学堂章程，学制统一。县有县学堂，相当于现在的高小程度；府学堂则相当于中学，省学堂相当于大学预科，京师大学堂即综合性大学了。学堂的成立，并无一定顺序，绍兴府是先有中学堂，后有小学堂的。府学堂不收学费，宿费更不需出，饭费只每月 2 银圆光景（注：约合 2009 年人民币 300 元）。并且府学堂由书院改设，书院制尚未全除，月考成绩若优，还有 1 银圆乃至几毛钱的膏火奖赏。读书不但可以不花钱，学得好还有零用可获得。

新式学堂——戊戌变法的唯一成果

清末维新改良运动的一个重要措施，就是经多年酝酿后，于光绪二十四年（1898）即戊戌变法“百日维新”期间，创办了京师大学堂。光绪二十四年阴历八月初六（1898 年 9 月 21 日），以慈禧太后为首的顽固派发动政变，软禁光绪帝，追捕屠杀维新志士。百日维新时颁布的新政措施绝大部分被废除，唯独京师大学堂因为在国际国内各界深受关注，又“以萌芽早，得不废”。

光绪二十四年（1898）10 月 23 日天津《国闻报》评论：“北京尘天粪地之中，所留一线光明，独有大学堂一举而已。”

中华民国元年即 1912 年 5 月，京师大学堂改名“北京大学堂”，第一任校长就是严复。据《京师大学堂成立记》载：“民国元年，梁任公（启超）归国在学堂演说，谓戊戌变法成绩，西后推翻无遗，可留为纪念者，独一学堂而已。”

强学会为救亡而兴学

众所周知，北京大学的前身是“京师大学堂”；但有些文章认为京师大学堂是由封建朝廷最高学府“国子监”发展而来，那是错误的。追溯京师大学堂的发生史，不能不提到它的源头——强学会。

光绪二十一年（1895 年）甲午战争失败，4 月，清政府与日本签订《马关条约》，割地赔款、丧权辱国。这年 5 月，康有为、梁启超发动在北京参加会试的 1300 名举人“公车上书”，向光绪皇帝呼吁变法。他们在上书中认为，西方国家之所以富强，“不在炮械军器，而在穷理劝学”，而中国之所以贫弱，主要是教育落后，人才奇缺。维新派提出“废科举、兴学校、设报馆、编新书”等变法主张。光绪帝交诸大臣讨论。顽固守旧派纷纷反对。而吏部尚书孙家鼐采取调和折中的态度，在上疏中提出：“国家广集卿士，以资议政，听言不厌求详，然执两用中，精择审处，尤赖圣知。”（引自《清史稿·孙家鼐传》）

1895 年 8 月以后，康有为、梁启超等在北京购置图书，收集报刊，供群众阅览；并经常开会讲演，批评时政，鼓吹变法维新。顽固派攻击他们“攻立会党，将开处士横议之风”。

梁启超 1912 年在北京大学的讲演中回忆道：

> 时在乙未（1895 年）之岁，鄙人与诸先辈，感国事之危殆，非兴学不足以救亡。乃共谋设立学校，以输入欧美之学术于国中。惟当时社会嫉新学如仇，一言办学，即视同叛逆，迫害无所不至。是以诸先辈不能公然设立正式之学校，而组织一强学会，备置图书仪器，邀人来观，冀输入世界之知识于我国民，且于讲学之外谋政治之改革，盖强学会之性质实兼学校与政党而一之焉。

京师强学会 1895 年 11 月正式成立，又名强学书局或译书局，是维新派创办的最早的政治团体，并联合了一批帝党和洋务派的士大夫。梁启超被推为书记员，并主编《中外纪闻》。不久，康有为又发起成立上海强学会，并拟定章程，声明“本会专为中国自强而立”。

然而守旧势力并不能容忍强学会。1896 年 1 月 20 日御史杨崇伊上疏，攻击强学会“专门贩卖西学书籍”并私刊报纸，要挟外省大员，故“请饬严禁”。于是京师强学会遭到封禁，图书仪器被查抄；上海强学会不久也被迫解散。但是强学会改组为“官书局”以后，仍坚持“为自强、救亡而兴学”，酝酿设立新学堂，功不可没。所以《国立北京大学二十周年纪念册》认为“本校造端，基于清光绪二十一年之强学会”。

官书局——大学堂

1896年春，御史胡孚辰上奏“书局有益人才”，建议将强学书局改为官办。清政府决定将强学会改为官书局，派吏部尚书孙家鼐为督办。孙家鼐启奏《官书局奏定章程疏》中，拟定官书局章程7条，规划官书局内设藏书楼、刊书处及游艺院等机构，聘请中外学者编译出版中外书刊，购置收藏科学仪器，供“留心时事、讲求学问者”阅览利用。

此外，孙家鼐还提议在官书局中设学堂一所，“延精通中外文理者一人为教习，凡京官年富力强者，子弟之资性聪颖安详端正者，如愿学语言文学及制造诸法，听其各出学资，入馆肄习”。由于缺乏经费，设学堂一事当时未能实现，但这被认为是京师设学堂的最初动议。因此，梁启超在北大的演说中称京师大学堂“之前身为官书局，官书局之前身为强学会”。

1896年6月12日刑部左侍郎李端芬的《请推广学校折》，正式向清政府提出设立京师大学堂建议。他认为“人才之多寡，系国势之强弱也”，主张“自京师以及各省府州县皆设学堂”，并特别提议“京师大学，选举贡监生年二十以下者入学，其京官愿学者听之”。大学毕业后，“予以出身，一如常官”。此外他还提出设藏书楼、创仪器院、开译书局、广立报馆、选派游历等五项建议。奏折末尾说：“夫既有官书局、大学堂以为之经，复有此五者以为之纬”，则“十年以后，贤俊盈廷，不可胜用矣。以修内政，何政不举？以雪旧耻，何耻不除？”参照《京师大学堂成立记》，可考证这个奏折与梁启超直接有关。因为梁启超的夫人李蕙仙是李端芬的堂妹，梁、李两家关系密切，而且这份奏折中的一些思想，符合梁启超在同年所写《论学校》、《论科举》等文的主张。光绪皇帝将李端芬上疏交总理各国事务衙门议复。总理衙门奏复说：“京师建立大学堂一节，系为扩充官书局起见，请饬下管理书局大臣，察度情形，妥筹办理。”此事又交给官书局督办孙家鼐议处。孙家鼐很快即上疏清廷，表示赞成。他还提出建造学堂、访求教习、慎选生徒、推广出身（毕业后的资格待遇）等项建议。创办京师大学堂的具体设想，虽然得到光绪皇帝的赞同，但顽固派却以经费困难为借口，主张此事缓办，又被搁置下来。

通艺学堂与“老新党”

光绪二十二年（1896年）新学初萌，刑部主事张元济等率先筹设西学堂。他们向各省督抚募捐，集资几千银圆，张元济等人于1897年底经总经理衙门代奏，奉旨获准在京师设立“通艺学堂”。于光绪二十三年（1897年）2月12日正式开馆。学生四五十人（多为京官及官绅子弟）。初设时，唯一的常驻教员严若潜是严复的侄子，另有教习一人，为同文馆毕业生。培养国学已有根底的京官和官绅子弟，在学习外语之后，分门专攻政法文史哲理工等“实学”。严复也参与了通艺学堂的活动。校名“通艺”就是严复所取：“通”指讲求精通之意，“艺”指西方诸种实学。两者针对性很强，前者针对同文馆粗习皮毛而言，后者针对八股寻章摘句的“虚学”而发。通艺学堂旨在“造就人才，留心时务”；提倡“凡泰西（西方）历经验用，著有成就者……一切格致之要……俱当分门研究，精益求精”。

校址在宣武门外海王村（一说在宣武门内象坊桥，应是北京师范大学旧址一带）。1898年戊戌百日维新中，严复来京应光绪皇帝召见时，就住在通艺学堂，并讲授了“西学门径功用”专题。

《通艺学堂章程》规定：学制3年。学生入学，首先学习英语。然后依据“各择所宜”原则，由学生志愿从“文学（文史政法科）”和“艺术（理工科）”两门“实学”中分别选择相关课程。文学门计开课程有：各国舆地志（世界地理，着重法、俄、德、日等）、泰西近史、名学（又称辨学，即逻辑学）、计学（理财学即经济学）、公法学、理学（哲学）、政学、教化学（教育学）、人种论等9科。艺术门计开课程有：算学、几何、代数、三角术、化学、格物学（即物理学）、天学、地学（地质学）、人身学（人体解剖）、制造学（汽车、铁轨等）等10科。

跟旧式书院的“尊孔读经”相比，通艺学堂的教学内容均属新颖、实用。为贯彻学堂宗旨，张元济还聘请严复来校宣讲《西学源流旨趣》，“攻订功课，讲明学术”，并对传统经学赋予新的内容。光绪二十三年（1897年）还设置了图书馆，并制定章程12条，这是目前有据可考的我国最早使用“图书馆”这个名称且制定了章程的图书馆。（引自邹华亭、施金炎编《中国近现代图书馆事业大事记》，第4页）

通艺学堂存在不足一年，光绪二十四年（1898年）秋，百日维新失败、张元济被革职“永不叙用”离京后，通艺学堂旋将校产造册、合并入新成立的京师大学堂。（引自陈学恂主编《中国近代教育史教学参考资料》上册，第388页）

1897年，梁启超在湖南长沙担任时务学堂总教习，也积极宣传变法思想，培养了一批维新人才。有不少学生参加南学会活动。鲁迅在《重三感旧——1933年忆光绪朝末》一文中说——

> 我想赞美几句一些过去的人，这恐怕并不是“骸骨的迷恋”。……光绪末年的所谓“新党”，民国初年，就叫他们“老新党”。甲午战败，他们自以为觉悟了，于是要“维新”，但是三四十岁的中年人，也看《学算笔谈》，看《化学鉴原》；还要学英文，学日文，硬着舌头，怪声怪气的朗诵着，对人毫无愧色，那目的是要看“洋书”，看洋书的缘故是要给中国图“富强”，现在旧书摊上，还偶有“富强丛书”出现，就如目下的《描写字典》《基本英语》一样，正是那时应运而生的东西。连八股出身的张之洞，他托缪荃孙代做的《书目答问》也竭力添进各种译本去，可见这“维新”风潮之烈了。……
>
> “老新党”们的见识虽然浅陋，但是有一个目的：图富强，所以他们坚决，切实；学洋话虽然怪声怪气，但是有一个目的：求富强之术，所以他们认真，热心。待到排满学说播布开来，许多人就成为革命党了，还是因为要给中国图富强，而以为此事必自排满始。……

鲁迅所赞美的清末变法维新的“老新党”们，也就是中华民族现代化进程中的第一代“智识阶级”。

夭折的戊戌大学堂（1898—1900）

1898年变法维新运动日趋高涨。光绪二十四年阴历戊戌四月二十三日（1898年6月11日），光绪皇帝下《明定国是诏》，正式宣布变法。诏书中强调，“京师大学堂为各行省之倡，尤应首先举办”。而顽固派仍然敷衍拖延，不予执行。半个月后（6月26日），光绪皇帝再次发出上谕，严令军机处和总理衙门“迅速复奏，毋稍迟延”。这样，他们才不得不请来梁启超，起草了一份《京师大学堂章程》上报。《章程》规定京师大学堂设管学大臣一员，“统率全学”，并规定“各省学堂皆归大学堂统辖”。梁启超主张京师大学堂不仅是全国最高学府，而且要取代“国子监”成为全国最高教育行政机关。

光绪二十四年阴历戊戌五月十六日（1898 年 7 月 4 日），光绪皇帝下诏批准设立京师大学堂，任命孙家鼐为管理大学堂事务大臣（简称管学大臣），负责筹办京师大学堂。同时，决定将原设官书局和新设译书局均并入大学堂，统由管学大臣（相当于副总理兼教育部部长）督率办理。

孙家鼐建议大学设总教习二人，分管“中学”和“西学”，并举荐许景澄为中学总教习，丁韪良为西学总教习。许景澄是浙江嘉兴人，同治年间进士，曾代表清廷出使法、德、意、荷、奥等国，比较了解外国情况，中学也有很深造诣。丁韪良为美国基督传教士，1850 年来华，先在宁波传教，后任美国驻华使馆译员，还长期担任过京师同文馆总教习，是外国人中著名的中国通。孙家鼐原拟推荐刑部主事张元济（后来商务印书馆的主持人）为大学堂总办，张因对孙的某些教育主张持有不同意见，推辞不就，孙家鼐遂改荐他人。大学堂的办学经费，户部指定以中国政府在华俄道胜银行的 500 万两库平银存款每年所生的利息 20 万两库平银为京师大学堂的常年经费，折合京平银 21.2 万两，实拨 20 万 630 两。

光绪皇帝还委派庆亲王奕劻和礼部尚书许应骙负责为大学堂建造校舍。在新校舍建成前，先将地安门内马神庙四公主（和嘉公主）旧有府第略加扩充，作为大学堂临时校舍。

光绪二十四年阴历戊戌八月六日（1898 年 9 月 21 日），西太后发动政变，囚禁光绪帝，捕杀维新派。为时 103 天的新政（史称“百日维新”）措施几乎全被废除。唯有筹办中的京师大学堂，因为已经受到西方各国使馆的密切关注而且“萌芽早，得不废”，并由孙家鼐继续负责筹办。

何以见得“京师大学堂”受到西方各国的关注呢？在 19 世纪末年出版了一本英文的《世界各大学概况》，书中介绍的远东的大学只有两所，就是日本的东京帝国大学（Tokyo Imperial University）和中国（清朝）的京师大学堂（Peking Imperial University），并且书中刊登了京师大学堂的校舍（马神庙）外景照片。

但京师大学堂原定的办学方针和教学内容都发生了很大变化，大学堂规模也较原来的宏伟计划大为缩小。除了附设的中小学以外，大学堂仅设仕学馆（相当于干部进修学院），让举人、进士出身之京曹入馆学习。然而“京曹守旧，耻入学，赴者绝少”。大学堂原定招收500名，到1898年12月开学时，学生不足百名，讲舍不足百间。课程仅设《诗经》、《尚书》、《周礼》、《易经》四堂，《春秋》二堂。大学堂“竞争以圣经礼学诏学者，日悬《近思录》、朱子《小学》二书以为的”。到次年，学生才增加到近200人。上午学经史，下午学科学。学生们对这种封建书院式的教学很不满意，连当时的总教习许景澄也批评孙家鼐说：“公办学堂，太偏于理学。”

1898年至1900年的京师大学堂，后来被称为“戊戌大学堂”，这是我国近代高等教育的初创阶段。戊戌大学堂，虽然幸免于1898年的戊戌政变，却未能逃过1900年的庚子浩劫。

庚子浩劫两度被毁

1900年春，孙家鼐为反对西太后阴谋废黜光绪帝位愤而辞职，由许景澄代理管学大臣职务。这年夏天，义和团进入北京，京师大学堂学生均告假四散。道胜银行被毁坏，大学堂无处支银，经费完全断绝。许景澄只得奏请暂行裁撤大学堂，西太后立即下令停办。不久，许景澄因反对利用义和团攻打洋人的政策，也被西太后处死。

根据历史记载：义和团对于“华人之与洋人往还，通洋学、谙洋语者，用洋货者，其间分别差等，共有十毛之目”，凡是义和团认为是“二毛子”的华人就都成了“刀下鬼”，杀无赦。京师大学堂当作假洋鬼子兴办的“洋学堂”，被义和团视与“洋教堂”同等对待。在义和团盲目的排外情绪驱动下，凡是与“洋”字沾边者，就被打翻在地，毫不留情！义和团“痛恨洋物，犯者必杀无赦。若纸烟、若小眼镜，甚至洋伞、洋袜子，用者辄置于极刑。曾有学生六人仓皇避乱，因身边随带铅笔一枚、洋纸一张，途遇团民搜出，乱刀并下，皆死于非命”。（引自佐原笃介、浙东沤隐辑《拳事杂记》，原载《义和团史料》一书）

京师大学堂校舍被义和团民的群众运动横扫后，设为“神坛”；学堂关闭，师生流离，部分未及逃脱的中国教习被当作“二毛子”被义和拳民杀害，曾任管学大臣的孙家鼐的住宅，由于临近东交民巷亦遭焚毁。

1900 年 8 月，八国联军攻占北京。京师大学堂校舍又被视为义和团的据点，而被外国征服者占领和摧残。经此浩劫，建筑残破、图书仪器荡然无存。

直到 1901 年底，在一些列强敦促中国实行“新政”的压力下，从西安返回北京的清政府才下谕，筹议重新恢复京师大学堂，并于 1902 年初委派张百熙为管学大臣（相当于主管文教的副总理兼教育部部长）着手筹办。

速成科——师范馆和仕学馆（1902—1908）

新任管学大臣张百熙遂从头做起。大学堂一开始尚无条件设立本科，只有先办预备科，为以后的“本科”提供生源。计划中的预备科分为两科：“一曰政科，二曰艺科。以经史、政治、法律、通商、理财等隶政科；以声、光、化、电、工、医、算等事隶艺科。”除预科外，另设速成科，以收急效。速成科分为二馆：“一曰仕学馆，二曰师范馆。凡京五品以下，八品以上，以及外官候选，暨因事留京者，道员以下，教职以上，皆准应考入师范馆。”速成肄业 3 至 4 年，毕业后担任初级官吏或学堂教习。

为了办好京师大学堂，张百熙选定原直隶冀州知州吴汝纶担任大学堂总教习。桐城派宿儒吴汝纶是严复、林纾的师辈，有威望。但吴汝纶为此出国考察日本教育，不久便去世。张百熙又举荐原副总教习张筱浦继任总教习。张筱浦，字鹤龄，也是当时在国内颇有影响的“阳湖派”（桐城派的一个流派）古文家。张百熙还聘请严复到京师大学堂任译书局总办，林纾（琴南）任副总办，李希圣为编书局总纂，还聘请辜汤生（辜鸿铭）任副总教习，孙诒让、屠寄以及日本文学博士服部卯之吉和法学博士岩谷孙藏等任教习。

关于大学堂经费，除由道胜银行从户部存款利息中每年拨付银 21.2 万两外，另由各省协助一部分，大省每年助银 2 万两，中省 1 万两，小省 5000 两。

经过义和团运动与八国联军的反复破坏，京师大学堂原有的建筑严重破损，图书仪器等教学设备已荡然无存。除在马神庙旧址修复原有校舍和扩建一部分房屋外，张百熙另在京西瓦窑地方（丰台附近）选定土地 1300 多亩，作为建筑新校舍之用。估计建筑工程费约 113 万两，拟于 1903 年 8 月间开工。但西太后以“铺张太过”为由，决定“暂作罢论”。其实，这点经费比起她修建颐和园的经费来，不过是一个很小的零头而已！

1902 年 10 月，大学堂设置藏书楼。张百熙以管学大臣的名义，行文通报各省官书局，将他们所刻经史子集及时务新书，每种提取 10 部或数部送京师大学堂，书款由各省官书局项下报销。后来又多次请各省官书局代购各类图书。此外，还通过外国教习从欧美日本等国购买各种科技图书和仪器标本。这就为后来享誉国内外的北京大学图书馆奠定了基础。

1902 年 10 月和 11 月，京师大学堂分两批招生。先招速成科（仕学馆和师范馆），共录取新生 182 名。

光绪二十八年十一月十八日（1902 年 12 月 17 日）大学堂举行入学典礼，宣布正式开学。此后，京师大学堂以及后来的北京大学、北京师范大学，都以每年的这一天作为校庆纪念日（直到 1949 年新中国成立以后，北京大学的校庆日才改为每年的 5 月 4 日）。

1908 年，师范馆在第二批毕业生离校后改名“优级师范”，脱离京师大学堂而独立；实际上“京师大学堂师范馆”也就是后来北京师范大学的前身。

从预备科到本科（1904—1910）

1903 年，京师大学堂增设译学馆、医学馆和进士馆。译学馆由原来的京师同文馆改办，8 月正式招生开学，分设英、俄、法、德、日 5 国语言文字专科，5 年毕业。由同文馆改办的译学馆，也就是后来北京外国语学院的前身。

1904 年大学堂正式招收“预备科”学生共 235 名。招生名额分配给各省，考试科目及命题则由大学堂统一制定。

京师大学堂于 1904 年考选英法德日语言文字略有根底的学生 47 人，分送出国。这是京师大学堂第一次向东西洋派遣留学生（引自《北京大学五十周年纪念特刊》，1948 年出版），其中张耀增等 31 人赴日本，俞同奎等 16 人赴西洋各国。张百熙亲往前门火车站为这批留学生送行。

张百熙重用一些比较开明的学者和官员，锐意革新京师大学堂，引起了顽固守旧势力的嫉妒和对抗。清廷终以张百熙“喜用新进”不可靠，在 1903 年春，加派满人荣庆为管学大臣，对张百熙进行监督和牵制。“百熙一意更新，荣庆时以旧学调剂之。”1903 年 6 月，清廷又命张之洞会同张百熙、荣庆共同修订学堂章程。修改后的章程称为《奏定学堂章程》。它在办学宗旨中强调：“无论何等学堂，均以忠孝为本，以中国经史之学为基，俾学生心术一归于纯正……以仰副国家造就通材慎防流弊之意。”对大学分科又增设了经学科，下分礼记、论语、孟子、理学等 11 门，突出了经学地位，实际上改变了中学西学并重的方针。

在“速成科”和“预备科”的几期学生陆续毕业后，京师大学堂的本科（真正意义上的综合性大学）于宣统二年即 1910 年 3 月 30 日举行开学典礼。首届一年级本科大学生共 400 多人，分为七科，即：政治科、文学科、格致科、农业科、工艺科、商务科、经学科（医学科未正式开办）。

这时已经到了辛亥革命的前夕。

京师大学堂译学馆的生活

民国之前的京师大学堂译学馆毕业生陈诒先回忆道——

（1903 年 5 月）京师译学馆继同文馆开办，校址在东华门内（北河沿），当时仅办甲、乙、丙、丁、戊五级，即于宣统三年（1911）年结束，归北京大学，改为法律院。一向来，译学馆与北大学生均称同学。每级分为四系，即英文系、法文系、德文系、俄文系，盖以外国语言为主，其余学程为人伦道德、中国文学、历史、舆地、教育、交涉、理财、博物、物理及化学、算学、图画、体操共 13 科。学校监督前后四人，教员有蔡孑民、汪荣宝、韩朴存诸人。……

译学馆授课情形，为每晨 6 点兵式体操。一小时操毕。吃粥以后，为外国语言三点钟，午前授毕。12 点午饭，下午为普通课程，5 点钟完毕。晚饭后自修二小时，9 时后入寝。寝室分为仁义礼智信五斋。甲、乙两级学生住校，丙级半住校半走读，丁、戊两级全为走读生。甲、乙两级为免费生。丙级入学时交费一学期，第二学期经同学谢冰、易克臬诸人力争，结果丙级同学 100 人，学期考试在前 25 名者免费。

学校伙食颇为丰盛，每桌坐七人，四盘四碗，有鸡有鸭，也有鱼肉。饭厅中间，置数方桌，上为酱萝卜一大盆，红大椒一大盆，小磨香油一大盆，多数同学宁愿自取酱菜大椒食之。北京油炸桧称为麻花，东华门一铺最佳，其制与南方不同，非长条乃小圆形。早粥时为麻花伴食，其味无穷。

北京为皮黄戏出产地，当予在译学馆读书五年中，尤为全盛时代。前门外粮食店之中和园，有谭鑫培、杨小楼、王瑶卿诸名角，戏资（小钱）一千六百文（合当时银圆 1 角 6 分钱），仅南方大钱一百六十文。怀大钱二百文（合 2 角钱），即可听最好之戏，以大钱四十文（合 4 分钱）赏看座（即上海之案目），即为大出手了。（注：当时 1 银圆可兑换北京小铜钱十千文；又可兑换南方大铜钱一千文）同学每于星期六下课看戏，戏完三数人吃小馆子，也仅仅两圆够了。其他之娱乐地点为陶然亭、南河沿、天宁寺，学校假期如在三日以上，同学亦有约伴游西山者，在西直门外雇驴游览八大处等地。（引自《宇宙风乙刊》第 27 期，1940 年 8 月）

废科举、兴学堂

光绪二十七年十二月初一（1902 年 1 月 10 日），清廷任命张百熙为管学大臣，他的任务是举办京师大学堂，经理全国一切学堂事宜。相当于北京大学校长兼教育部部长。

1902 年“八股取士”的考试方式即被废除，但科举制度仍然暂时保留，改为“以策论取士”。在 1898 年戊戌变法（百日维新）时光绪皇帝曾下诏书，宣布过废除“八股文”考试标准，不数月慈禧太后与袁世凯政变后又马上恢复，一直过了 4 年，到 1902 年才真废了。这次改革使全国的读书人大起恐慌。

光绪三十一年（1905 年）山西学政宝熙奏请设立“学部”，相当于后来的“教育部”。他在奏折里说：“学制变更伊始，必须有总汇之区，请速设学部。科举既停，礼部、国子监公事愈形清闲，适宜统行裁撤，归并学部。”

同年（1905）八月正式废除科举考试制度，阴历十一月上谕：“著即成立学部，以荣庆调补学部尚书，国子监一切事务著即归并学部。”经历六百年的北京国子监至此完成历史使命。

废科举、兴学校以后，需要大量新式教师。作为过渡，将国子监辟为师范馆，原监生改学历史、地理、数学、格致、图画、策论、英语、体操等课程。光绪三十三年（1907 年）正月，第一批毕业生 107 人拿到了师范科举人的毕业证书，其中 18 名优等生，分别授以五品衔的教职。

国子监南学，于光绪三十一年（1905 年）更名为“成均高等学堂”，按学校章程进行改造，对原南监学生，或继续学习，或直接授职，分别不同情况，变通办理。（参看《清朝续文献通考·学校篇》）

清朝末年的新式学堂

1898 年创办的京师大学堂，实际是仿照日本东京帝国大学而建的；而东京大学又是仿效了法国和德国的教育模式。所以从理论上说来，京师大学堂应起的作用，跟 19 世纪的拿破仑式大学类似。但是近代大学的校园自治和学术自由问题，则直到十几年以后（民国初期）才在中国知识界实行。

20 世纪初，清政府即将垮台的最后几年里，新学堂如雨后春笋般建立起来，其中大部分都是由私人或官绅创办的，而官办的寥寥无几。当时中国教育界既没有领会西方大学的学术自由精神，也没有实行校园自治的办学模式。1902 年和 1903 年颁布的新学制，当时中国整个教育体系都是模仿日本帝国。

这一时期开明官绅引发了新思潮，即拥护改良、反对闭关自守。在对待中国传统文化的问题上，这些开明人士更倾向于宣传“国学”，而不再如洋务派那样顽固坚持传统的“经学”。

改良主义思潮不可阻挡，各地涌现了大量的教育团体。1908 年，全国各地有 506 个教育学会，会员 37118 人；而到 1909 年，则发展为 723 个，会员 48432 人。同时出现了“民众教育”的主张。

到 1909 年，中国设有 3 所国立大学：京师大学堂、北洋大学堂、山西大学堂；共计大学生 749 名；各地有 24 所省立高等院校，学生 4203 人；还有 101 所小型的专业学院，学生 6431 人。总计大专学生 11383 人。其中直隶（即今河北省和京津地区，包括“京师”即北京）共有高等院校 18 所，在校学生 4028 人，占国立院校总数的 37%，即三分之一强。其他主要分布于东部沿海地区，江苏、安徽、福建、湖南和广东等5省共有8所高等院校，每省的在校大学生都超过1000名。

这一时期高等教育的重点是专业学院。政法专业学生达到了总人数的50%，人文专业占35%，美术专业占7%，医学专业占5%，科学和工程技术专业占3%，全都是男生。

另外还有一种统计数字可供参考——

清朝覆灭前夕（1911年），中国人自己创办的、近代意义上的公立大学仅有4所：（1）京师大学堂的“分科”大学1910年才正式招生上课，没有大学毕业生；（2）北洋大学堂大学部仅有工科毕业生35名、法科毕业生9名；（3）山西大学堂仅有工科毕业生19名、法科毕业生16名、理科毕业生9名；（4）上海南洋公学上院（即本科大学）到1909年才粗具规模，没有大学毕业生。（引自陈立林《最近30年中国教育史》，上海太平洋书局1931年）

而1913年民办大学仅有上海复旦公学、中国公学、北京民国大学（朝阳大学）、中华大学、明德大学、江苏大同书院、武昌中华大学等7所。

财力物力占优势的教会大学则有：上海圣约翰大学（1905年创立）、苏州东吴大学（1900年创立）、杭州之江大学（1910年创立）、成都华西大学（1910年创立）、武昌华中大学（1906—1909年创立）、南京金陵大学（1910年创立）、济南齐鲁大学（1911年创立）等7所。

京师大学堂的衙门老爷风气

据蔡元培先生自述：

> 北京大学的名称，是从民国元年起的；民元以前，名为京师大学堂，包有师范馆、仕学馆等。尤其北京大学的学生，是从京师大学堂“老爷式”学生嬗继下来。初办时学生称为老爷，而监督及教员都被称为中堂或大人。他们的目的，不但在毕业，而尤注重在毕业以后的出路。所以专门研究学术的教员，他们不见得欢迎，要是点名时认真一点，考试时严格一点，他们就借个话头反对他，虽罢课也在所不惜。若是一位在政府里有地位的人来兼课，虽时时请假，他们还是欢迎得很，

因为毕业后有阔教师作靠山。这种科举时代遗留下来的劣根性，是于学习上很有妨碍的。

从蔡元培先生的叙述中，可以看出当年学堂的不正之风。

对于清末遗留到民国初年的大学堂腐败的状况，顾颉刚回忆说：那时“学校像个衙门，没有多少学术气氛”。有的教师不学无术，一心只想当官；有的教师本身就是官僚，学问不大，架子却不小；有的教师死守本分，不允许有新思想；当然也有好的，但不多见。学生们则多是官僚和大地主子弟，有的学生一年要花5000银圆；当然，这样的豪富子弟数量不多，大约不过两三人。至于一年花千把银圆的人就多了，少说也有好几十。一年从家里只能拿二三百银圆来上学的，就是穷学生了，在学校里简直没有地位。一些有钱的教师和学生，带听差、打麻将、吃花酒、捧名角，对读书毫无兴趣。吃过晚饭后就坐洋车奔“八大胡同”（和平门外韩家潭一带）。这种坏现象是从清末保留下来的。那时在学生中还流行一种坏风气，就是“结十兄弟”。何谓“结十兄弟”？就是十个气味相投的学生结拜作兄弟，毕业后大家钻营做官，谁的官大，其他人就到他手下捞个一官半职，“有福同享”。这个官如果是向军阀或大官僚花钱买来的，那么钻营费由人分摊。这样的学校哪能出人才？只能培养出一批贪官污吏！蔡元培先生来北京大学担任校长之前，北大搞得乌烟瘴气，哪里像个什么“最高学府”？

我国最早的现代化大学——北洋大学

20世纪上半叶，如果说北京最著名的大学是“北大”、“清华”，那么天津最著名的大学是“北洋”、“南开”。北洋大学堂后来发展为今日的“天津大学”。

北洋大学堂成立于清光绪二十一年乙未阴历十月初二（1895年11月18日），初名“北洋西学学堂”，英文名称为Tientsin University，即“天津大学”；内分设头等学堂（大学本科）与二等学堂（大学预科），乃是中国最早的大学，比京师大学堂早成立3年。

梁启超在《戊戌政变记》一文中痛心疾首地指出：“唤起吾国四千年之大梦，实自甲午一役始也。”（引自《饮冰室合集·专集》第1册，卷1）

中日甲午战争的失败，1895年4月17日《马关条约》的签订，刺激了中华民族的觉醒，加快了学制改革的步伐。沿海通商口岸天津和上海两地首先行动起来。半年后，盛宣怀奏准在天津创办了西学学堂（1902年改称北洋大学堂）。仿照西方学制，学堂内分为相当于新式大学水平的“头等学堂”和相当于新式中学（预科）程度的“二等学堂”。头等学堂学制为4年，内分工程、电学、矿务、机器、律例（法律）五科。

盛宣怀（1844—1916），生于江苏武进，字杏荪，号愚斋，中国第一代实业家。盛宣怀6岁入私塾，23岁考中秀才。次年襄办陕西甘肃后路粮台；1870年他26岁时，成为洋务派大臣李鸿章的幕僚，颇受器重。但是他三次乡试都没有考上“举人”，于是对科举功名绝望，全心投入“洋务”。1873年以后历任轮船招商局会办、上海电报局总办、华盛纺织总厂督办等。盛宣怀经营实业多年，每当看到各项实业的兴办、新政的实施，甚至外交、海关等要害部门，都要聘用外人经管“洋务”，他总是于心不安。盛宣怀深感中国科学技术的落后、科技人才的匮乏，认识到“兴学树人，为当务之急”，于是致力于创办新式教育。1895 年，他主管天津海关道，就奏准设立天津中西学堂，这是中国人自行创办高等教育的开始。1896 年，盛宣怀又奏准在上海创办南洋公学。

北洋大学堂缘起

康有为、梁启超等维新派认为中国衰弱的根本原因在于教育不良，学术落后，救亡之道应从改良教育入手。1895 年“公车上书”时主张改良政体，“废科举，兴学堂”不仅否定科举制度，还指出洋务教育的严重不足。

梁启超在《学校余论》一文中就批评洋务教育“至今数十年，未尝有非常之才出乎其间，以效用于天下”，“所学者不过语句拼字文法之类，去西学尚远甚”。洋务派在办西学的过程中“虽糜巨万之资，竭数十年之力”，但成果最多“仅为洋人广蓄买办之才”而已。（引自《饮冰室文集类编》上，第 78—82 页）

维新派不仅批评洋务派的所谓西学教育粗浅平庸，“不过语言文字之浅，兵学之末，不务其大，不揣其本，即尽其道，所成已无几矣”。同时也不赞成洋务派所谓“中学为体、西学为用”的论调。严复指出：“体”和“用”是不可分割的，中学和西学各不相同，“中学有中学的体用，西学有西学之体用。分之则并立，合之则两止”。认为洋务派“中体西用”学西学不彻底，“盗西法之虚声，而沿中土之实弊”。

维新派主张引入“西学体用”，不仅要学习西方先进的自然科学知识，还要学习西方思想文化，改良政体。至少变“中体”为君主立宪制度，已成为当时先进人士中相当普遍的一种思潮。另一方面，有些洋务派也在总结办洋务教育的得失，郑观应在《皇清经世文三篇》第二卷《西学》中指出：“广方言馆、同文馆虽罗织英才，聘请教习，要亦不过只学语言文学，若夫天文、舆地、算学、化学直不过粗习皮毛而已，他如水师武备学堂，仅设于通商口岸，为数无多，且皆未能悉照西洋认真学习……况督理非人，教习充数，专精研究曾无一人，何得有杰出之士，成非常之才耶。”

在维新派推动下，清光绪二十一年闰五月（1895年7月）光绪帝下谕：

自来求治之道，必当因时制宜。况当国事艰难，尤宜上下一心，图自强而弭隐患。朕宵旰忧勤，惩前毖后，惟以蠲除痼习、力行实政为先，叠据中外臣工条陈时务，详加披览，采择实行。如修铁路，铸钞币，造机器，开矿产，折南漕，减兵额，创邮政，练陆军，整海军，立学堂……皆应及时举办。……各直省将军督抚，将以上诸条，各就本省情形与藩臬两司暨各地方官悉心筹划，酌度办法，限文到一月内分析复奏。

天津海关道盛宣怀在甲午海战中看到日本国力的迅速崛起，深感教育的重要，他曾与美国教育家丁家立酝酿筹办新式高等学堂，效法西方培植高级人才。当他接到光绪皇帝上谕后，即向清廷禀奏：

日本维新以来，提照西法，广开学堂书院，不特陆军海军将弁皆取材于学堂；即今之外部出使诸员，亦皆取材于律例科矣。仅十余年，灿然大备。

盛宣怀提出：

自强首在储才，储才必先兴学。中国智能之士，何地蔑有，但选将才于俦人广众之中，拔使才于诗文贴括之内，至于制造工艺皆取材于不通文理不解测算之匠徒，而欲与各国挈长较短，断乎不能，职道之愚，当直赶紧设立头等学堂、二等学堂各一所为继起者规式。

清光绪二十一年乙未阴历十月初二（1895年11月18日），经光绪皇帝批准，盛宣怀按照美国大学模式在天津办起“北洋西学学堂”，后来更名为北洋大学堂。

盛宣怀创办北洋大学堂的思想，源于他的洋务实践活动。他在《奏设天津中西学堂章程》中深感“自强之道，以培育人才为本。求才之道，尤宜以设立学堂为先”，“况树人如树木，学堂迟设一年，则人才迟起一年”。特别强调新式人才必须立足于自己培养，聘用洋人只能是暂时的、短期的。

本国培养的第一批大学毕业生

1895 年 11 月天津北洋西学学堂在最初创立时，即仿效美国大学设立头等学堂为大学本科。考虑到当时社会上的教育水平，能考入头等学堂的学生来源极其有限，所以又设立二等学堂为大学预科。本科和预科的学制都为 4 年。

校址起初设置在空闲多年的博文书院。建校不久，学堂就划进了德国租界。

头等学堂——大学本科

头等学堂于创办西学学堂的当年即设立，即为新式大学，4 年制。于 1895 年底先从天津、上海、香港等地招取相当于二等学堂四年毕业者，精选 30 名列作头等学堂末班（第四班），来年升入第三班，并取二等学堂头班 30 名毕业者升补头等学堂末班。以后，按年递升，头等学堂规定，在堂学生 120 名。

二等学堂——预科

相当于新式高中（预科）程度。由天津、上海、香港等开放口岸，先招收已通过“小学堂”第三年功课者列作二等学堂头班，培养一年可升入头等学堂第四班（末班，相当于现在的大学一年级）；已通过“小学堂”第二年功课者列作二等学堂二班；已通过“小学堂”第一年功课者列作三班；来年再续招列作四班。每班招生 30 名，二等学堂规模为 120 名，这样每年招生 30 名，依次递升，每年可有 30 名毕业生升入头等学堂。实际上二等学堂于 1896 年才设立，比原拟计划推迟一年。

头等学堂第一届学生王宠佑自述：

民国纪元前十六年（公元 1895 年），北洋大学招考学生于香港，试场设在东华医院。应考者千余人，宠佑偕弟宠惠与焉。宠佑谬以第一名获取，而宠惠亦胪列第二。兄弟侥幸连榜，时人誉之。回首前尘，犹滋惭愧。入校后宠佑进矿科肄业，同学间互相切磋，感情融洽，争执之事从未尝闻，其时莘莘学子悉以求学为主旨，政治思想极为薄弱。北洋课程虽属简单，但甚完善，故能致用。且时延专家演讲，美前大总统胡佛（H. C. Hoover，采矿专家）于1899年曾在矿科演讲数次。校规极严，学生间有不免嫌其约束者，然而放心之求获益之处则非浅显也。矿科方面除本科各主要课程外，对于其它科学亦时有探讨，以作异日进求深造之张本。

1899年，北洋大学堂有了第一批大学毕业生。中国第一张大学文凭（钦字第壹号）的获得者，就是毕业于北洋大学堂法律学门的王宠惠，后来曾是中华民国第一任外交总长。他的哥哥王宠佑，也于同期从北洋采矿冶金学门毕业。

北洋大学堂的办学实践，为新型学校教育制度提供了经验。清政府于光绪二十七年（1902年）制定《钦定学堂章程》，称《壬寅学制》，规定大学堂工科为3年，政法科为4年。投考大学堂者，必须先在各省高等学堂毕业。

开办时分设法律、土木工程、采矿冶金、机械工程4个学门。这是因为清王朝在处理内政外交上急需熟悉法律的人才，特别是在对外交涉、商务活动中签订条约、协定等，法律先行，故设法律科。在“工业救国”口号下急需开发中国资源和机械加工工业，故设立矿冶、土木、机械工程学门。1897年、1898年因铁路需要技术人才，又开设铁路工程班。1906年因外交需要开办法文、俄文各一班，培养翻译人员。1907年、1908年为满足中学师资需要，又开办了两期师范班。

总教习丁家立

北洋西学学堂自创办之日起，就有别于以往建立的各类新式专科学校，而以美国著名学府哈佛、耶鲁大学为蓝图。学校所需的图书、标本、仪器、实验器材，都尽量从美国购置。仅西方杂志一项，自创办初期，就保持100余种，且均为世界理工权威学术期刊，在当时的中国可以说是独一无二的。盛宣怀曾得意地称道：“此外国所谓大学堂也。”学校开办不到半年，1896年2月，两江总督刘坤一就曾致电盛宣怀：“闻公在津新设学堂，章程甚佳,即祈抄示全卷,以便将来仿办。”北洋大学堂被时人誉为“东方的康奈尔”。

盛宣怀在《奏设天津中西学堂章程》中提出:“所有学堂事务,任大责重,必须遴选深通西学体用兼备之员总理,方不致有名无实。”于是聘请美国教育家丁家立(C. D. Tenney)为总教习。

丁家立是英格兰血统的美国人。1882 年来华,先在山西传教,后来到天津开办中西书院,自任院长;并在美国驻天津领事馆任副领事。同时他还受聘于李鸿章,作为其子的家庭教师。

1895 年 11 月,丁家立受聘为北洋西学学堂第一任总教习(相当于现代大学的教务长)后,便停办了自己开办的中西书院,专心致志创办北洋西学学堂。学堂成立时设督办(校长)一职,由盛宣怀兼任,实际上学堂事务都由总教习丁家立一人负责。盛宣怀于 1896 年调任上海铁路总公司督办,学堂督办由继任天津海关道的李岷琛兼任,实际上李不到学堂视事,学堂仍由总教习丁家立一手掌管。在学校初办时期,虽然校长更迭多次,但丁家立掌管全校教务长达 11 年之久。

学堂最初的校址原是博文书院,后划归德国租界。1900 年八国联军镇压义和团,首先入侵天津,学堂校舍先被美军占领,后来又成为德军的营部,学堂被迫停办。时任直隶总督兼北洋大臣的袁世凯曾多次同德国人交涉,要求复校,都没有成功。丁家立自告奋勇,亲赴柏林,向德国政府交涉北洋大学堂校址的赔偿问题,并根据德国《购地章程》规定的地价、房价,从德国政府手中索回 5 万两海关银的赔偿费。回中国后,丁家立致力复校工作,用这笔款子在天津运河西岸的西沽村重建北洋大学堂。

1903 年 4 月,北洋大学堂正式复校上课。这以后,天津百姓习惯地叫它“西沽大学堂”。

经费来源

北洋大学堂为新式国立大学。经费本应由国家直接拨款,但从鸦片战争开始,清王朝对外签订了一系列丧权辱国的不平等条约,屡次割地、赔款。仅 1895 年 4 月 17 日签订的《马关条约》,即规定赔偿日本军费白银二万万两,再加日本“退还”辽东半岛勒索白银三千万两。巨额赔款使人民负债沉重,国库极为拮据。

盛宣怀《拟设天津中西学堂章程禀》中提出："大约头等学堂每年需经费银三万九千余两，二等学堂每年需经费银一万三千余两，共需银五万二千两左右。""职道查津海钞关，近年有收开平煤税，每年约库平银一万四五千两，为从前所无之税款，似可尽数专提，以充学堂经费。又天津米麦进口，自光绪十九年禀明每石专抽博文书院经费银三厘，每年约收捐银三四千两。拟每石改收五厘，亦不为多。又电报局禀明由天津至奉天借用官线递寄海兰泡出洋电报，每字津贴洋银一角，电线通时，每年约计应缴洋三四千圆。营口一带继断之后，已经停止。嗣后锦州至奉天改造商线，仅借用天津至锦州官线一段，贴费更微。拟令电报局（注：盛宣怀当时为电报局、轮船招商局总办）以后不计字数，每年捐交英洋二万元。又招商局运漕由沪至津轮船，向系援照沙宁船成案，装运土货例准二成免税，藉以抵制洋商，拟令招商局以后在承运漕粮运脚免税项下，每年捐缴规银二万两。以上合计每年捐银五万二千两左右。"以上所拟诸款，本应上缴国库，但为开办学堂，光绪皇帝批准将以上款项全数解交津海关道库储存，专备天津北洋西学学堂经费。

至于学校创办之初，所需购买仪器设备、书籍等项，及聘请教习川资，创办应用之款，不在常年经费之内。经奏准动用光绪十九年（1893 年）至二十一年（1895 年）四月米捐存银八千余两。

光绪二十九年（1903 年）北洋大学堂在西沽复校，直隶总督袁世凯会同顺天府尹奏准，将从前征收粮租折价较多之良乡、保定等四十八州县、厅，规复旧章，酌提盈余，批解司库专款存储，作为学堂经费。即由该项余款由每月照拨银四千两。

光绪三十四年（1908 年）夏季因扩充专门，学部以直隶每年应行解部之款就近拨付，计每年藩署库存银一万两、学务公所库足银五千两、海防支应局京平银五千两、盐运署库银四万二千两，共六万二千两作为学堂常年经费。

宣统三年（1911 年）国库全年提供四万八千两作为学堂经费，书楼建筑费预算一万一千两，实际每月经费为三千一百余两。

资送学生留学

天津北洋大学堂创办之初，就计划资送头等学堂毕业生出国留学。

盛宣怀在《拟设天津中西学堂章程禀》中关于头等学堂章程列出“头等学堂年经费……所节省之经费，除另造二等学堂及每次考试花红外，其余积存生息，以备四年后挑选学生出洋川资经费”。

后改为资送有学习专科能力的学生出洋留学。丁家立提出北洋大学堂毕业生具备高深科研能力，毕业后即可出国深造。头等学堂课程编排、讲授内容、使用教科书，均以美国著名的哈佛、耶鲁等大学为标准，所以北洋大学堂的毕业生可不经考试直接升入美国著名大学的研究院。

近代中国派遣官费留学生虽始于1871年容闳率领的首批幼童赴美留学，但1881年清政府又将“留美幼童”全部召回国内。这批幼稚的官费生在出国前没读过多少书，大多数回国前还在美国念中学，学有所成者很少。真正毕业于美国大学的留学生只有詹天佑、欧阳赓两人。此后20年间几乎没有一名官费留美学生。在我国，首先派遣大学毕业生出国深造的是北洋大学堂。

1899年，北洋大学堂第一届毕业生，原拟派赴美国留学；后因八国联军攻占天津，未能成行。1901年，北洋大臣袁世凯从该校选派王宠惠等8人赴美留学。这是继“留美幼童”撤回后的首批官费留美学生。

1903年北洋大学堂在西沽复校后，专设“留美学堂监督”一职，由总教习丁家立兼任。每年由丁家立亲自带领毕业生赴美留学。在美期间，丁家立仍把留学生看作是自己的学生，给予公费待遇，包括路费、学费、文具费、试验费、衣装费、食宿费、医药费等；每月还发给比在校时更多的零用钱。复校后的第一班刘景山等34名学生未待毕业，便于1906年全部送出留学。除三人赴法国外，其余均入美国哈佛、耶鲁、麻省理工等著名大学。1907年，又有第二班的马寅初等13名同学，也未待毕业即被送往美国深造。

1901—1907年间，全国官费留美学生有100多人，其中北洋大学堂就占半数以上。北洋学生的成绩可与美国康奈尔大学毕业生等量齐观。

从建校直到抗战初期，欧美许多著名大学研究院都有明文规定：承认北洋大学授予的学士学位，可免试直接入研究院攻读硕士、博士学位。国内大学有此国际信誉者并不多见。

朴素刻苦的风气

北洋学生勤奋好学，刻苦读书。每日上下午有八小时在课堂，晚间三小时自修。课程紧、作业多，星期日学生多半还要读书；校址远离闹市，学生几乎不进市区游逛。有些学生家在天津，离校不远，但因潜心苦读，往往一个学期也只回家两三次。因此，培养出来的学生素质高，受重视。宣统二年（1910年）清廷委派大臣张亨嘉、陈宝琛会考北洋大学堂毕业生，列出最优等3名，优等8名，中等4名。

北洋大学堂严格挑选学生，始终坚持重质不重量的做法，蜚声于世。学堂入学考试极严，做到了宁缺毋滥，选拔尖子。

1895年底，北洋大学堂在香港招收第一届新生时，报名应试者1000多人，最后仅录取了10余名。1907年招考本科生时，学堂在天津、上海、广州、汉口等地花了一大笔钱登广告招生，考试结果只有法科一人合格。为了保证学生质量，这一年除预科毕业升入本科的人外，外考新生只录取一人。

北洋大学堂规定："学生若学业不进，积分不及格，由总教习核定，商之总办，高班者降班，无可降者，许留一月以观后效，又不及格则退之。"学堂考试制度历来严格，升级考试时，主课有一门补考不及格者就得留级降班。

据1919年考入北洋大学的陈立夫回忆："我们那一届班次，原本有45名新生，到毕业时只剩下土木16人，矿冶15人，一共31人，中途不是因病辍学，就是成绩不够标准而退学，几乎占了三分之一的人不终学。"

因此，学生一入校就开始埋头苦读，不能有任何松懈，即使星期日学生们也很少外出。因为一周中的课程哪里没听懂，都要利用星期日补上。一到星期一，老师进到教室里的第一句话就是："合上你们的书，开始考试。"

北洋大学堂正是因为有优秀的教师任教，出色的生源保障，学风严谨，成绩才赢得了社会的广泛承认。蔡元培当北京大学校长时，曾建议将北京大学工科并入北洋，北洋大学法科并入北大。相比之下，当时北洋大学的工科质量高于北京大学。

1895—1911年之间的十几年（1900—1902年校务中断三年）期间，本科生毕业或肄业共385人，其中资送出国留学52人（不包括自费留学生）。法文班毕业13人，俄文班毕业14人，师范班毕业69人，铁路班肄业37名。

北洋大学初创重质不重量，李书田在《北洋大学之过去》一文中回忆："光绪末业，需才益急，时袁世凯任北洋大臣，先后资送北洋大学未毕业生全班赴美留学者数次，赴日留学者亦数批，成材甚伙，多为民国以还，国家社会所倚重。我国经济学家马寅初，医学家刘瑞恒，数学家秦汾，盐政名宿钟世铭、朱庭祺、马泰钧等，银行金融家钱永铭，冶金学家温宗禹、蔡远泽等，法学家赵天麟、冯熙运等，军事家温应星，交通名宿刘景山，工程教育家罗忠忱，师范教育家李建勋、齐国梁等，均出此时。此自光绪二十六年（1900 年）以迄宣统三年（1911 年），是为北洋大学之第一次复兴时期。”

民国前期北洋大学的校园生活

北洋大学以朴实无华、刻苦节约著称。这种质朴风气，表现于学生们的衣食起居等日常生活。一般同学均衣著朴素，而怡然自得，绝无竟逐时髦讲求服饰的陋习。同学品评人物的标准，是德行学问如何，对于浮奢表现，反有不屑一视之意向。新生入学，间有少数衣履稍涉浮华，必为大众歧视，而受到精神上的制裁，蓝布长袍为多数同学的常服，西装革履者较少。在华北地区的文教界，北洋同学有“蓝衫队”之称，崇朴尚俭，蔚然成风。

民国时期，国立大学所收学费比私立大学低得多。但工科学生购买书籍、仪器所需费用仍较多。北洋大学自 1914 年赵天麟担任校长以后，就实行一种特殊的制度“贷书制”。这是一个适宜一般家境学生求学的好办法。按 1932 年学生在校费用，平均每人每年约需 200—250 银圆。

在校园生活管理上，学校很注意学生自治。学生自组膳团若干个，20 年代每人伙食费从 2 圆到 6 圆不等，学生参加哪一膳团或退出自便。依那时的物价，每月 6 圆的伙食费是最高的，同学称其为贵族膳团。1929 年设有南式、自治、第一、第二、第三共 5 个膳团。1933 年增为 8 个膳团；1936—1937 年间，300 余名学生，膳团竟有 10 个以上。每膳团由学生自选团长，轮流管理。以 1936 年和 1937 年为例，每一膳团人数不等，大者五六桌（每桌 6 人），小者仅两桌而已。同学可按个人饮食习惯自由选择，大多数都能享受到家乡口味的膳食。20 世纪 30 年代，膳食费每月一般 5—6 银圆，最贵的 7.5 银圆。如能节俭生活，在学宿费以外，每人每年生活费一项有 130—150 圆即可够用，比平津地区一些私立学校和教会学校（需 200—300 银圆）节省多了。

毕业和就业

北洋大学新生入学后，要经过几年的艰苦努力；毕业时还必须经过由校内外专家组成的学生毕业试验委员会的严格考核，不合格者不准毕业。

1920—1937 年本科毕业生人数：矿冶工程系 235 人，土木工程系 503 人，机械工程系 114 人，电机工程系 9 人，共计 861 人。此外还有预科和高中毕业生 999 人。

毕业生的就业问题，学校一般不负责介绍工作。少数靠老师、亲戚、朋友的引荐、介绍，多数靠自己找关系谋出路。最终找不到门径而失业者也是有的。

到 1935 年初，学校为给毕业生介绍职业，组设了“职业介绍委员会”。此后，毕业生就业困难问题稍有缓解。该会聘定委员 7 人，主任委员徐泽昆（训育长），委员张润田（土木工程学系主任）、曹诚克（矿冶工程学系主任）、汪煦（机械工程学系主任）、诸水本（电机工程学系主任）、冯成麟（总务长）、崔诵芬（注册部主任），另有干事 1 人李林奎（文书课长）。

该会下设调查登记组和介绍组。调查登记组的任务是：了解毕业生的通信地址及其离校后的状况；及时把握应试外国留学生的机会；办理全国学术工作咨询处委托调查事项；了解各机关团体需要学术人才的状况；登记毕业生请求介绍职业事项；各机关团体委托延聘人员事项。介绍组的任务是：掌握毕业生特长、学术及才能；职业介绍的分配；介绍函件的拟缮；毕业生不足需要时的征求事宜；指导毕业生服务各事宜；了解毕业生就业后的服务状况。

1935 年，北洋大学毕业生的服务处所及从事职业如下：

法科（法律学门）历年共毕业 6 班 95 人。在调查的 71 人中，各级法官 9 人，外交官吏 4 人，其他官吏 8 人，律师 17 人，法律顾问 1 人，教授 4 人，中等学校职员 12 人，各级行政机关职员 4 人，矿务 1 人，银行 2 人，商界 2 人，其他 2 人，已故 5 人。

工科（工程学系）毕业 24 班共 522 人。在调查的 415 人中，工程师 267 人（其中水利工程师 104 人、铁路工程师 62 人、公路工程师 47 人、市政工程师 29 人、建筑工程师 16 人、采矿部门 9 人），各级行政机关职员 67

人，公私企业单位 17 人，教授 7 人，大学助教 4 人，中等学校教职员 13 人，留学 8 人，其他 20 人，已故 12 人。

北洋大学校长刘仙洲

刘仙洲原名鹤，字仙洲，1890 年 1 月 25 日生于河北省完县唐兴店村。

1906 年，刘仙洲以第一名考入完县高等小学，并被同学选为班长。校长是一个中过举人的劣绅，竟贪污学生的伙食费。刘仙洲便带领同学向县长呈文控告，闹起学潮，结果被校长开除五人，刘仙洲名列第一。

1907 年，刘仙洲改名刘振华，考入保定崇实中学。他勤奋刻苦，品学兼优，又被选为班长，并于 1908 年春率先加入同盟会，开展抵制洋货、召开国会等学生运动。同年秋，校长以“阅读禁书”为借口，记一盟员“大过”。刘仙洲又带领同学闹起学潮，罢课离校，结果被校长开除七人，刘仙洲又是名列第一。

随后，刘仙洲转入由同盟会河北省支部主盟人陈幼云创办的育德中学继续学习。1911 年辛亥革命中育德中学成为保定一带革命运动的指挥部。刘仙洲先后参加燕晋独立并带领几位同学试制炸弹，去炸京汉铁路唐河大桥，以阻止清军南下镇压革命军。

1912 年初，袁世凯篡夺革命果实，当了临时大总统，刘仙洲又奔赴山西太原，参加“倒袁”运动。

1912 年夏，刘仙洲在育德中学毕业，中学 5 年总平均成绩高达 96.4 分。1913 年春，他又考取了河北省公费，去香港大学学习机械工程。他的大学毕业试卷，经伦敦大学审查，获得“头等荣誉”毕业文凭，被授予工程科学学士学位。

1918 年夏，刘仙洲从香港大学毕业，本来可以被保送到英国留学，还有河北省高等工业学校准备以 150 银圆的月薪聘任他为机械学讲师。但为了大批清寒有志青年出国深造，他毅然回到保定母校育德中学，担任留法勤工俭学高等工艺预备班的机械学教员。育德中学校长王国光与他商量：“月薪 80 银圆行不行?”刘仙洲当即表示：“我为母校工作，钱多少无所谓。”校长说：“既然无所谓，那么少给一半，月薪就 40 银圆吧!”

1924 年，刘仙洲 36 岁时，担任北洋大学校长。

到任一年后，他在校庆30周年时提出今后十年“理想中之将来扩充计划”，决心“造就‘东方麻省理工大学’之始基”。

北洋大学教授，原先几乎都是外国人，刘校长先后聘请学成归国的茅以升、石志仁、周承佑、侯德榜等来校，各科系课程差不多都由中国学者自己讲授。

北洋军阀忙于混战，四年中只拨给两年经费，学校往往连薪金都开不出。刘仙洲带头不拿或少拿薪金（四年少拿薪金5000多银圆），与全体教工同甘共苦。

刘仙洲担任校长期间一直在校学习的魏寿昆，在《北洋大学的回忆片断》一文中说：“大多数毕业生对刘校长的评价都是有口皆碑。他在北洋四年，是呕心沥血、惨淡经营的四年，是继往开来、中流砥柱的四年。”

从京师大学堂师范馆到北京师范大学

京师大学堂师范馆，即现在“北京师范大学”的前身。

光绪二十七年辛丑十二月初一（1902 年 1 月 10 日），朝廷任命张百熙为管学大臣，不久颁布了张所拟奏的《钦定学堂章程》。这是中国有系统完备的学校制度的开始。

这个《章程》规定的教育体系是：学校分为高等、中等、初等三大级别，共有七个等次。其中高等教育分为大学院、大学堂、高等学堂（及大学预备科）三个等次。作为管学大臣的张百熙不仅主管全国最高学府京师大学堂，而且兼管各省所设立的学堂，所以他拟奏的《钦定学堂章程》是着眼于全国的学制。筹办中的京师大学堂设置七个“专门分科”（模仿日本东京大学堂）。但考虑到大学初办，专门分科没有合格的学生来源，于是先设“高等学堂”作为大学的“预备科”，课程分“政科”和“艺科”两类；又考虑到“国家需材孔亟”，“士大夫求学甚股”，“欲收急效而少弃材”，则兴办“速成教育”。

速成科分两门：一门是“仕学馆”，一门是“师范馆”。张百熙呈送朝廷的《筹办大学堂大概情形疏》的“第一项预定办法”原文摘录如下：

凡京员五品以下，八品以上，以及外官候选暨因事留京者，道员以下，教职以上，皆准考入仕学馆。举贡生监等，皆准考入师范馆。仕学馆三年卒业；学有成效者，请准由管学大臣择优保奖。师范馆三年卒业；学有成绩者，由管学大臣择其优异者带领引见。如原系生员者，准作贡生；原系贡生，准作举人；原系举人，准作进士。准作进士者，给予准为中学堂教习文凭；准作举贡者，给予准为小学堂教习文凭。盖预科之学生，必取其年最富，学术稍精者，再加练习，储为真正合格之才。速成之学生，则取更事较多，立志猛进者，取其听从速化之效。此目前姑请缓立大学专门，先办预备、速成二科之实在情形也。（引自陈宝泉：《中国近代学制变迁史·钦定学堂章程时期》，民国十六年即1927年，北京文化学社出版）

这就是说，经过师范馆的三年进修，获得“进士”资格的才能担任中学教员，获得“举人”资格的才能担任小学教员。

京师大学堂后来又把“同文馆”归并进来，成为译学馆，加上原有的仕学馆（后由大学分出，即民国后的政法大学）、师范馆（后由大学分出，谓之优级师范学堂，即民国后的北京师范大学），以及大学预备科，叫做“三馆一科”。

实际上《钦定学堂章程》颁布后，京师大学堂仅只办了仕学馆和师范馆。而师范馆首先招生；两馆同时开学。

京师大学堂先办师范馆

光绪二十八年阴历十一月十八日（1902年12月17日）京师大学堂师范馆正式开学。这一天就是现在的北京师范大学的建校纪念日。开学时，师范馆考取的学生共79名；仕学馆同时开学，录取学生57名。（参看王仪通：《京师大学堂同学录序》，见国立北平师范大学《校务汇刊》第25期，民国二十一年即1932年11月19日刊）

校址在景山东马神庙原公主府。仕学馆的学生住在寝宫后边的平房里，当时叫“十二帘”；师范馆的学生住在两座楼房里，当时叫“南北楼”。后来仕学馆迁出马神庙，到李阁老胡同。

清末兴办学堂时，一般读书人依旧向往科举，对于入学堂，特别是入师范学堂，并不太感兴趣。政府为了吸引他们，给予师范生优厚的待遇。不仅食宿全由国家供给，而且宿舍、自修室都很宽裕。伙食非常讲究。每人冬夏二季，备发一套操衣，还有青衫、靴子等物。此外，还按学生月考成绩，分别予以几块银圆或十几块银圆的奖金。（参看师范馆第一期毕业生王道元《记优级师范馆》，载于《北京大学五十周年纪念特刊》，以及《前京师大学堂优级师范科概况》，原件存北京师范大学文书档案室）

洋务派开明人士张百熙、张之洞等，都已经认识到培养师范人才、储备师资的急迫性。所以《钦定京师大学堂章程》内明确指出："师范出身一项（按：'出身'指待遇和毕业后的出路），系破格从优，以资鼓励。"这种对师范学生优待的政策，到了辛亥革命以后还沿用。这种优待推动了中国师范教育的发展。

当时对于师范馆、优级师范科学生的投考资格和出身、出路的规定，很明显是奖励从事教育的人才。如规定：投考师范馆必须有举人、贡生、廪生、监生等资格。毕业考试的成绩在中等以上者，一律作为师范科举人；最优等者，以内阁中书优先补用，并加五品衔等。但实际上报考师范馆的并无一个举人，而且有不少学生，在师范馆学习期间，就趁暑假参加了癸卯（1903 年）的乡试，有十几个中了举人；还有一人在甲辰年（1904 年）又中了进士，于是转学到进士馆去了。这说明他们虽然上了新学堂，也在学习新知识，却对于"读书当官"念念不忘。

奖励规程还有一项是：学生毕业后成绩优良而又有志深造的，可以选派分遣到东、西洋官费留学。师范馆第一期的学生，有一部分要求在毕业前二年提前施行那项规定，大学堂同意了。有 30 余人被提前派遣到外国去留学，其中有俞同奎、何育杰、朱深、王桐龄、张耀曾等。这是北京师大第一次派遣出国留学生。留学英国的何育杰后来被誉为"中国第一个物理学家"，留学日本的王桐龄成为著名的历史学家。

根据《北京师大同学录》所载：师范馆第一期学生，肄业 4—5 年，于光绪三十三年（1907 年）毕业，共 100 人。这个数字是个大概。另据邹树文的《北京大学最早期的回忆》所记："第一班师范馆应届毕业学生，共一百零八人，恰合《水浒》上的一百零八之数，但可惜其中有少数未能及格。我记不清确数，不过四五名落第的而已。"又按王画初《记优级师范馆》记载，共毕业 105 名。就是说，其中最优等 18 名，其他 87 名为优等，尚有 3 人落第（不及格）未予毕业。

京师大学堂师范馆的回忆

京师大学堂师范馆，是为培养新式学校师资而设立的，首届毕业生邹树文回忆道——

> 壬寅京师大学堂1902年秋天开办时，只有仕学、师范两馆，其地马神庙，是从前的四公主府，亦即戊戌京师大学堂旧地址，辛亥革命后为北京大学的校本部。仕学、师范两馆之创办，乃取古语“作之君作之师”的意思。仕学馆当时学生取的是在京官吏，同学中有的在入学时已是翰林。仕学馆当时在马神庙住的是十二帘，师范馆舍是南北楼。仕学馆后来迁至李阁老胡同，即民国后的北平大学法学院的前身。又添了一个进士馆与仕学馆合并，进士馆是为新进士读书之所，叶恭绰是当时第一名。仕学馆只招过两班学生。
>
> 从总的方面看，当时的学生多出身于贵族官吏豪富门第，入学堂是为找“恩师”靠山，谋求升官发财之道。

进士馆里几乎每个学生都有一个听差，上课铃响了，由听差来请老爷上课。据说当时上体育课时，教员喊口令也是毕恭毕敬地喊：“老爷，向右转！老爷，向左转！”

师范馆第一班的最早一批（56名）入学后，各省陆续考试，并入第一批同班授课，共达130人。所以最早者读了将近5年，最迟者勉强4年。

京师大学堂壬寅（1902年）开办的初期，教职员对待大学生是不敢怠慢的。吃饭时候，教职员与学生同桌，学生居上座，教员反而坐在客位。

张小浦（鹤龄）先生初接替吴挚甫（汝纶）担任总教习时，着了那时的大礼服，朝珠补褂，拿了大红片子，到学生斋舍，见面行交拜礼（那时每人住一间）。

后来制度渐渐改变，饭厅里，教职员与学生分开餐桌，教职员地位提高了，另坐专席。

1905年大学堂主管已不是“管学大臣”（相当于主管文教的副总理和教育部部长），而降格为“京师大学堂监督”（仅相当于国立大学校长）了。

第一任监督张亨嘉就职时，监督与学生均朝服朝冠，向至圣先师孔子的神位行三跪九叩礼，然后学生向监督行谒见礼，作三个大揖。礼毕，张监督说："诸生听训。诸生为国求学，努力自爱。"总共14个字，可说是一篇最短的校长就职讲演。

1907年正月，师范馆第一批应届生共108名参加毕业大考试。毕业成绩分"最优等"及"优等"两种。最优等18名，其他87名为优等，尚有3人落第（不及格）未予毕业。

京师大学堂师范馆第一届毕业生王画初（道元）回忆——

> 师范馆的学员，有各行省考选保送来的，有在京师自行投考的。当时师范馆、译学馆规定毕业出身，为奖给举人，最优等为"内阁中书"（官居五品），优等为"中书科中书"六品，中等为七品小京官，分部试用。到甲辰年（光绪三十年）即1904年正式废止科举制度。
>
> 师范馆第一年所定课程，为补习普通学科，大致如现在中学的课程。外国语分英、法、德、俄、日；任学员选习一科目，但日语则须人人皆学。国学方面，有经学大义，有中外历史地理和国文。此等科目，担任教习的每延揽国内名流，但学员不感多大兴趣。分类肄业之后，至光绪三十二年终（公历1907年初）期满，翌年正月考试毕业……

大学生的膏火、饭食（伙食费和日常零用钱）皆官费。教学设备，有各种讲堂，有理化、器械、药品室，有博物标本室，有宿室，有自修室（每二人占一间），有公共饭厅，有浴室。有藏书楼，在北院，中文书籍为多；彼时报纸杂志，尚未发达。学员自携书籍及应时的读物，如梁启超《饮冰室文集》及《新民丛报》，几乎人手一编。此外关于新学的，以《富强丛书》为最通行。

生活方面：早晨起床，鸣铁钟为号；上堂以摇铜铃为号，就寝亦然。开馆则敲锣为号。

清末朝廷腐败已达极点。但对于京师大学生待遇十分优厚。衣食住行一概公费，宿舍楼房每人住一间，自修室每二人共一间。早餐是粥和面食。午晚两餐，每桌八人，六菜一汤。冬季四菜一火锅，荤腥俱全。如提调、舍监（事务科长）、诸高级职员和学生一道吃饭，需坐在主座。这颇合古语所说的国以"大烹养士"了。又如每月有月考，考列在前的若干名，给以数圆或十数圆的奖金。每人冬、夏二季，各有公家发给的一套操衣，随便穿着。平时其他服装，基本自备。

大学堂师范馆头班学生俞同奎的回忆，可以进一步证实京师大学堂对于学生十分优待。他说——

不但不缴学费，并且由校方供应伙食。每餐八人一桌，六菜一汤，冬天则改为四菜一火锅，鸡鸭鱼肉都有。有所谓“课堂提调”者，就是现在的“舍监”或庶务科长这类职员，跟在一处吃饭。如果饭菜不好，课堂提调马上发起威风，惩罚厨子，倒用不着学生操心。每月有月考，名列前若干名者，都有奖金。数目虽只数圆或十数圆，但大半都是外省来的穷学生，有这笔进款，月间零用，始有着落，有时还可以约两三同学到前门外听听评剧，吃吃小馆。

衣服自然是自备，但每人冬夏各给一套操衣。着操衣时脱去长袍马褂，作军队装束，自然感觉新奇。所以那时候对于兵式体操，很感兴趣。虽然每人仍拖一条猪尾巴，不过短衣窄袖，自愿亦以为有“赳赳武夫”气概，大可自豪。每天破晓，操场上就听见“向左转”“向右看齐”各种口号。虽朔风凛冽，大部分学生倒也并不偷懒。……

京师优级师范学堂

癸卯年（1903 年）《奏定学堂章程》颁布的时候，张之洞就倡议师范馆与京师大学堂应该分设。光绪三十年（1904 年）京师大学堂师范馆改名“优级师范科”。当时招生有两种方式：自愿报名投考，或由各省保送复试后录取。

光绪三十三年（1907 年），京师大学堂优级师范科第一期学生（即原师范馆学生）毕业；次年，第二期学生毕业。这时京师大学堂的两届师范生既已毕业离校，原马神庙的校舍将作为招收大学分科生之用。于是，清政府决定师范科独立为专门的“学堂”。

光绪三十四年五月（1908 年 6 月）京师大学堂优级师范科改为“京师优级师范学堂”，就厂甸“五城学堂”地方改建校舍，奏派陈同咸为监督。

这是我国专门独立设置高等师范学校的开始。京师优级师范学堂的宗旨为：造就初级师范学堂及中学堂之教员、管理员。

五城学堂的原校址，在今北京和平门外南新华街，清代本为琉璃窑厂，一片瓦砾而已。光绪末年开始于此地设立五城学堂，这就是1952年以前和平门外北京师范大学的校址。而原来的五城学堂改称五城中学堂，则在原校址的东面另建校舍，这就是现在北京师范大学第一附属中学的前身。

京师优级师范学堂于光绪三十四年十月（1908年11月），举行第一次入学考试，直接录取学生80余名，入公共科。十一月十四日（公历12月7日）正式开学。同时又承认京师大学堂师范馆、优级师范科的两届毕业生是京师优级师范学堂前两期的毕业生。及至北京高等师范学校改为师范大学以后，就一直以京师大学堂师范馆正式开学那一天为北京师范大学的成立纪念日。

宣统元年（1909年）、二年（1910年），又分三次补招各省保送来的学生，共录取150余名，入公共科。这时，第一次录取的公共科学生已经过考试毕业，升入分类科：计入“第一类”者30余名，入第二类者40余名。

这时学校刚独立建置，一切都属草创。教职员不满20人。

英语部毕业生李希章在他所写的《北高生活片断》中回忆：沈步洲教英文作文课，规定每两周作一次。让学生在堂下作，意在使大家有充分时间思考准备，认真练习。他不怕学生多写。要求学生一律用作文簿，只许写在每页的右边，还得隔行写，留下左边供教师批改或加添长段文字用。零星小错或不妥之处，批改在右页所留的空行中。这位沈先生批改作文所用的字体，也和学生所写的一致，“正则都正，斜则皆斜，而且先生写的字，两体都好得宜人”。李希章说，他后来在中学代高中作文课，印有专用的作文簿，用法和批法都是从沈先生那里学来的。

另一位教师郭汝熙，教英文修辞，也教作文课。他讲课全用英语，清楚流利，没有一句闲话，能保证进度。对学生要求极严。作文必须在课堂上作，两小时交卷，使大家养成及时完卷的习惯。他批改得很细，发还时指出错误及其原因以及改正的途径。

北京高等师范学校

中华民国成立之后，1912年5月，京师优级师范学堂改为“北京高等师范学校”，从日本留学归国的教育学家陈宝泉出任校长。7 月，五城中学堂改为“北京高师附属中学”，同时增设附属小学（即今北京第一实验小学）。

教学方式有了很大改进。钱夏（即钱玄同）、马裕藻所拟的《高等师范学校预科国文教授法草案》中说：

> 高等师范，所以造就将来之中学教师。是以学生自预科始，于听受而外，尤贵能自己讲解。且程度较高，尤宜启发其自觉心，不当专以注入为主义。教师可随时将新选文辞先行发给，令学生各自参考预备。至讲授时，教师任指数人，各令讲解一节。讲毕，教师则奖其讲解明了者而摘其谬误者。其学生讲解忽略之处，则重申讲明之。

这就是说，北京高等师范学校很注重启发式的教学方法，重视预习，反对注入式。毕业生张作人在《回忆北京高师生活片断》中说，他在高师是学习博物学的。学校请了著名的地质学家丁文江教他们遗传学。丁文江上第一堂课就说——

> 我是学地质的，来教你们遗传学，不是来教你们知识。学知识容易，你们自己看书就可以；我是来教你们如何获得知识的方法。学知识，学到一就是一，学到二就是二，学到一百就是一百，在一百以外的问题怎么办？要有办法对付它。我就是要教你们，新的问题来了你怎么办？你又怎么不断去发现新问题？

北京高等师范学校成立后，聘请了不少由日本回国的留学生，也请了一些欧美的留学生。教师阵容比清末的京师大学堂师范馆乃至京师优级师范学堂，都要高得多。如王烈（字霖之）、王祖训（字仰先）、王桐龄（字峄山）、陶履恭（字孟和）、邓萃英（字芝园）、彭世芳（字型百）、陈英才（字子云）、陈映璜（字仲骧）、毛邦伟（字子龙）、钱玄同（名夏）、马裕藻（字幼渔）、朱希祖（字逖先）、马叙伦（字夷初）都是有真才实学的大学者。（参考《北京高等师范学校一览》1913 年 7 月，以及《北京高等师范十周年纪念录》1918 年）

对于学生的管理，规定有“点名法”。学校自习室分号编制，学监对所掌管区域的学生，“每晚持簿查考，如有空位，则记缺勤。自习二次不到，不予记勤”。又有所谓“稽查法”规定：“每晚学生自习下课，学生就该管域，偕本区事务员稽查火烛，督促夫役洒扫（星期六大扫除），将门窗关闭，由事务员取钥执掌，并将现状填写查视报告簿，每日送校长及主任核阅。又学生下自习归寝室后，约三十分钟即须熄灯。唯私自燃烛，及炉火未净亦事之所或有。故学监于学生就寝后，必须稽查一次或二次。”

北京高等师范学校的学生，免交学费，由学校供给膳宿，并有补贴。还发制服，暑季制服每年每人一套，每半年发一双皮鞋。医药费用也由学校供给。

学生的家庭出身，以学界居大多数。相当多的一部分人来自农村，大都家境贫寒，生活朴素。政界人员的子弟较少。平均学生 50 人用一个工友（当时称“夫役”），只“供扫除汲水之役”。寝室的清洁卫生，以学生自理为主。校训是“诚实，勇敢，勤勉，亲爱”。学校的门口，挂着一面大镜子，上面写着“整容貌”三个大字。学生都穿校服，佩戴校徽，出门前都照镜子，看看是否衣帽整齐。

“北高师”的伙食管理

学校对卫生很重视，由一位美籍博士校医负责管理。食堂、宿舍、食品、饮料等按时检查。采用“分食法”，学监负监督之责。当时的毕业生李希章在他所写的《北高生活片断》中，有几段关于“伙食管理”的记载：

> 北高的伙食，我认为很好。“管理严密、安排得法”八字，学校是当之无愧的。虽然欠下了成万圆的伙食费，伙食质量和食堂服务并无逊色。这是学校和包办伙食的人员共同努力的结果。食堂和厨房在当时学校的西北角，两下相隔不远，供应方便。学生人数多，食堂地面小，只好每餐分两次开，中间隔半点钟，年级高的先吃。伙食有两种方式，分食和合食。分食八人一桌，各有定位，每人的菜一荤一素，有时一汤一菜。同学各吃各的，互不相妨。因此稍微早进食堂一点，不会影响别人，吃完早退，就更随便了。合食，记得是六人一桌，早餐跟分食的相同，有大米稀饭、咸菜，不记得有无馒头。午晚两餐，每桌六菜，荤素

皆有，汤、菜俱全，但开饭必须到齐才行。主食是米饭、馒头、稀饭。米饭、稀饭，尽着吃，馒头却有限制。为了防止厨房给陈馒头吃，馒头形状，一天一换，圆的、方的、三角的，周而复始地轮流掉换。如果在饭菜里发现头发那要罚钱，所以还可保持清洁。分食的副食供应，采点菜方式。每周发给菜单，让每桌同学自己点一周七天午晚两餐他要吃的菜。吃过两周，重新再点。副食的品种，载在菜单，点菜不得超出这一范围。点定了的菜，不许改变。冬季里，不论分食合食都有火锅保持副食的热度，一般是白菜、海米加大油的火锅，菜有限制，汤随便添。今天看来，伙食办理能这样，很不容易了。

校友周谷城在《“五四”时期的北京高师》一文中也说：

高师的伙食办得很好。在北京的任何学校都赶不上。肉丸子、海参丸子、干炸丸子，每餐都有好几个菜。我刚入学时，以为是招待我们。后来才知道是每餐都很好。而且吃饭都有规矩，八个人一桌，吃什么征求意见，北方人爱吃小米、馒头，就吃小米、馒头，南方人爱吃大米，就给你大米。吃饭有一定的时间，差一分钟都不开门。开门后要有秩序地进去，整整齐齐地坐好开饭。主要是学生不捣乱。伙食办得很好，他捣什么乱?

1913—1914 年的尊孔逆流

辛亥革命后不久，国家大权被袁世凯窃取。北洋军阀头子袁世凯专权以后，掀起了一股祭天祀孔、读经复古的浊流，1914 年成立“礼制馆”，公然恢复帝王威仪。中小学教育复旧，甚至一度盛传“废小学、复科举”。

1913 年江苏第一师范学校招生时，出了一份考卷，应考的有 300 多人，都是中小学生。考卷要求考生列举崇拜的人物，统计的结果是：

崇拜孔子者 157 人，孟子 61 人，孙文 17 人，颜渊 11 人，诸葛亮、范文正（范仲淹）8 人，岳飞 7 人，王守仁（王阳明）、黎元洪 6 人，大禹、陶侃、朱熹、华盛顿 4 人，程德全（江苏都督）3 人，苏轼、康有为、袁世凯、屠元博2人，伯夷、周公、仲由、苏秦、张仪、秦始皇、张良、萧何、韩信、司马迁、马援、班超、陆九龄、韩愈、司马光、程颐、徐光启、顾宪成、史可法、曾纪泽（清末外交官、曾国藩长子）、梭［苏］格拉底、亚里斯［士］多德、马丁·路德、培根、卢梭、梁启超、武训、杨斯盛（上海捐款办学者）、安重根、蔡普成……各1人，此外23人则无所崇拜者也。（引自《考师范之笑话》，原载上海《时报》1913年7月1日）

这份答卷实际上是个难得的“民意测验”，应答的对象是知识青年，属于中下层文化人。他们对社会问题有一定敏感度，反映了普通民众的思想走向。从这个“民意测验”可以发现，当时孔子和孟子的影响深远，崇拜者有200多人，占应答人数的2/3；如果再加上儒学的其他名人，居绝对优势。值得注意的是在当代中国人士里面，“孙文（孙中山）”得17票，仅次于孔孟，名列第三；而黎元洪得6票，康有为、袁世凯各得2票，梁启超得1票。

1915年袁世凯颁布了所谓《大总统教育要旨》，强调“各学校均应崇奉古圣贤以为师法，宜尊孔子以端其基，尚孟以致其用”。他命令教育部将《教育要旨》1000本发给北京高师的学生。为了利用学校多培养些“驯服工具”，袁世凯决定将北京高师加以扩充，使能收容学生1000人。他以个人名义捐款1万银圆，并批准教育部给北京高师拨款6万银圆。

利用这两笔款项，北京高师在1915年建筑自习室、寝室楼房72间，教学楼8座，并接收了一部分房产。1916年添设了工场、图书馆、阅览室等。1917年建筑教室楼房32间，增设了音乐教室，扩充了图书馆。1918年增设了物理实验室。还由学生自己设计建筑寝室12间。在这几年间北京高师的基本建设和设备有很大的增进和扩充。

北京高等师范学校附中教师的待遇

中学教师待遇，全国自清末以来向无通例之规定，即使同一省市亦因公私立而有差别。当时中学教师计俸分专任教师的月薪制与兼任教师的时薪制两种。专任教师一般每周任课20小时，月薪在120银圆左右，兼课教师每课时1—2银圆，视科任难易及作业有无而定。据1914年教育部对京津地区公私立中学教师薪俸调查情况看，大体与上述标准相符。一般而言，学校级别同教师收入成正比，名望高的学校，教师薪俸往往也较高。如1915年北高师附中教师月薪如下——

物理、化学、英文之教员为173银圆；

修身、博物教员为144银圆；

专任教员为140银圆；

余者不等，最低军乐教员为20银圆，历史教员为27银圆。

作为兼任教员，一人可兼数校教职。兼学校教务、庶务及专科主任、年级主任者，月薪可达170—180银圆。（参阅《中国近代学制史料》第三辑上册，第431—436页，第497—499、530页）

中学教师的时薪，在1922年新学制实行之前，普通中学最低为每小时5角（以私立中学为多），最高为每小时2圆（如北高师附中）。

新学制推行后，省立初级中学普遍每小时1圆2角5分或1圆5角，高级中学普遍每小时1圆7角5分或2圆。（见《第二次中国教育年鉴》，第4编）

为什么说“师大穷”

民间常说“师大穷”，这是实际情况。北京师范大学的学生，多半是寒家子弟，看上师大优惠的条件：不收学费、杂费、住宿费，而且吃饭不要钱，伙食也不错。于是大家又给“师范大学”起了个绰号，叫做“吃饭大学”。

20世纪初一直到1936年以前，我国市面上还使用银圆（以小额铜元为辅币），流通的纸币都能兑现为银圆。

五四运动前后北京的生活费用不高，20年代初，1银圆的购买力大约相当于2009年人民币75—80元。北大学生一年的生活开支包括学杂费在内，平均有180银圆就足够了，节省一点的有120银圆（每月10—15圆）也可以维持。此后货币逐步贬值，生活费用有所上涨。

30年代，1银圆的购买力大约相当于2009年人民币60元。在北平读书的大学生，每年最少也要花费200圆（合2009年人民币12000元），包括学费、伙食、住宿费、书籍、衣着等。30 年代一个月伙食费 6 圆，就吃得不错；当时清华大学每月伙食 7 圆标准就算很高了。而旅费不低，北平到上海三等车票 22 圆 8 角 5 分，等于 3—4 个月的伙食费。大学生若来自江南各省，一年回家一趟，还得加上 50 银圆旅费。

如国立北京大学、北平大学各学院等，一般学生一年也得花费 200—250 圆。这点钱若是在官僚地主资本家或高薪阶层，不算什么；若是一般工薪阶层，家就在北平，可以回家吃住，也无所谓。而在外地农村，或小城市，一家人每年拿出 250 圆现大洋供子女上大学，就是一笔大数字。当时南北各省，中小城市，五口之家，每月有固定 30 圆大洋收入，就能过上小康生活。但是贫民又如何能罄全家所有，供一个大学生读书 4 年呢？清华、北京大学等国立院校，学费虽然不算多，每学期还要交 10 圆。当时 10 银圆足够一人两月的伙食费，为数可观。而师大则一文学费也不收，反而要供给学生伙食费，一进一出，差额更大。师范大学，管吃、管住、管读书，一个外地穷学生考上师大，就值得庆幸了。

北师大虽穷，但仍和北大、清华、燕京并列高水平，都相当难考，因为毕业后职业有保证。30 年代的国立大学毕业生，就职条件都有明文规定，月薪起码 50 银圆，多则 80 银圆。以后月薪还可以逐年增加，到百圆以上。

北师大毕业生遍布全国，校友势力也较大。毕业之后，起码可以当个中学教员，几年后可以赚百数块大洋的月薪，就家境贫寒的人说，这一辈子养家糊口就不成问题了。

所以北师大虽“穷”，报考的人仍很多。不但成绩好的穷学生争着报考，即使家庭经济条件比较好的，有的也报考北师大。

民国前期的北京大学

1911年10月10日武昌起义，打响了辛亥革命第一枪。此后各省纷纷宣布共和，终于推翻清王朝，建立中华民国。

1912年元旦（辛亥年阴历十一月十三日），孙中山在南京宣誓就任中华民国临时大总统，成立临时政府，改纪元为公历。蔡元培被任命为临时政府教育总长。当时南北战争尚未结束，全国还没有统一。草创的南京临时政府，百废待举。教育部连个办公的地方也找不到。蔡元培曾问孙中山：教育部办公地点在何处？孙大总统回答："此须汝自寻觅，我不能管也。"（见蒋维乔：《民国教育部初调时之状况》，载舒新城编《近代中国教育史料》第4册第195页）不久，孙、袁会谈，南北暂时统一。孙中山辞去大总统职务，由袁世凯接任。袁任命唐绍仪为总理，筹备组织新政府。袁世凯继任大总统后，策划定都北京。蔡元培当即有引退之意，曾几次上书袁世凯，请辞教育总长职务。

1912年1月，京师大学堂的"教员学生，请假回籍者已居多数，以致不能上课"。（见《北京大学校志稿第2期第3册》，北京大学档案室藏）于是大学堂只好咨呈学部，暂行停办，决定给外国教员"每员优给三个月薪水"，中国教职员每员"发一月薪水，暂令出堂，以节虚糜，俟开学有期，再令回堂办事"。（出处同上）

严复为北京大学堂寻求经费

1912 年 2 月，年幼的宣统皇帝逊位。新任中华民国大总统袁世凯于 2 月 25 日任命严复为京师大学堂总监督。3 月 8 日，严复到校视事。

严复在 3 月 30 日向全体教职员提出“改进大学堂学务方针”，征求意见，使得“校中一切规模，颇有更张”。但是京师大学堂面临的最大困难，就是没有经费，无法开学上课。

当时袁世凯政府财政十分困难。政府除维持行政费外，“各衙门薪俸，除外务部、邮传部、陆军部外，余人分文未发”，“度支部、学部，一文未给”。严复月薪 300 两，任职两个多月后，仍然未领到分文。政府各部门尚可维持，大学堂没有经费就不能开学。

京师大学堂的经费，1898 年初设时规定：由户部存放于华俄道胜银行的 500 万两库平银每年所生利息库平银 20 万两作为大学堂的经费（折合京平银 21.2 万两，实拨 20 万 630 两）。1902 年大学堂恢复时，张百熙奏准“经费宜宽筹”的原则，清政府批准将该存款年息 21.2 万两全部拨归大学堂做专款使用，由大学堂像储户一样，直接向华俄道胜银行办理支存手续，年存开单呈览结账，无须向户部报销。1905 年学部成立，京师大学堂管学专权也归学部管辖，新任尚书荣庆向清政府奏请，把华俄道胜银行这笔存款利息全部转归学部，京师大学堂经费按月向学部领取，清政府批准在案。但是武昌起义爆发以后，全国动乱不止。学部就不再付给京师大学堂经费，大学堂旧存款项，分文也不能提取。大学堂被迫停顿。严复接受“大学堂总监督”职务时面临这种困境，无法开学。

严复为了寻求经费奔求各方，找到学部（相当于教育部）、度支部（相当于财政部）的负责人，“再四磋磨，商请用款，迄无以应”。最后，由于严复能与外国人直接办理交涉，并且他本人一向受到外国人的尊敬与信任，终于跟华俄道胜银行议妥，并经大总统袁世凯批准，于 4 月 7 日与银行签约借到 7 万两款项，使京师大学堂能开学上课，师生都感振奋。

严复在“救亡与启蒙”的方针上主张“以教育为第一要务”，是与同盟会等革命派有分歧的，并为此和孙中山产生争端。1905 年，严复随张翼赴英国伦敦办理对英交涉开平煤矿事，孙中山当时正好在伦敦，特意来拜访严复。双方谈起改造中国的途径与手段，严复认为中国国民一般群众素质低劣，主张“为今之计，惟急从教育上着手”。孙中山回答说：“俟河之清，人寿几何！君为思想家，鄙人乃实行家也。”从严复自身感觉中，这一事件是构成他与同盟会孙中山等人隔阂的转折点。

1912 年 3 月 29 日，唐绍仪在南京参议院宣布拟任命的政府阁员名单，教育总长仍由前南京临时政府教育总长蔡元培蝉联。蔡无法推辞，乃北上继任。1912 年 4 月，蔡元培总长到北京教育部视事，并派员接收了前清政府的“学部”。5 月 1 日，蔡元培下令：京师大学堂改称北京大学校，大学堂总监督改称校长，以表示开始改革。

蔡元培首先在北大实践“教授治校”

蔡元培最早提出“教授治校”的新理念，并在北京大学付诸实践。

1907 年，蔡元培 40 岁时留学德国，在以“实干精神”著称的莱比锡大学进修。当时，蔡元培发现德国的大学管理十分民主。校长和各科（院）学长由教授会公选，每年更换一次。校长由神学院、医学院、法学院、哲学院各科教授按年轮流担任，大学管理从未因校长的更替而发生困难问题。蔡元培回国后，极力主张效仿德国大学制度，实行教授治校、民主管理。

1912 年，蔡元培出任南京临时政府教育总长，起草《大学令》，其中第 16 条明文规定：“大学设评议会，以各科学长及各科教授互选若干人为会员，大学校长可随时召集评议会，自为议长。”第 18 条规定：“大学各科各设教授会，以教授为会员，学长可随时召集教授会，自为议长。”然而一时难以真正推行。

1916 年 12 月 26 日，总统黎元洪下令，任命蔡元培为国立北京大学校长。于是他有机会亲自实践“教授治校、民主管理”的主张。1917 年 1 月，蔡元一上任就开始整顿老北大。

北京大学的前身是旧式衙门般的京师大学堂，当时中国籍教师多半为腐儒，滥竽充数，一心只想在官场混混。学生多为达官贵人、高干子弟，上学堂只图混个文凭，毕业后好升官发财。（参看前述顾颉刚的回忆）民国成立后，虽然京师大学堂名义上改称北京大学，但“老爷”式学堂的腐败传统积重难返。

蔡元培尖锐地批评："外人每指摘本校之腐败，以求学于此者，皆有做官发财思想。"

蔡元培在就任北大校长后举行的开学典礼上，明确提出：大学乃"研究高深学问之地"，"入法科者，非为做官；入商科者，非为致富"。他强调三大原则：一曰抱定宗旨，二曰砥砺德行，三曰敬爱师友。

初步组建一个有力的改革班子

蔡元培初入北京大学时，好友汤尔和就告他说："文科预科的情形，可问沈尹默君。"两天后，蔡元培便到北大译学馆拜访了沈尹默，两人志同道合，一见如故。在后来的一次长谈中，沈尹默向蔡元培提出三点建议，都是根据自己在北京大学几年的亲身体会发出的肺腑之言："第一，北大经费要有保障；第二，北大的章程上规定教师组织评议会，而教育部始终不许成立。中国有句古话'百足之虫，死而不僵'，与其集大权于一身，不如把大权交给教授，教授治校，这样，将来即使您走了，学校也不会乱。因此我主张您力争根据章程，成立评议会；第三，规定每隔一定年限，派教员和学生到外国留学。"（这段回忆，是沈尹默 1966 年所写）这让蔡元培深受感动。沈尹默的建议，"以成立评议会为最重要"，其中，他提醒蔡元培，作为校长，不能集大权于一身，要推行"民主办学，教授治校"。这是解决矛盾的根本办法，与蔡元培的民主自由思想不谋而合。于是"蔡先生深以为然，完全采纳，向当局提出，果然达到了目的"。

蔡元培又造访因事进京的陈独秀，极力邀请他加入北京大学，出任文科学长（相当于今文学院长）。当时，陈独秀因在上海主办《新青年》，为"民主"与"科学"呼号奔走，早已享誉大江南北。陈独秀来到北京办事，白天四处活动游说，夜里总要看戏，经常晚睡迟起。蔡元培几乎每天去陈独秀所住的公寓拜访，有时去得早，他就招呼茶房，不要叫醒陈独秀，只拿个凳子让他坐在房门口等候即可。最初，陈独秀不想受聘北大，说要回上海办《新青年》。蔡元培就劝他"把《新青年》杂志搬到北京来办"，最后陈独秀终于为蔡元培的真诚感动，接受了邀请，出任北大文科学长。

蔡元培出任北大校长第一年，就主持制定了《北京大学评议会规则》，同时筹建大学评议会，作为学校最高的民主立法机关和权力机关，以让更多的教授议决立法方面的事。

1917 年开始，蔡元培对北大学制进行了改革，包括扩充文理两科，调整法科、商科和工科归并，预科改革等几方面，由此，直接影响了评议会人员的组成结构。

评议会由评议员组成，校长为议长。评议员包括各科学长和主任教员、各科教授（每科 2 人），由教授自行互选。

1917 年 11 月，通过正式程序选举的北大评议会成立，评议员共 19 人，分别是：校长蔡元培，文科学长陈独秀，理科学长夏元瑮，法科学长王建祖，工科学长温宗禹；教授代表有：文本科胡适、章士钊，文预科沈尹默、周思敬，理本科秦汾、俞同奎，理预科张大椿、胡濬济，法本科陶履恭、黄振声，法预科朱锡龄、韩述祖，工本科孙瑞林、陈世璋。

此后，凡制定和审核学校的各种章程、法规，决定学科的设立与废止，审核教师的学衔和学生成绩，课程的增减与改革，聘请新的教授，提出学校的预决算费用等重要事项，均须经评议会民主审核、投票通过后，方可实施。评议会拥有很大的民主权力，起到了集体领导的作用；同时，随着五四新文化运动在北京大学的蓬勃发展，新派力量所承受的外来压力越来越大。因为胡适、沈尹默、钱玄同、刘半农等一批先进知识分子在评议会中占有相当大的数量，所以，在与反对派势力的较量中，北大评议会起到了积极有效的作用。

设立教授会实行民主管理

从 1918 年起，为让更多的教授参与学校事务，蔡元培根据《北京大学学科教授会组织法》，在北大各学门（系）设立教授会，规划各学科的工作。学科教授会主任由各学科教授互选，任期 2 年，无论教授、讲师、外国教员，都是会员。而担任各教授会主任的则为一时之贤德，如经济门教授会主任即为马寅初，马寅初后来先后出任北京大学和浙江大学校长。

当时，北京大学共成立了 11 个学门教授会，教授会对学科内部事务有很大的自主权，不受他人干涉。这些教授会相当于学门一级的评议会，为贯彻教授治校打好了基础。

随后，北大行政会议、教务会议和总务处也先后成立。此前，北京大学召开教务会议时，有讲英文的旧习。蔡元培规定开教务会议时一律用中文。一开始，外国教授表示反对——“我们不懂中国话”。蔡元培答：“假如我在贵国大学教书，是不是因为我是中国人，开会时你们说的便是中国话?”外国教授无以对答。从那时起，北京大学开会发言一律讲中文，不再用英文。

1919年五四运动爆发后，蔡元培辞职离校，学校政务暂由工科学长温宗禹代理。5月13日晚，北大评议会与教授会召开联席会议，经与会者一致赞成，由评议会选出法科学长王建祖、理预科教授张大椿、文本科教授胡适，教授会选出法本科教授黄振声、理本科教授俞同奎、文预科教授沈尹默，共同组织委员会，襄同温宗禹代行校务。两会同人一致认为：“蔡校长此时虽不在校，而蔡校长之精神犹在。蔡校长年来所苦心创建之种种组织犹在，若此时遽行瓦解，不特蔡校长数年心血弃于一旦，而去吾人希望蔡校长返校就职之目的更远矣。是以两会同人希望本校教职员及学生诸君竭力维持大学，务期校中秩序不乱，外间奸人无隙可乘，一方面与京内外各学校一致努力进行，务求达到目的而后已。”在北京大学面临危难的时候，评议会作为中坚力量，坚决贯彻蔡元培的办学方针，积极维护了学校的稳定。

在北京大学从中国传统模式向西方现代模式转化的过程中，新旧势力不断地相互较量。具有自由民主思想的蔡元培担任北大校长后，推动了北大民主办学、教授治校的进程。他在《我在教育界的经验》中提到：“北大的整顿自文科起，旧教员中如沈尹默、沈兼士、钱玄同诸君，本已启革新的端绪。自陈独秀君来任学长，胡适之、刘半农、周豫才、周岂明来任教员，而文学革命，思想自由的风气遂大流行。”新派教师学生们具有的革新思想，培植了北大民主自由的土壤，才使得蔡元培“思想自由、兼容并包”的办学方针在北大顺利实施，更多的具有先进思想的知识分子被聘到北大任教，北京大学很快成为新文化运动的中心。

到1920年9月，蔡元培已在北京大学组成了比较成熟的教授治校、民主管理体制。当时数千人规模的北大，只有一位校长，没有副校长，校长办公室也只设秘书一人，处理日常往来函件。行政会议、教务会议、总务处三足鼎立，职责分明，各司其职，形成了民主高效的管理机制。

蔡元培两递辞呈：绝不再做不自由的校长

历来主张“思想自由，兼容并包”的蔡元培，更受不了政府权贵、官僚政客对北大办学的无理干涉。

1919年五四运动中，蔡元培因不满北洋政府对学生的镇压和迫害而愤然辞职，5月9日悄然离京。这次辞职引发各方广泛的“挽蔡行动”，北京各大专学校校长于5月13日齐上辞呈。6月15日，蔡元培发布《不肯再任北大校长的宣言》，他说：“我绝对不能再做那政府任命的校长，为了北京大学校长是简任职，是半官僚性质……天天有一大堆无聊的照例的公牍。要说稍微破点例，就要呈请教育部，候他批准？我是个痛恶官僚的人，能甘心仰这些官僚的鼻息么？”

蔡元培还在《宣言》中表示：“我绝对不能再做不自由的大学校长。”不过，在各方的极力慰问和挽留下，蔡元培难以推却，还是再度出任北京大学校长。

在实行教授治校、民主管理的过程中，倘若出现任何人（包括学生）不执行学校规定的情形，蔡元培校长也绝对不会姑息。

1922年10月，由于北洋政府屡屡拖欠教育经费，各大学财政状况大多不理想，而讲义印刷需要费用，以北京大学为例，此项开支便“岁达一万余圆”。为此，北大评议会通过一项议案，规定需要讲义的学生必须先购讲义券，然后才可得到讲义。此举未能得到学生理解，迅速升级为学生抵制学校决定的“讲义风波”。数百学生集合示威，要求学校收回成命。

蔡元培闻讯，立即赶到现场，告谕学生必须服从学校规定。多数学生散去，但仍有少数示威学生不予理睬，甚至涌进办公室，要找主张这条“可恶规定”的人算账。蔡元培一改往日的温良，在红楼门口挥拳作势，怒目大声道：“我给你们决斗！”包围他的学生见此纷纷后退。后来，蔡元培还对那些来势汹汹的学生说：“我是从手枪炸弹中历练出来的，你们如有手枪炸弹，尽不妨拿出来对付我。”最后，风潮由胡适出面调停解决。

1923年1月17日，因为“罗文干案”蔡元培再次愤而辞职。

罗文干是广东人，清末留学英国，专攻法学，获牛津大学硕士学位，归国后长期任职于司法界，时任财政总长，曾是北京大学法科兼课讲师。当时的直系军阀和部分官僚政客们一手制造了“罗文干案”，控告罗文干贪污受贿，胁迫黎元洪下令逮捕罗文干；罗文干第一次被捕后因证据不足被无罪释放，但新任的教育总长彭允彝却在内阁会议上提议“再来过”，结果罗文干再次被捕入狱。

蔡元培愤怒了，在《晨报》上发表声明：“元培为保持人格起见，不能与主张干涉司法独立、蹂躏人权之教育当局再生关系，业已呈请总统辞去国立北京大学校长之职，自本日起，不再到校办事，特此声明。”

他尤其对顶头上司教育总长彭允彝的卑污人格憎恶万分，毅然提交辞呈，以示耻于为伍，并毫不留情地抨击军阀政客们的腐败——“耳目所及，举凡政治界所有最卑污之罪恶，最无耻之行为，无不呈现于中国”，“元培目击时艰，痛心于政治清明之无望，不忍为同流合污之苟安，尤不忍于此种教育当局之下支持教育残局，以招国人与天良之谴责”。1923 年 7 月，蔡元培偕家人赴欧从事学术研究，直到 1926 年归国。

蔡元培一直希望教育独立，脱离政治，他最不能容忍官僚政客对教育的百般干扰，甚至不惜辞职以表示抗议。所以，蔡元培出任北京大学校长期间，在校的时候少而离校的时候多，但北大校务却并没有因此而陷于停顿。大家公认：这归功于蔡元培在大学确定的评议会、教授会等民主制度。

中华民国初年的北大教员薪俸

辛亥革命后，民国政府教育部总长蔡元培主持规定，继承“尊师重道”的民族文化传统，对于教师的薪俸比较优待。起码的小学教师薪水为当地一般收入者的二倍以上；学术水平最高的学者，月薪等同于省、部级长官。蔡元培制定的方针，是为了提高中华民族的知识和素质，切实保障知识阶级的社会地位与生活待遇，以利于他们为国家作出应有的贡献。民国初年（1913—1914 年）北京大学主要开设预科。我从历史档案中找到如下资料——

北大预科职教员薪俸册

职务	姓名	1913 年			1914 年		备注
		10 月	11 月	12 月	2 月	3 月	
学长	沈步洲	300	300	300			
	徐崇钦			300	300		
庶务长	杨卓茂	120	120	120			
	舒孝才	120	120				
学监	张孝曾	120	120	120	120	120	
外国教员	克德来	450	450	450	450	450	
	纽　伦	450	450	450	450	450	
	周慕西	420	420	420	420	420	
	白来士	350	350	350	366	366	
	陶尔弟	412	412	412	300	300	
	铎尔梅	300	300	300	300	300	
	梅尔慈	250	250	250	250	250	
中国教员	胡浚济	200	200	200	240	240	
	沈尹默	200	200	200	240	240	
	沈步洲	224	224	224	240	240	
	韩述组	200	200	200	240	240	
	张善扬	200	200	200	220	220	
	张大椿	200	200	200	200	200	
	虞锡晋	200	200	200	200	200	
	叶瑞国	240	240				
	周秉清				200	200	
	庄坚启	200	200	200			
	刘良浔				200		
	严恩栖				200	200	
	朱希祖	200	200	200	200	200	

续表

职务	姓名	1913年			1914年		备注
		10月	11月	12月	2月	3月	
中国教员	姚宝铭	176	176	176	200	200	
	周炬炜		160	160	200	200	
	桂邦杰	200	200	200	200	200	
	陈汉章	180	180	180	200	200	
	李景忠	200	200	200	200	200	
	严培南	180	180	180	180	180	
	徐崇钦	300	300		140	140	1914年徐崇钦兼学长

这说明当时北大仍然沿袭了清末的遗风，中国教员的待遇明显低于外国教员，薪俸的差别大致为1∶2，同时也说明当时中国教员的资历并不高。

“不做官”的北大戒律

清末民初，习惯势力还把学校教育当成变相的科举：“学而优则仕”，也就是读书为了做官。而所谓做官，就是政客党棍和军阀官僚。当时读书人或文人心里都有一个算盘：哪一级的学堂毕业，等于哪一级的科举功名：小学堂毕业被当作“秀才”，中学堂毕业被当作“举人”，大学堂毕业被当作“进士”……一千年前宋真宗的《劝学诗》云：“书中自有千钟粟，书中自有黄金屋，书中自有颜如玉”回荡在文人心灵深处。“学业”成了一种做官发财向上爬的梯子。

蔡元培的“八不主义”中，首先提出“不做官”，就是针对这种“读书做官”的思想而发的。他当了北京大学校长以后，组织“进德会”以身作则，实行“不赌博、不嫖娼、不纳妾、不做官”等准则，把腐败的官场与赌场、妓院、鸦片馆归为同类，把出卖人格、投靠军阀的政客比作赌徒、嫖客和鸦片烟鬼。这对于专制政体的深恶痛绝，可谓一针见血、入木三分。在蔡元培校长的人格感召下，北大师生纷纷签名参加“进德会”。从北大的用人、开课等实践过程中，学生们逐渐懂得了，原来北京大学毕业并不等于科举的进士；学术并不是做官向上爬的梯子，学术就是学术。为什么研究学术呢？一不为做官，二不为发财；首要目的是为了追求真理，这就叫“为学术而学术”。北大学生们逐渐知道，新的知识阶层最大目标是在科学文化上有所贡献。

“不做官”、不当政客党棍和军阀官僚的戒律，对学生起了良好的影响。蔡元培校长来北京大学之后，以身作则，大力提倡“不做官”，把追求真理的“学术”和追逐乌纱帽的“做官”分开。也可以说北京大学这一风气的根本改变，开始破除当时北洋军阀政客的社会基础。这是很重要的一大变革。

蔡校长又提出“教授治校”，即实行校园民主。由教授互选评议员组成“大学评议会”，为全校最高审议机关（以教授五人选举评议员一人），评议会对于各种提案的争辩有时很激烈，最后投票表决。通过民主程序，决定校园重大问题。

在蔡元培校长主持下，北京大学不断完善民主改革。1917 年设置四科（文理法工）学长；1919 年 3 月设教务处，置教务长一人。后改设三院，即文学院、理学院、法学院；学系直属学院，各设主任一人，由该系教授会选举产生。这个“校园民主”的优良传统一直延续到 40 年代的“西南联合大学”，贯穿 30 多年，经久不衰。

蔡元培时期大学薪俸标准

根据北京大学文书档案室收藏的《北京大学通告》载：“民国五年（1916 年）12 月 26 日，奉大总统令，任命蔡元培为北京大学校长。……于六年（1917 年）1 月 4 日到校就职。”同年 5 月教育部颁布《修正大学令》，大学教师分为正教授、教授、助教授、讲师四等。同时公布的《国立大学职员任用及薪俸规程》制订标准为：

校务职员方面——校长分为三级，月薪分别为一级 600 银圆、二级 500 银圆、三级 400 银圆；

学长分为四级，一级 450 银圆、二级 400 银圆、三级 350 银圆、四级 300 银圆；

图书馆主任、庶务主任及校医分为五级，一级 200 银圆、二级 180 银圆、三级160银圆、四级140银圆、五级120银圆；

事务员分为二等八级，前四级为一等事务员，后四级为二等事务员，级差10银圆，月薪分别从100银圆到30银圆。

教师方面——正教授分为六级，从一级到六级，月薪分别为400银圆、380银圆、360银圆、340银圆、320银圆、300银圆；

教授分本科、预科二类，各分为六级，月薪级差皆为20银圆，本科教授自280—180银圆，预科教授自240—140银圆；

助教授分为六级，月薪从110—50银圆；

讲师为非常设教席，每课时报酬，视难易程度从2—5银圆不等。

年功晋级方面，《规程》规定：校长、学长连续任职二年可晋一级，其余人员一年晋一级；行政人员以办事成绩及供职勤惰决定，教学人员以任课及科研成果、社会声望决定。校长、学长、正教授连续任职满五年，得公费公出考察一年，原薪照发。

教职员年满60岁或未满60岁而病退者，可享终身恤金，恤金依其退职前薪俸按一定百分比确定，服务满10年者发给10%，15年者发20%，20年者发30%，25年发40%，30年以上者发给50%，等等。（引自《教育法令选》下册88—93页，1925年出版）

以上《规程》实际上仅作参照，执行时具体情况有所差别。

民国八年（1919年）以前，北京大学分为文、理、法、工四科：文科学长陈独秀，理科学长夏元瑮，法科学长王建祖，工科学长温宗禹。按照规定，学长起点是四级，月薪为大洋300银圆……但是实发金额跟1917年5月公布的《国立大学职员任用及薪俸规程》有所不同。我从北大档案资料中抄录“北京大学1918—1919年度职员薪俸册”，可以跟上述《规程》比较，摘录如下——

（单位：圆）

姓名	3月	4月	5月	6月	7月	8月
蔡元培	600	600	600	600	600	600
夏元瑮	350	350	350	350	350	350
王建祖	350	350	350	350	350	350
陈独秀	300	300	300	300	（7月以后离职）	
温宗禹	250	250	250	250	250	300

续表

姓名	3月	4月	5月	6月	7月	8月
李大钊	120	120	120	60（半薪）	120	
李辛白	120	120	120	60（半薪）	120	
秦　汾	100	120				
蒋梦麟	—	—	—	—	280	280
高一涵	—	—	—	—	80	90

说明：当时，蔡元培担任北京大学校长，系特任人员，由国务会议议决，月薪为600银圆（一级校长）；中国第一个介绍爱因斯坦相对论的夏元瑮担任理科学长兼教授，王建祖担任北大法科学长（以上为三级学长）；陈独秀担任北大文科学长兼教授（1919年暑期休假）；温宗禹担任北大工科学长，6月代理北大校务（以上皆为起点四级学长）；李大钊担任北大图书馆主任（起点五级主任），秦汾为数学讲师；蒋梦麟7月以后暂为北大校长蔡元培先生的代表；高一涵为办事员（助教待遇）……

按照我从档案资料中反复查找、核实的具体数据，首次系统地整理出北京大学1919—1920年间一些主要教职员的月薪表，举例叙述如下。

五四前后北京大学教员待遇

北大教员在五四前后，分为正教授、教授、讲师、助教四类。当时一般中国教员还没有担任“正教授”的。至于教授又分本科教授、预科教授，各分6级。

教授和讲师都要开课。助教不开课，只在教授指导下，担任预定的助理。一般说来，教授与助教都是专职的，按月发给薪水。讲师则是兼职的，按授课钟点给予酬劳。讲师并非比教授低一级，不过并非专任而已。有些讲师的资格水平本来很高，但因在其他机关有专任职务，仅请他每星期来校担任几点钟的功课，亦称讲师。例如鲁迅在教育部任科长，到北京大学文科兼任“中国小说史”课程讲师。若干政界或司法界人士，兼任法科讲师。北大教授若转到其他机关任职，则也改为讲师。例如秦汾（景阳）原为北大数学系教授，后调至教育部担任参事，便改为北大讲师。

马寅初教授算是特例。其他教授出门一般乘坐人力车，独马寅初乘中国银行的马车到校上课。因马寅初于民国十年至十二年（1921—1923 年）兼任该银行总司库，至民国十四年（1925 年）仍继续任职，故得乘该银行马车。

教员们的实际生活水平如何呢？五四时期乃至 20 年代，北京生活费便宜，一个小家庭的日用，每月大洋几十圆即可维持小康。知识阶层若是每月收入 100 圆，便可以过富足的生活，衣食住行无忧无虑。全家租一所四合院，约有房屋 20 余间，租金每月不过 20 多圆，每间房平均每月租金约大洋 1 圆。可以雇用一个厨子，一个男仆或女仆，一个人力车夫。每日饭菜钱在 1 圆以内，全家便可吃得很好。

一些教授、学者有所节余，存够了几千圆钱来购置一所“大宅门”居住，三代同堂；例如周树人、周作人兄弟便是如此。甚至有能自购几所房子，以备出租者。

20 年代已经有国立八校教职员联席会议，主席马叙伦（夷初），副主席谭熙鸿。但此时北洋政府对于教育经费常有挪用、积欠，造成学校薪水不能按时发放，国立八校教职员联席会议的重要任务便是向政府索薪。

民国第一批北大预科生实例

（1）范文澜

范文澜，字芸台，浙江绍兴人，1893 年生。他曾是北京大学学生，后又在北大执教。

1913 年，范文澜 20 岁时在上海考入北大预科，一年后升入中文门（后改称国文门）本科，1917 年毕业。他曾谈起考入北大预科的往事，摘录如下：

> 我小学是在绍兴念的，后来到上海念浦东中学。那时同学九个人。有八个人都得了软骨浮肿病，肿到胸部，有一个人死了。只有我没得这个病。当时去日本的很多，我的同学陈建功等人都去了日本。我也很可能去。那时去，不要花钱。我来北京，很偶然。我在上海考得很不好。

卷子都是用英文，不过可以带字典。我想一定考不上。那时我叔父在北京，叫我一定来北京念书。他当时有些维新思想，主张考不上北大，还可上国民大学（中国大学的前身），那是国民党办的，在当时算作维新。我来北京时，碰上我表弟，说我已考上北大了。我还不相信。他说已经发榜了，榜上有名。这样，就上了北大。

范文澜追述在学时的情形说："那时北大的教员，我们前一班是桐城派，我们这一班就是文选派了。教员有黄季刚、陈汉章、刘申叔等人。……当时北大的学生良莠不齐。"范文澜当时住在西斋（在今景山东街），同学有三年级的冯友兰，二年级的傅斯年、俞平伯等。

范文澜于 1917 年 11 月去河南汲县叔父处成婚，离开了北京大学。

（2）傅斯年

傅斯年（1896—1950），山东聊城人，1913 年考入北大预科。他自幼读了 8 年家塾，国学底子雄厚。1916 年夏升入北大文科国文门。谈及北大时期的学生生活，傅先生曾有一段回忆："我在北京大学六年（预科三年，本科三年），从民国二年（1913 年）到民国八年（1919 年）。那时候学生的平均购买力比现在高得多，吃个小馆，不算稀奇。我是个中产阶级的贫家出身，但也差不多每星期跑到东安市场买肉回来吃。我在这六年中，五年住宿舍，饭食的钱，一月合四块多钱，吃的和现在银行下级行员差不多。我在学校的宿舍里住了五年，最后一年因为在报上作点小文，有几个钱，便'住公寓'去了。那时候北京大学左右的公寓不计其数，小饭铺不计其数，卖零肉的尤其不计其数。"

傅斯年在北大成绩优秀，名列前茅。

1918 年夏天，傅斯年约集毛子水、罗家伦、顾颉刚、康白情、俞平伯等 20 名同学成立新潮社。蔡元培校长从北大每年 4 万元经费中提出 2000 元赞助《新潮》发刊。

1919 年秋，傅斯年考取山东省官费留学。这年冬天，他踏上了赴欧留学的旅程。在英、德学习 7 年，傅斯年先后就读于伦敦大学和柏林大学文学院。1926 年秋回国，随后担任中山大学文科学长。1928 年，中央研究院成立，应蔡元培先生之邀，他出任历史语言研究所所长。第二年，史语所由广州迁往北京。这时，蒋梦麟是北京大学校长，他聘傅斯年担任北大兼职教授和历史系名誉教授。

1917—1918 年间北京大学食堂管理

北京大学的学生食堂伙食费，在1917年以前为每月4两银子，合银大洋5圆4角，可以交纸币，不一定全交银圆。但1917年由于纸币（银圆兑换券）大为贬值，据鲁迅《坟·灯下漫笔》所载，1916—1917年“中交票”（即中国银行和交通银行两种钞票）折换“现银”为六折或七折。

从1918年1月改收“现大洋”2圆4角（银圆），加上纸币3元。虽然总数仍为5元4角，但因纸币贬值而造成饭菜质量下降，纸币3元只能兑换“现大洋”2圆左右，因此每月学生食堂实收伙食费为“现大洋”4圆4角。

关于这个实际问题，我查阅当时的《北京大学日刊》，作了一番考证。我发现了民国六年（1917年）11月25日（星期日）出版的《北京大学日刊》第9号刊登了“庶务主任告白”如下——

> 近来纸币低价，百物昂贵。本校学生膳费，每月收纸币5元4角，庖人因洋价不敷，艰于购买，每月赔累数百元。是以饭菜日见菲薄。且庖人因无力赔垫，坚欲告退。本校为整顿饭菜起见，拟仿照从前办法，将膳费概收现洋。一面责令庖人恢复从前良好之饭菜。各学生如果赞成此举，务望于本月27日以前到斋务课签名，以便宣布。此白。现有学生提议，请于校内增设素食餐堂。同学中如有赞成斯举者，务望于本月27日以前登记。

三天以后，即1917年11月28日（星期三）出版的《北京大学日刊》第11号又刊登了“庶务主任告白”如下——

> 本校膳费向收纸币5元4角，叠经庖人陈称，纸币价落，百物昂贵，现时蔬菜虽日见菲薄，而赔累犹钜，万难支持，等语。前经本校筹思整顿之法，恢复旧日良好菜蔬，拟自下月起，概收现洋。通告学生，征求同意，及赞成签名者，不满十人。势难实行。而该庖人又以赔累已钜，即此菲清蔬菜，亦难为继，坚请告退。该庖人营业为生，困难情

形，不无可原。本校现为维持现状起见，将所收膳费，搭收现洋2圆4角，纸币3元。[计开] 三餐征收现洋2圆4角，纸币3元。两餐征收现洋1圆3角5分，纸币1元6角5分。

同一天（11月28日）的《北京大学日刊》第11号还刊登了“图书馆通告”如下——

文科学生顾颉刚、秋福鼎、傅斯年、潘家洵、张庭济、欧阳道达、赵健、孙本文、徐彦之、顾名、俞平伯、杨振声、赵儒珍，函称：讲义以给铅印不及应付，多半仍用油印，每纸字数较铅印者减半有余，自应酌量损值，而收发讲义处，对于购售油印讲义者，仍须照铅印价值纳资。查北京高等师范学校的油印讲义，每铜元3枚得购10页，拟请饬知讲义处更定价格。铅印者仍依原价，油印者照铅印减三分二收资，庶几实平允。其前数年讲义未发尽者，今由教务课束置无所应用，并宜归入收发讲义处，照价出售云云。已饬知收发讲义处照办。特此通告。

沙滩红楼的苦读与乐趣

多年以后，周恩来领导的重庆《新华日报》于1943年3月5日发表了一篇《怀念蔡孑民先生》的社论，其中回顾五四前后北大生机勃勃的景象，作了如下生动的描述——

沙滩文科大楼的第一院、马神庙公主府的第二院和骑河楼译学馆的第三院，办得各有特色，自成一格。跳进公主府，既富丽，又清幽，使人心旷神怡。跑到文科大楼（即沙滩红楼），左一间政治学会研究室，右一间“新潮社”办公室，楼底下在赶印教授、学生们所办的各种定期刊物，楼上面是分门别类的各种图书阅览室，门房内则堆满着各种各样代售的杂志，使人应接不暇。译学馆里呢？那个顶大顶大的礼堂上，不是今天有什么学术演讲、名人演说，就是明天有什么学生大会、纪念大会，使人兴奋，使人振发。蔡先生长校时的北大师生，真有如鸢飞戾天，鱼跃于渊，既活泼又愉快。这种气象，这种生活，那得不令人怀念无已。

20 年代初鲁迅在北大的学生许钦文回忆说——

每次经过北大红楼，总要回想起当年叫卖柿子的声音：“三子两，两子三！”

这是什么意思呢？只要化三个小铜子儿，就可以买两个大柿子，或者两个铜子儿买三个小柿子，饥渴都解决，得以甜一甜。……吃完了柿子就可以溜进北大教室去听课，最爱听的是鲁迅先生开讲的《中国小说史略》和《文艺理论》。

许钦文本是清贫的小学教师。欣逢五四运动，学术公开，提倡工读。他虽然不是北京大学注册的正式学生，也没有旁听生的名义，但赶上新文化的潮流，居然在北京大学里选听起名教授的课程来。李大钊先生有一次讲演，大意是说，许多同学都爱说“我们北大”。看重自己的学校是好的，可不要因此自高自大，要把北大的精神“大”开去才好。这次讲演是在法科举行的。用俄语演出的列夫·托尔斯泰的《黑暗的势力》，也是在法科举行的。可是在许钦文脑中的印象，总是以沙滩红楼为主的，对于理科和法科，好像只是沙滩扩大了范围。

虽然兼收工读的旁听生，也让许钦文这样的知识青年溜进去听课，当时的北京大学，终究是全国的最高学府，各省的富家子弟不少。可是同学会，一般的都穿蓝布大褂；春夏、夏秋之间穿“伸拨罗夫”上衣、白帆布裤、漂漂亮亮的只有少数的几个。这是一种朴素的作风。许钦文是连这都说不上的，从南方穿过去的竹布长衫，旧了，颜色也淡了；破了，自己缝几针，歪歪斜斜的。人是瘦得猴样。夹在一般的大学生中间，他总觉得自己是寒酸的。可他并不因此遭到同学们的白眼。沙滩有着许多小饭店，十几个铜子——半角来钱可以吃一个菜，好点的也不过一角钱左右。人家吃回锅肉、摊黄菜，他照例挑最便宜的老豆腐、炒白菜，伙计也同样好看好待招呼他。走到尚子公寓等处访问人，在整整齐齐的房间里，总也受到客气的招待。这更是五四运动中的一种好风气。

有一次，他们几个小朋友一道去听鲁迅先生的课。下课以后鲁迅先生邀请他们吃点心，就在沙滩的一边。各人吃了一杯牛奶和几块面包，这事《鲁迅日记》上写着：“午后往北大讲。下午与维钧、品青、衣萍、钦文入一小茶店闲话。”

离开家乡，东漂西泊地到了北京，在沙滩，可受到了无限的温暖。北京冬季，吹来的风是寒冷的，衣服不够的许钦文在沙滩红楼，却只觉得是暖烘烘的。

20年代在北京生活或者到过北京的人，都感到北京的可爱：北京的衣食住行是如何的经济，一条两三圆钱的蓝布大褂，可以穿四季；花上一角钱黄包车可以坐十几里，而且拉车的又是那样稳健，那么敏捷，坐上去比哪儿的车子都来得舒服些。至于食，“东来顺”、“润明楼”，肯花个三角、两角便可食海参、火腿、猪腰子等美味食品，这怕是哪儿也难得的。住的更不用说了，北京人最爱陈设，一进门便是三两株石榴花、夹竹桃、西粉莲之类，又朴素，又可爱；一拐过“斋庄中正”的红门，又是什么扁桃啦，丁香啦，美人蕉啦，榆叶梅啦，种种带着北方气味的花草，引人入胜；可是这种地方，二三十间房，一两个大院子，租起每月也不过二三十圆之谱；较在上海等地花七八圆钱住鸽笼的，真有天渊之别了。

沙滩一带如同公寓一样，林立着数不清的小饭馆。走进任何一家，花半个钟头工夫（一般效率都高，很少叫你候到半点钟以上的），费几分钱到两毛钱足够。两毛以上一顿是贵族的吃法，在沙滩第一流的馆子福和居之类，吃到两菜一汤，菜还是时鲜。海泉居最贵的一道拿手好菜“炒腰花儿”一客4角钱。普通客饭一荤菜（如特色菜“张先生豆腐”之类）一汤，花卷米饭管够，卖1角5分至1角8分，已经很不错；面食更便宜。10个水饺4分钱；10个肉馅饼8分钱；最经济的是三碗面皮6分，加小碗麻酱4厘，6分4厘足可饱肚。如果不在乎“大学生”的虚面子，上汉花园那小食摊上和洋车夫并排坐在矮长凳上啃大饼（的确有这种苦学之士），自然更省钱。反之，如果想来一场豪举，邀上两三同学到市场去吃东来顺，要上一桌子菜，大盘小碗甜的咸的都有，一次也不过8角几分。

福和居是一家四川馆子，本来在景山东街路南，后来扩展到路北，占了三开间的铺面，菜做得确乎不错，虽是最贵的，但生意兴隆。普遍典型一点的饭馆是二院斜对过东面的中山食堂，西斋斜对过的华盛居，东斋隔壁的海泉居，汉花园路南的某饭馆。海泉居后来虽然关门了，但其楼上壁间挂的那副署名“胡适之贺”（也不知哪位同学开的玩笑）的对联确乎吸引了不少顾客：

学问文章，举世皆推北大棒

调和烹饪，沙滩都说海泉成

以卖面食为主的，东斋对过有两家。特别要提到的是北池子北头的一条龙，和景山东街路南的悦来居。一条龙以拉面见长，吃起他那炸酱面来，一根根到口里咬着都有斤两。悦来居则以稳快价廉著。什么都有，家常饼、荷叶饼、馅饼、炒饼、烩饼、汤饼、片儿汤、炒面、豆沙包、肉包、花卷、米饭、炒菜……到这里稳可以有你爱吃的而且口味还都不坏。买卖是真好，可是只要你点得不太特别，很少叫你等得不耐烦。

西斋的食堂，据说老板自光绪年间就包下来了。的确是价廉物美，以小盘小碟小馒头出名。馒头两个对粘在一起，不知怎么蒸的。素菜 4 分一碟，很好的荤菜 8 分一盘。因为碟小，所以可多叫几样，不像别家大盘的单调又浪费。三院有他的分号。

早点则有三种吃法。上等的在一院红楼对过吃那 5 分钱一件的西点，喝糖牛奶。中等的在西斋对过面包铺喝豆浆或稀米粥，吃豆沙、山楂馅儿面包。下等的在沙滩路口，有一位和善老头挑担子卖 3 大枚一碗的杏仁茶，这浓腻香甜的杏仁茶啊，配着那才炸出来的焦黄果子夹热烧饼。……它点缀着北平，点缀着大学。

关于 20 年代北大学生的在校生活费用状况，还有一个实例就是魏建功。他生于清光绪二十七年十月初七（1901 年 11 月 17 日），祖籍江苏高淳（现划归南京市），出生地是江北如皋西场镇（今属江苏省海安县）一个小商绅家庭。他于 1919 年考入北京大学预科，时年不到 18 周岁，进入乙部英文四班。这几年，家庭没有给予他经济支持，而是靠江苏同乡会（由上海人李君提供）每季度给予他 40 银圆的资助，也就是每月 13 银圆的“助学金”完成学业。1921 年秋，魏建功进入北京大学研究所国学门担任临时书记，继续半工半读。1925 年他以优秀成绩毕业。北京大学中文系教授会决定留用魏建功为助教，协助刘半农先生做“语音乐律实验室”的工作，月薪起点为 50 银圆，后增加到 80 银圆。

20—30 年代北大经费问题

据 1924 年 6 月 18 日《晨报》报道：

北京国立专门以上八校经费，每月不过 17 万余圆。年来政府未能按期照数发给，及今积欠已阅十月。学校本身与教职员个人，均已无法维持，校务与教务，也大半停顿，水尽山穷，奄奄一息。

“庚子退款”本应该用于教育事业，拨作八校经费。但军阀政府竟要挪用退款，甚至移作内战的军费。当时军阀政府财政、外交、交通各部借口“根据洛阳（按：指军阀头领吴佩孚）来电，庚子赔款要用于筑路”。这种侵吞教育经费的卑鄙行径，遭到了教育界的强烈反对，北大等国立八校即于7月21日派代表向政府交涉，提出严重抗议。8月初，八校教职员联合会又发表宣言，揭露军阀政府侵吞退款的企图，坚决要求将该款“拨充教育基金，直接用于吾国自主独立之教育及学校事业”。表示抗争到底：反对军阀政府侵吞和积欠教育经费，要求教育经费独立，反对政府控制学校。

1924年10月，冯玉祥发动了北京政变，囚禁曹锟，改组内阁；但政变后建立的段祺瑞临时执政府，仍然是军阀政府。段祺瑞一上台就委派王九龄为教育总长。王九龄是个厚颜无耻的鸦片贩子。广大教职员和学生，都认为这个决定是对中国教育界的极大侮辱。1925年3月14日，北京大学评议会和教职员会议开会决议：如王九龄悍然就职，北京大学就宣言与教育部脱离关系。北大等各校教职员代表一百多人，在王九龄上任之日到教育部门口“挡驾”，对王九龄群相责问，争唾其面，使他不得不狼狈溜走。最后竟在段祺瑞的命令下，由警察总监朱深率领一群武装警察，护驾到任。这成为当时社会上的一大笑柄。

1925年4月，章士钊以司法总长兼任教育总长。他同样反对进步活动，禁止学生集会，甚至规定在“五一”、“五四”、“五七”等纪念日，严禁“露天讲演，结队游行，散发传单”。同时，他提出设立考试院计划，由教育部执行对学生的入学、升级和毕业的考试，目的要以此钳制学生思想，强迫学生就范。

1930年以前，军阀连年混战，教育经费积欠严重；教职员长期以来生活无法保障。教授在一所大学任课的收入，难以维持全家生活，因而兼职兼课的风气盛行，教学质量受到严重影响。南京政府曾派人检查北平各大学，教育部在1931年2月11日的《整顿学校令》中，指出北平各大学的状况：

负责人员多不在校，各校教职员之多，出人意外，教员在外兼课，有一人而担任几个学校系主任者，因之请假缺课视为常事。学生上课精神散漫，竟有上课学生不到三分之一者。设备非常缺乏，机器间有损坏，图书馆亦大半有名无实。经费方面，薪资往往占全预算十分之八以上，而设备费则在十分之一以下。

这种情况不仅在北方教育中存在，而且在全国亦普遍存在，当时教育部曾为此规定："教员兼课应切实限制，一人不得兼任两处主任或专任教员，专任教员之兼课应遵照部令，每周以六小时为限，并须预先征得原校校长之同意。"（引自《北京大学日刊》1931 年 2 月 21 日）

北大当时每月约需经费 12 万银圆，而实际拨给的经费仅 7.5 万圆，其中教职员薪资一项就占去 6 万圆，其他所有图书、设备、行政诸费仅剩下 1.5 万圆。即使如此，经费和教职员薪资还是经常积欠。陈大齐曾多次要求辞去代校长职务，他在辞呈中曾称："任事迄今，瞬将一载，维持不暇，发皇难期，且经费积欠，将及至月，挹注无资，险象环生，长此因循，愈增愆尤。"蒋梦麟担任大学校长时亦称："经费困难和良好教授不易聘请，是办校的两大困难。"北大有的教授到外校兼课每周竟达 40 小时以上，这就不得不用轮流在各校请假的办法来应付。

扣发教育经费和积欠教职员薪资的现象，到 1931 年以前一直严重存在。1934 年平津院校教联会致教育部专员书中就提到：

平津院校经费（民国）十九年度、二十年度、二十一年度（按：指从 1930 年到 1932 年）共短发九个月有奇，以致各院校均商家欠款。积欠教职员之薪俸更巨。

北京大学从 1931 年起，实行教授专任制度，规定聘请教授以专任为原则。在他校兼课者，则薪金较专任者少；在他校兼课较多者，则改为讲师。专任教授的待遇略有提高，同时改变过去教授第二年续聘后即无任期限制的办法。规定新教授初聘订约一年，续聘订约二年，在聘约有效期内不得中途他去。那时规定每个教授每周授课为 12 学时。

1931 年后，蒋梦麟曾对理科的教师队伍进行了比较彻底的整顿，教授全部重新聘请，一批学有专长的学者到校任教，如刘树杞（皮革专家）、李四光（地质力学家）、饶毓泰（光学家）、张景钺（植物学家）、孙云铸

（古生物学家）、曾昭抡（有机化学家）、江泽涵（拓扑学家）等，都是当时国内第一流的科学家，并由刘树杞主持理学院工作，同时还聘请了一些年轻而有成就的教授，因而这一时期理科的教学和科研工作有较迅速的发展。

蒋梦麟和胡适重返北京大学

1929年胡适在上海任中国公学校长，因在《新月》发表文章力争人权，批评国民党当局，遭到官方组织的“围剿”；而同时蒋梦麟在南京政府担任教育部部长。1929年秋，国民党中央以教育部的名义，给中国公学一条“训令”，批判胡适“非唯思想没有进境，抑且以头脑之顽旧，迷惑青年，新近充任中国公学校长……实属行为反动，应将该胡适撤职惩处”。并说“查胡适近年以来刊发言论，每多悖谬”等等。胡适为此写信给蒋梦麟部长，1929年12月3日蒋梦麟回复胡适的信中说：

> 我的用意，是把大事化小事，小事化无事。只要大事能化为小事，小事不至于变为大事，我虽受责备，亦当欣然承受。至于为人“掮末梢”，我在北大九年，几乎年年有几桩的，也掮惯了。事到其间，也无可如何了。

信中可见蒋梦麟的处世态度，也可见他与北京大学的密切关系。蒋梦麟早在20世纪20年代就担任过北京大学教务长，而且为蔡校长代理校务。他和蔡元培先生都是绍兴人，长期协助蔡先生工作。1930年底，蒋梦麟以南京政府教育部部长的资格，北上赴任北京大学校长。

胡适也返回北大的老根据地来了。1930年5月，胡适被迫辞去中国公学校长一职。11月28日，胡适携眷离沪赴北平市，来北京大学任教，并担任文学院长。

这时，北京大学正处于困境之中。第一件大事就是筹措经费。北大办学经费因国库支绌，“虽有预算，不能照发。学校进展，遂多障碍”。到1931年前，北大各项设备之价值远逊于国内各大学，以当时对国立各大学设备价值的统计而言：武汉大学910070圆，清华大学511096圆，中央大学436342圆，中山大学186084圆，而北京大学只有30917圆。

面对如此窘局，蒋梦麟接到北京大学校长的任命后不愿上任，傅斯年遂约胡适到中华文化教育基金董事会（简称“中基会”）争取经费资助。1931年1月，胡适到上海出席中华文化教育基金董事会第五次常委会。会议根据胡适拟订的方案决定：“每年双方各出国币20万圆，为大学设立研究讲座，及扩充图书仪器，给发助学金与奖学金之用。以5年为期。”胡适所提方案先前曾交蒋梦麟看过，蒋大为感动，答应前来北京大学主持重整工作。

这个重大项目到后来有所调整，“民国二十三年（1934年）改为本校20万圆，中华文化教育基金董事会10万圆”。据统计，这项合作计划从1931年开始执行，实际执行到1937年，较原议延长两年。在这7年间，双方共提出合作款项195万圆。北京大学借助于中基会的这笔款项添置图书仪器，聘请了一批知名教授，修筑校舍，补助学生，学校的办学条件大为改善。从1935年“北大致中基会报告”中，可看出这一合作的重大价值：

> 本校自民国二十年（1931年）承贵会之协助设立合作研究特款，五年之中，不惟物质方面如图书、仪器、校舍及其他设备得以扩充，即精神方面若学风之改变、研究之养成、课程之提高及教员之专任，莫不赖之得有显著之成绩。

北大“中兴”期的经费保障

蒋梦麟到北京大学上任后，将原文、法、理三科改为三院，任命胡适为文学院院长。蒋校长对三院院长说：“辞退旧人，我去做；选聘新人，你们去做。”

胡适立即利用自己的声望和关系，多方劝说朋友，四处网罗人才。经他请来的知名学者即有孟森、钱穆、马叙伦、汤用彤、魏建功、俞平伯、蒋廷黻、梁实秋、闻一多、温源宁、叶公超等人。除了文学院之外，理学院的一些教授也由他引荐或力邀，如丁文江、饶毓泰、吴大猷等。有些学者或因个人困难，无法到校任教，胡适不得不多次写信去说服；有些学者或因校内原因，暂无法聘请，他不得不寻机出面交涉；有些知名学者不宜教课，胡适又建议设“研究教授”。通过各方面的努力，北京大学很快罗致了一批学有专长、成绩卓著的专家教授，为重振北大提供了师资基础。

蒋梦麟正式出任北京大学校长时，起初尚留存预科，不久便只设本科了。文、理、法三个学院，文学院在沙滩红楼，俗称“一院”；理学院在马神庙，俗称“二院”；法学院在东华门北河沿，俗称“三院”。文学院院长胡适，理学院院长杨钟健，法学院院长周炳琳。这一时期前后在北京大学任教的著名教授，还有徐志摩、刘半农、马裕藻、朱希祖、钱玄同、周作人、冯承钧、黄晦闻、李四光、冯汉叔、汤用彤、梁实秋、章演群、罗常培、魏建功、郑天挺、饶毓泰、曾昭抡、张景钺、叶公超、莫泮芹、贺麟、朱汝华、钱思亮、王恒升、王烈……文、理、法各个学科的名家，简直数不胜数。此外有著名的地质系外籍教授葛利普（A. W. Gnabau），印度古宗教史权威、传授梵文的钢和泰，真可以说是人才济济。

北京大学当时的经费，据 1932 年 5 月 12 日胡适《致<探讨与批判>社》函中云：

> 北平国立各校的学、宿等费本来就是最轻微的，然而实际上能收到学、宿费的有几个学校呢？北京大学每年预算九十万，但全校学费（除了灾区、国难区免费之外）只有一万二千元。只占千分之十三而已。

当时银圆 90 万圆，可折合 9000 两黄金。其时全校人数不多，不过一千几百人，按人数比例，是相当充裕的。但是经费一遇到积欠，就比较困难了。

1931 年九一八事变之后，北平学生闹学潮，南下请愿。南京政府忙于应付，经费不能按时汇来，蒋梦麟因学潮及经费问题，与周炳琳联袂离校，南下上海，在天津转津浦车时，写给胡适和傅斯年的信道：“我这回的离校，外面看来，似乎有些突如其来，其实不然。枚孙（周炳琳）和我两人，商量了不知多少回，才决定的。学校的致命伤在经费的积欠，教员的灰心……”

经过多方力争，终于在 1932 年至 1937 年间，做到了切实保障大学经费。同时，蒋梦麟任北大校长期间，筹款约 30 万银圆兴建了北大图书馆、地质学馆，又以 10 多万银圆兴建了新的“四斋”——学生宿舍楼。计划中还有大礼堂、体育馆（约 20 万银圆）因七七事变抗战爆发而未及实现。

当时高等学校岁入经费的最大来源为国家财政拨款，约占 60%，其中国库款年年略有增加，省库款大体保持不变。这部分经费主要用于公立院校。据1935年统计，全国108所高校中，公立院校55所，在校生人数20363人，私立院校53所，在校生人数20765人。公立院校较私立院校经费充裕。

教育经费来源占第二位的是捐助款，此项收入的主要部分来自16所教会大学的海外募捐。1932年度，捐助款占教育经费的25%左右。但自1933年后，因受美国经济恐慌的影响，海外捐助款大幅下降。

燕京大学校务长司徒雷登为此在国内开展“燕京大学百万募捐活动”。部分社会知名人士也对此深表同情。胡适就曾著文评论道：“各教会大学已逐渐注意中国文史之教学，其素质也较一般私立大学为佳，呼吁政府和社会尽力援助，因为这些学校因经费不足而衰歇，受其影响的还是我们本国的青年。”（引自胡适：《从私立学校谈到燕京大学》，载《独立评论》第108期，1934年7月8日；《燕大募捐与教会教育》，载《大公报》1934年5月7日）

教育经费来源占第三位的是学费收入，1931年以来变化不大，约占11%。

从此以后直到抗战爆发前，大学教育经费不再拖欠，高等教育稳步发展，学校教学秩序稳定，教师生活也相当安逸。当时有教授愉快地回忆道：“这五年（1932年至1937年7月全面抗战爆发之前）的生活，就治学的便利和环境的安适说，几乎接近理想。”

1934—1935 年度北大教授实际月薪

我从档案史料中找到了《国立北京大学核发薪金清册俸给簿民国二十四年二月份》即1934—1935学年的北大教职员实际月薪，摘录如下——

校长：蒋梦麟 600圆；校长室秘书：章廷谦（川岛）300圆；理学院长：刘树杞（兼职加薪）100圆；文学院长：胡适（兼职加薪）100圆；法学院长：周炳琳（兼职加薪）100圆；课业长兼注册组主任：樊际昌100圆；秘书：郑天挺（兼职加薪）100圆；

数学系教授：冯祖荀500圆，江泽涵500圆，胡潜济400圆；

副教授：赵淞300圆；助教：丁寿田90圆；

物理系教授：饶毓泰500圆，朱物华500圆，周同庆400圆，张宗燧360圆，吴大猷360圆；

副教授：龙际云280圆；助教：张仲桂100圆，唐明善90圆，沈寿春80圆。

化学系教授：曾昭抡500圆，刘楚青500圆，刘云浦360圆，钱思亮360圆；

讲师：高崇熙100圆，李续祖60圆，孙承谔40圆；

助教：沈青囊110圆，戴锡社100圆，樊富民80圆，何德森90圆；

地质系教授：李四光500圆，王烈400圆，谢家荣500圆，葛利普500圆；孙云铸400圆，斯行健380圆；

专任讲师：何雨民180圆；讲师：杨钟健80圆；

助教：金耀华80圆，高辉西90圆，赵金科90圆。

生物系教授：张景500圆，雍克昌400圆；名誉教授：胡先骑160圆；

讲师：崔之兰160圆，李长庆40圆；助教：李泰华90圆，徐仁80圆；

哲学系教授：张颐500圆，汤用彤500圆，马叙伦400圆；

副教授：贺麟320圆；专任讲师：郑昕200圆；

讲师：张崧年50圆，容肇祖60圆，周叔迦40圆，邓以蛰50圆，李锡禄40圆，艾克48圆，金岳霖50圆，熊十力150圆；

中文系教授：胡适400圆，罗常培250圆，傅斯年400圆，郑奠380圆，罗庸380圆；

副教授：魏建功280圆；名誉教授：沈兼士80圆；助教：陆宗达100圆；

外国语文系教授：朱光潜400圆，梁实秋500圆，蒯淑平400圆，邵可侣400圆，洪涛生400圆，周作人500圆，徐祖正400圆；

副教授：应谊300圆，潘家洵320圆，黄国聪320圆；

讲师：卫德明84圆，杨宗翰60圆，钱稻孙100圆，闻家驷120圆，柏烈伟48圆；助教：袁家骅160圆；

史学系教授：陈受颐500圆，毛准360圆，钱穆360圆，姚士鳌

400圆，孟森400圆；

副教授：蒙文通280圆；

兼职讲师：赵万里40圆，顾颉刚50圆，王谟40圆，王庸40圆，冯家升40圆；

政治系教授：张忠绂500圆，陶希圣400圆，许德珩400圆；副教授：陈受康320圆；

兼职讲师：卢郁文120圆，萧公权75圆；

……以上职员共支薪水洋玖千柒百玖拾玖圆

教授共支薪水洋叁万壹千伍百玖拾圆

讲师共支薪水洋伍千捌百壹拾伍圆

书记共支薪水洋壹千伍百肆拾玖圆

以上总共二十四年二月份应支教职员薪俸数目共计洋48753圆，内有合款9700圆，保留560圆，报数38493圆。

30年代教授生活

1928年4月以后，因国民政府首都迁往南京，北京市改称“北平”。受当时世界经济萧条的影响，市场多不景气。20年代末到30年代中期，北平市面赖以点缀的就是大中学校了，尤其是大学，国立的有“三大二专”。“三大”就是北京大学、北平大学、师范大学；“二专”就是艺专和体专。每月南京教育部有一笔固定款项汇过来。（清华大学也是国立，但用的是“庚款”，是另外一笔）

其他私立大学有教会创办的燕京大学、辅仁大学、中法大学、协和医学院，经费主要由教会拨款。另外还有私立的中国大学、民国大学、华北大学、京华美专等。

一些著名的大学经费充足，讲师、教授的月薪都比较高，因而就生活优裕，颇为大家所羡慕了。

例如中法大学教授鲍文蔚，同时又在东华门孔德学校兼课，收入在300圆左右。当时物价便宜，面粉只要3圆左右一袋（22公斤），猪肉只要1角多钱一斤，上百圆收入就很可观了。当时鲍先生住家共有两个小院，八间北屋，两东，两西，有盥洗间，有浴缸，有庖人、女佣，还有自己的包月车。有书房，有客厅，四壁书架上有法国带回来的上千种的精美书籍，鲍文蔚在当时还是一位普普通通的教授，至于老教授、名教授，其生活之优裕和安定更可想见。

有些留学国外的教授还娶了外国夫人，有的是西洋（欧美）夫人，有的是东洋日本夫人，有的外国夫人自己也是教授，他们住的往往是有花园的房子。衣食住行都比她原来在法国、日本时还舒服，不但能维持外国的水准，而且常常是有过之而无不及的。尤其当时的日本姑娘，都爱嫁中国留学生，如果到中国能做教授太太，那在名誉上，在生活优越上，都是令她们同伴十分羡慕的了。

30年代初，北京国立大学还有“部聘教授”的名称，即聘书由教育部发，如刘半农、钱玄同、徐志摩几位先生都是，薪金高达500圆。可惜好景不长，七七事变之后，教授生活每况愈下，一落千丈了。

从“游美学务处”到清华大学

清华学堂，是1909年初清政府利用美国退还的庚子赔款（简称“庚款”）设立的。

“庚款”和游美肄业馆

什么叫做“庚子赔款”呢？光绪二十六年（1900年即庚子年）义和团兴起“扶清灭洋”运动；于是西方列强以保护东交民巷使馆安全为由，派遣八国联军由天津大沽海岸登陆，攻占北京。光绪二十七年九月七日（1901年10月18日），根据慈禧太后的旨意，奕劻、李鸿章代表清政府同英、俄、美、法、德、日、意、奥、西班牙、比利时、荷兰、挪威、瑞典、葡萄牙等14国代表，在北京签订了丧权辱国的《辛丑条约》。它共有12款，规定清政府必须向各国赔款四亿五千万两白银，限39年（1902年至1940年）还清，连本带息总计九亿八千万两，史称“庚子赔款”。

其中美国得到的赔款数为3294万两，当时合2444.08万美金。（若再加上39年的利息，共计5355万美金）。经过美方核算，扣除“实应赔偿”部分1365.55万美金，即美国在华商人、传教士的损失以及在1900年侵华战争中的军费开支以外，仍多余1078.53万美金，即“溢款”。当时的美驻华公使柔克义私下承认，美方索要的“庚子赔款”数目太大，不合理的“溢款”过多。又从影响中国的购买力而言，这对美国在华日益增长的权益不利。

美国国务卿约翰·海（John Hay）也表示，美国向中国索取的赔款“实属太多”，于1904年首次提出拟将一部分“额外”的赔款“退还”中国，这笔退款须用作派遣中国学生留学美国之用。关于“庚款”问题，又有资料说，清外交官梁诚于光绪三十年（1905年）出使美国，当时约翰·海有美国赔款原属过多的话，梁氏因势利导，劝美国减收赔款，以为各国的表率。

19世纪末年，中国掀起留学日本的热潮也刺激了美国，考虑通过积极培养留学生的途径来影响中国未来的发展。有些美国人一方面认为要帮助中国发展教育；另一方面又觉得从中国掠夺了太多的赔款，良心受到谴责。逐渐形成了一种退款兴学的思路，并由美商斯密士（A. H. Smith）等人促成了它的实现。斯密士是长期在中国经商的美国传教士。为了促成退款兴学的实现，把中国优秀青年吸引到美国去，他于1906年特地回国谒见罗斯福总统，当面陈述退款兴学对美国的好处。斯密士说，不是退还这笔钱，而是把它用在避免类似义和团的事件再次发生。美国伊利诺伊大学校长詹姆士也给美国总统写信说：为了扩大精神影响而花些钱，即使只从物质意义上说也比用别的方法收获更多，追求商业和精神上的效益比军事手段更为可靠。

根据他们的建议，罗斯福总统于1907年12月3日正式向美国国会提出了向中国退款兴学议案。1908年5月25日，美国国会正式通过了这个议案，决定从1909年开始，逐年拨款资助中国留美学生。12月28日，美国总统下令：除扣去应赔的款项外，其余都退还中国，退款金额1078.5万美金（保留200万美金作为或许有未经查出应赔偿的款项之用；这200万美金，后经查明应扣83.8万美金），加上利息共计2892万美金。余额也都交还了中国。

对于这些退还赔款的使用，中美双方拟定了一项协议：（1）自1909年开始，每年派遣中国学生赴美留学；（2）创设“游美肄业馆”，作为中国青少年赴美各大专学校深造的预科；（3）在华盛顿特区设立游美学生监督处，负责管理中国留学生。

史料记载，当时清朝外务部大臣，答复此种好意说：“体会贵国总统希望鼓励我国学生赴美入学校及求高深学问之诚意，并有鉴于以往贵国教育对我国之成效，大清帝国政府谨诚恳表示此后当按年派送学生到贵国承受教育。”

游美学务处选派赴美留学生

美国开始退回"庚款"的第一年，即清宣统元年阴历五月二十三日(1909年7月10日) 清廷批准外务部与学务部的奏折，组织游美学务处于北京，"专司考选学生，建设学堂，选任监督，及内外各处往来文件，并管理经费等事"。学务处设总办一人，会办二人。次月，命外务部丞参周自齐为总办，学部郎中范源濂、外务部主事唐国安为会办，容揆为驻美监督。初赁东城侯拉胡同民房一所为办公处，后又选在史家胡同。

于是，"游美学务处"从宣统元年到三年（1909—1911年）举行了三次甄别考试，以挑选直接赴美留学青年。1909年9月，游美学务处举行第一次考试，初试考国文、英文、中国历史、地理等科，当时有638人参加考试，只选出68名；复试考物理、化学、博物、代数、几何、三角、外国古代史、外国近世史、外国地理等科，最后录取赴美留学青年47人（一说及格者48人)。初试放榜，榜首裘昌运，复试放榜（即最后确定录取者)，榜首程义法。这47人中有王士杰、何杰、梅贻琦等。清廷的贵胄学校还要求格外增加录取秉志、偻申布、杨荫庆等3人，未经考试，随同第一批学生赴美留学。首届"庚款留美生"来自10个省，其中东南三省占据70%（江苏21名，浙江9名，广东6名)，其余湖南3名，直隶3名，而山东、安徽、河南、湖北、福建，各只1名，加上特派者共计50名。

1910年8月，游美学务处举行第二次考试，据《学部官报》宣统二年第125期所载，所考科目有：中文论说、英文论说（作文翻译)、历史（须曾读过普通历史，并读过希腊、罗马、英国、美国专史者尤佳)、地理（普通地理学)、算学（须曾习英文代数、平面几何、平面三角，并习过高等代数、立体几何、解析几何等学者尤佳)、格致（中等理化学、动植物学、生理学)、德文或法文（二者之中须曾习一门能作文翻译，曾兼习拉丁文者尤佳)，而且规定上述科目除中文论说和德文或法文外，一律采用英文考试，足见考试难度之大。考试结果，400名应试青年有70名考中，第一名为上海南洋中学的杨锡仁，平均成绩为79.2分；赵元任以73.4分的成绩名列第二，竺可桢63.8分名列第28，胡适59.075分名列第55位。

后来胡适在《四十自述》中回忆道：

留美考试分两场，第一场考国文、英文，及格者才许考第二场的各种学科。国文试题为“不以规矩不能成方圆说”，我想这个题目不容易发挥，又因我平日喜欢看杂书，就做了一篇乱谈考据的短文……不料那时看卷子的先生也有考据癖，大为赏识这篇短文，批了100分。英文考60分，头场平均80分，取了第10名。第二场考的各种学科如西洋史，如动物学，如物理学，都是我临时抱佛脚预备起来的，所以考得很不满意。幸亏头场的分数占了大便宜，所以第二场我还考了个第55名。

这批被录取的“庚款”留美学生，来自东南三省的占据75%（江苏29人，浙江14人，广东10人），其余直隶、安徽、福建、四川各3人，贵州2人，湖南、山东、广西各1人。录取者大都是教会学校或新式学堂的毕业生。这70人于1910年8月赴美国。

宣统三年七月（1911年8—9月）游美学务处举行第三次考试，录取了黄国栋、章元善等63名赴美留学生。这头三批“庚款”派在美国的留学生共达183名。

留学教育的风气既开，各省选送的官费留学生也逐渐增多。如1903年，湖广总督端方在湖北各学堂中选送10人赴美，并委派曾在美国留学归国的施肇基为驻美、法留学生经理。此外，两广学务委员陈锦涛、山西巡抚恩寿、上海商务高等实业学堂，以及江苏、东北等都派出了一定数量的留美生。据统计，1911年留学美国的中国学生达650多人，其中在大学的有323人，技术学校有72人，专门学校有23人，其余都在普通中学内。（据《教育杂志》1911年第6期第50页）从1909年起，游美学务处决定从庚款中拨出一部分资助自费生，具体条件是：对在美国大学本科读二年级以上、品行纯正、学业优秀而家境贫寒的自费生，每年资助480美金，资助名额为50名，每人至多不能超过三次。这对自费留美是一个切实有力的推动。

辛亥年建立清华学堂

头两批“庚款”留学生程度参差不齐，有些能直接升入美国大学，有些则必须进入美国高中补习。宣统二年腊月（1911年1月）清廷学部为了克服选派留美学生的困难，奏定改革游美肄业馆的三项办法：（1）将游美肄业馆的学生名额由原来的 300 名增加到 500 名；（2）将学制定为八年，分高等和中等两科，各为四年制；（3）高等科分科教授，参照美国大学办理。毕业学生不仅限于留美这一途径，在该馆肄业的学生，也能具有专门的才学。同时，由于游美肄业馆地基原系赏用清华赐园旧址，所以改名为“清华学堂”，英文名字为 Tsing Hua Imperial College（清华帝国学堂）。

校址在圆明园东南端，位于西郊海甸。此园建于清康熙年间，原名熙春园；咸丰皇帝即位后，始改名为“清华园”，并亲书匾额悬于宫门，至今尚存。1860 年英法联军入侵北京，圆明园大部毁于兵火，清华园则幸存完好。1900 年端郡王载漪为义和团领袖，召集团民在园内“设坛举事”。义和团失败后，载漪获重罪被发配新疆“永不起用”，清华园被皇室收回，长期荒芜。1908 年，中美两国政府协议利用美国“退还”的部分“庚子赔款”兴学育才，决定建立游美肄业馆。清皇族所赐园林——京师西北郊的“清华园”被选为校址，由军机大臣那桐批准，从 1909 年起兴建校舍。1911 年春第一批校舍建成。周自齐出任第一任总办，范源濂出任第一任会办，胡敦俊任教务长。

宣统三年辛亥三月初一（1911 年 4 月 29 日）清华学堂正式开学。它引入了现代美国式的教育方法，作为留美预备学堂，培养合格的毕业生赴美国深造。这跟过去的“学堂”迥然不同。相应的，5 月份撤销了“游美学务处”，由清华学堂办理选派留美学生事宜。

民国初年的清华学校

清华学堂最初兴建的校舍主体是一幢样式别致的二层楼房，青砖红瓦，坡顶陡起，属德国古典风格。清华学堂分两期建成，从南面中间小楼梯划界，以西建于 1909—1911 年，以东建于 1916 年，总面积约 4650 平方米。

建校初期，“清华学堂”西楼是高等科学生的教室，东楼建成后若干年里一直作为高等科毕业班（四年级）的学生宿舍。所以历史上也称“高等科”（High School）或“一院大楼”。（Recitation Building）。1925 年起，学校在这里增设“国学研究院”，著名的“四大导师”——梁启超、王国维、陈寅恪、赵元任在此聚齐，加上考古学家李济、文学家吴宓等，共同培养了整整新一代“国学”研究者。

清华园初建时有两道宫门，大宫门大殿曰永恩寺，在今清华邮局一带，后被称为“二校门”，现在的两棵参天古柏即为其遗迹。二宫门即今天的“工字厅”大门，正额悬有咸丰皇帝亲书的那块匾额。进了二宫门便是工字殿。

清华学堂开学时，全校400多名学生，来自各省，一律公费。“清华”作为留美预备学校的首要目的，在于使学生适应美国的大学。清华学制定为八年，分高等、中等两科，各为四年制，高等科参照美国大学办理。不久，辛亥革命爆发，学堂停办。

中华民国成立半年后，1912年5月1日，清华学堂重新开学，名称随即改为“清华学校”，英文名称也去掉了“Imperial”，改为Tsing Hua College，归北洋政府外交部管辖。把“监督”改称“校长”，并重新整顿了校务和教务：早年留美毕业生唐国安（随容闳赴美的120名幼童之一）任校长，周诒春任副校长，南开元老张伯苓调任总务长。起初教师只有30多人，后来增加到60余人，美中两国教师各占一半，大都年轻有为，才华出众。教师分为三类，即西学部的美国教师、西学部的中国教师和国学部的中国教师。他们的待遇差别很大，但在教学上却都认真负责。

学制不变。当时高等科三四年级的教学水平已达到大学一二年级的程度，或相当于美国的初级大学（junior college）。这一点，美国各大学都予承认，所以清华学生毕业后到美国，一般都能插入美国大学三年级。念完美国大学本科后，再进入研究院深造，获硕士、博士学位后回国。

清华学校对学生的要求

清华学校的学生大都是一些十来岁的孩子，入学需要经过严格的考试。中华民国成立后，考试方法定为两种：一是由各省政府组织考试，根据所分配的名额录取，然后保送到清华学习。二是由清华学校在北京、上海直接招考。

清华学校对学生要求严格，在《选派学生赴美游学章程》第一条中规定：

> 清华学校选派游美之学生，以本校三育俱优之毕业生及由本校临时考取之专科生与女学生为合格。（引自舒新城《近代中国留学史》79

页）

清华非常重视英语，许多课程采用英文教本，连一些会议、文艺节目、布告、辩论会等都采用英语。清华又非常重视体育，规定体育不及格不准出国留学。并实行“强迫运动”，每天下午 4 点到 5 点为强迫运动时间。于是，一到下午 4 点，学校就把所有的教室、宿舍、图书馆全部锁起来，迫使学生们到运动场上去锻炼，体育老师们还到处巡视，如发现躲着看书的学生，就夺过书本，强制他们到操场上去活动。1917 年的清华留美生汤佩松回忆道：

> 那时的体育课教师是马约翰先生。他热情而又严厉，具有很强的责任心。他作了一些规定，诸如三次旷课，体育成绩就按不及格论处；五项全能考试不及格者，不能获得出国留学的资格；甚至不会游泳的学生，也在不准出国之列。因此，整个清华园，自然有一种你追我赶的学习空气。受了这种环境的感染，我也加入了竞争者的行列。在课堂上，我开始成了一个循规蹈矩的学生；在运动场上，我更是一名出色的体育健儿，是学校足球队、田径队、棒球队中的一员干将。（引自《韶华不为少年留》第 53 页）

马约翰常对学生们说：“你们要好好锻炼身体，要勇敢，不要怕，要有劲，要去干。外国人打棒球，你们也去打；外国人踢足球，你们也去踢。不要出去给中国人丢脸。不要人家一推你，你就倒；别人一发狠，你就怕；别人一瞪眼，你就哆嗦。”这种精神，后来归结成一句话：“干到底，决不松劲！”（Fight to the finish，never give in！）经过这样的训练，增强了学生的体质，改变了其精神面貌。

民国前期赴美留学的高潮

清华学校的出国预备期为 8 年，经过这样长时间系统扎实的学习，学生到美国进入大学高年级深造时困难较少。1912 年，继前三批选送的直接赴美生后，清华学校又遣送高等科毕业生 16 人留学美国。这是清华学校成立后首次由国内培养派出的“庚款”留学生。此后，清华学校每年的高等科毕业生全都资送留美。大约每隔一年，学校还招收一次女生（1914 年开始）和专科生（1916 年开始）直接资送留美。此外，还有一些留美自费生也接受清华的部分津贴，每人每年 480 美金，称为“津贴生”。到 1929 年派往美国的留学生达 1279 人。这样，以清华为中坚力量，形成了民国前期赴美留学的高潮。

［附录］

1909 年—1920 年清华派遣的留学生归国后职业一览表

职业	人数	百分比	职业	人数	百分比
高校教师	144	28. 40	铁路	37	7. 29
中等学校教师	23	4. 53	银行铁路	1	0. 19
高中等学校职员	5	0. 98	银行监务	1	0. 19
其他教育事务	2	0. 39	官吏	8	1. 57
高校编辑	1	0. 19	部员	32	6. 31
高校技士	2	0. 39	外交官	4	0. 78
高校监务	2	0. 39	军官	1	0. 19
高校官吏	7	1. 38	航空	3	0. 59
编辑	5	0. 98	临时职务	3	0. 59
农业研究	1	0. 19	慈善	1	0. 19
工业研究	1	0. 19	医院	8	1. 57
技士	16	3. 15	教会	4	0. 78
工厂	11	2. 16	已故	23	4. 53
工务	1	0. 19	不详	53	10. 45
矿务	2	0. 39			
监务	3	0. 59			
公司	62	12. 22			
洋行	10	1. 97			
银行	30	5. 91	总计	507	100

闻一多在清华学校

梁实秋先生晚年回忆录中写道——

闻一多是湖北浠水人，老家在浠水的下巴河镇陈家大岭。闻氏家族是一个典型的乡绅大家庭，人口众多，子弟们都受的是旧式教育。一多的初步的国文根底是在幼时就已经打下了的。

闻一多原名一个“多”字，“一多”是他的号。他考入清华是在1912年（一般记载为1913年，那是错误的）。他的同班朋友罗隆基曾开玩笑地自诩说：“九年清华，三赶校长。”清华是八年制，罗因闹风潮最后多留了一年。一多说：“那算什么？我在清华前后各留一年，一共十年。”一多在清华头一年功课不及格，留级一次，所以他编入了1921年级，最后因闹风潮再留一年，所以是十年。很少人有在清华住上十年的。闻一多头一年留级，是因为他根本没有读过英文，否则以他的聪明和用功是不会留级的。

闻一多在清华学校的绰号叫做“Window”，就是英文“窗户”的意思，同学们以此开玩笑。但后来有的回忆录误为“Widow”（意为寡妇），成为一个笑柄。特此澄清。

梁实秋回忆说，自己进清华学校是在1915年，在班次上比闻一多晚两年（引者按：实际上晚三年），所以虽然同处在“水木清华”的校园里，起初彼此并无往来。闻一多在课业上表现最突出的是图画……在《清华周刊》里又不时的看到他的文学作品，闻一多喜欢作诗，尤其是长篇的古诗排律之类。

清华学校是一个特别的学校，中等科4年，高等科4年。比正规的大学少一年，其目的是准备派遣学生往美国游学。学校隶属外交部，校长由外交部遴派。学生是由各省按照庚子赔款摊派数量的比例公开考选而来。那时候风气未开，所以各省应考的人并不多，有几个偏僻省往往无人应考，这些缺额便由各该省的当局者做人情送给别省的亲友的子弟了。例如新疆每年可以考送一名，可是从来没有一个真正的新疆人应考，而每年清华皆有籍贯新疆的学生入学。闻一多的家乡湖北省浠水县相当闭塞，而其家庭居然指导他考入清华读书，不是一件寻常的事。例如直隶省（首都所在）每年有五个名额，应考者亦不过三四十人而已。

梁实秋评论道：史靖《闻一多》一书中有这样的记述，闻一多“随着许多达官贵人和豪门望族的子弟一道，走进了美帝国主义者用中国人民的血汗钱庚子赔款堆砌起来的清华园”，可以说也算有他的理由；不过历史事实不容否认，八国联军里面只有这么一个“帝国主义者”（后来也有英国一份）退还庚子赔款堆砌了清华学校，其余的“帝国主义者”包括俄国在内都把中国人民的血汗钱囊括而去，也不知他们拿去堆砌成什么东西了。

梁实秋在清华学校

梁实秋进清华学校是在 1915 年，清华学校的新生……平常是不准越大门一步的。但是高等科的同学们和看管门房的张老头打个招呼，也可以出门走走，买点什么鸭梨柿子烤白薯之类的东西。

新生是一群十来岁的孩子。清华管理是很严格的。斋务主任陈筱田先生是个了不起的人物，天津人，说话干脆而尖刻，精神饱满，认真负责。学生都编有学号，梁实秋在中等科时是 581 号，在高等科时是 149 号，20 年后，这位主任还能随口说出清华学生们的学号。每天早晨 7 点打起床钟，赴盥室，每人的手巾脸盆都写上号码，脏了要罚。7 点 20 分吃早饭，四碟咸菜如萝卜干八宝菜之类，每人三个馒头，稀饭不限。饭桌上，也有各人的学号，缺席就要记下处罚。脸可以不洗，早饭不能不去吃。陈先生常常躲在门后，拿着纸笔把迟到的一一记下，专写学号，一个也漏不掉。

学校规定每两星期必须写一封家信，交斋务室登记寄出。梁实秋每星期回家一次，应免此一举，但格于规定仍须照办。父亲说这是很好的练习小楷的机会，特为他在荣宝斋印制了宣纸的信笺，要他工楷写信，年终汇订成册，留作纪念。

学生身上不许带钱，钱要存在学校银行里，平常的零用钱可以存少许在身上，但一角一分钱都要记账，而且是新式簿记，有明细账，有资产负债对照表，月底结算完要呈送斋务室备核盖印，然后发还。在学校用钱的机会很少，伙食本来是免费的，1915 年才开始收半费，每月伙食 6 圆 3 角，本人交3圆（以后就是交全费的了）。洗衣服每月2圆。这都是在开学时交清了的。理发每次1角。花钱只是买零食。校内有一个地方卖日用品及食物，起初名为嘉华公司，后改称为“售品公社”即售品所，卖豆浆、点心、冰激凌、花生、栗子之类。只有在寝室里可以吃东西，在路上走的时候吃东西是被禁止的。

洗澡的设备很简单，用的是铅铁桶，由工友担冷热水。孩子们很多不喜欢亲近水和肥皂，于是洗澡便需要签名，以备查核。规定一星期洗澡至少两次，这要求并不过分，可是还是有人只签名而不洗澡。照规定一星期不洗澡予以警告，若仍不洗澡则在星期五下午4时周会（名为伦理演讲）时公布姓名，若仍不洗澡则强制执行派员监视。但是这规则尚不曾实行过。……

临毕业前最舒适的一年，搬到向往已久的大楼里面去住，别是一番滋味。这一部分的宿舍有较好的设备，床是钢丝的，屋里有暖气炉，厕所里面有淋浴有抽水马桶。

和梁实秋同寝室的是顾毓琇、吴景超、王化成，四个少年意气扬扬共居一室，曾经合照过一张相片，坐在一条长凳上，四副近视眼镜，四件大长袍，四双大皮鞋，四条翘起来的大腿，一派生愣的模样。过了20年，这四个人在重庆偶然聚首，又重照了一张合影，当时大家就意识到这样的照片一生中怕照不了几张。当时约定再过20年一定要再照一张，现在拍照第三张的时期已过，而顾毓琇定居在美国，王化成在葡萄牙任公使多年之后病逝于美国，吴景超在大陆上，梁实秋在台湾，四人天各一方，萍踪漂泊，再聚何年？（上述内容出自梁实秋回忆录）

清华学校大学部

在中国留学教育史上，曾办过不少留学预备教育的学校和机构，但像清华这样规模大、制度全、模式新和影响深远的预备学校却是少有的。从1912年至1925年，清华留美学生达853人，其中学习工程技术的占31.3%，学理科的占9.9%，学商科的占11%，学农、医科的占10.5%，学文、史、哲科的占7.2%，学政治、法律、教育、新闻科的占24.5%，学军事的占2.2%，他们中间的大部分英才，后来成为新型“智识阶级”的核心。

中华民国成立后，虽由清华学堂一变而为“清华学校”，然而它的性质始终是一个留美预备学校。不过“改革学制在国内设立大学”的计划，在民国七年（1918年）以前，第二任校长周诒春期内，已经酝酿着。民国十四年（1925年）夏，“大学部”才正式成立。此后便停止招考留美预备生。

1922年4月，世界基督教学生同盟在清华学校举行第11届大会，由此引起了一场全国范围的“非基督教运动”，矛头指向在华教会大学，强烈要求收回教育主权。清华作为留美预备学校，仍处在依附美国的状况，因而成为当时社会舆论抨击的对象。人们普遍认为，国内高等教育已渐发达，培养大学本科生“无须求诸外国”；派青年学生出国“不谙国情，且易丧失国性”；清华留美办法不经济不公平等等，纷纷要求清华自办大学，并在全国毕业生中公开考选留美学生。（据《清华十五周年纪念增刊》1926年，载《清华大学史料选编》第1卷，第37—38页）当时清华的部分高年级学生也深感在校接受了近八年的美式教育，虽身在祖国，却对国情知之甚少，因而倡导“留国运动”，要求毕业后先在国内服务一年，再赴美留学。（参看舒新城《我和教育》下册第388页）社会舆论的指责，促进了清华学校的改革。

1924年10月，清华学校成立了“大学筹备委员会”，聘请范源濂、胡适、张伯苓、张福运、丁文江五人为大学筹备顾问。翌年5月，经北京政府外交部批准，清华学校大学部正式成立，开始招生。当时大学部仅设普通科，不分系，学习年限为两年或三年，学习期满后由学校发给修业证书。由于普通科培养目标不明确，同国内一般大学不相衔接，因此不少学生纷纷退学。学校被迫于1926年将大学部改成四年制的正规大学，设立17个系，1927年《清华学校组织大纲》规定：“大学部本科修业期至少四年，学生毕业后给予学士学位。”自此，清华大学的基础开始形成。

当时清华的校长曹云祥，有一篇文章《清华大学将来之发展》说：

> 查中美政府原来协定，资送留美学生，定额1800名，其遣送方法，初无条约之限制，若将清华改办大学，一方择优继续派遣留美学额；不妨条约之规定。一方得以积储基金，备维久远之计划。预计到1940年时，赔款总额虽已告罄，而其余利息即可维持大学之经费。设计之善，诚为两全。举办之初，会征求国内教育家及美国方面之意见，咸乐于赞同。于是清华大学遂于民国十四年（1925年）宣告成立。其所以能得各方之赞助者，综其理由，约有五端：

(甲) 在中国造就人材，较提早资送赴美，时限费用，俱为经济。

(乙) 中国大学生毕业赴美,可径入美国大学院,研究高深之学术。

(丙) 留美公开考试，全国大学毕业生之优异者，均有留学美国之机会。

(丁) 留国较久，国情明了，较之提早留美，事半功倍。

(戊) 积储基金，以维久远。

初办时，名为"清华学校大学部"。因为清华学校的留美预备生还有好几班；直到这些留美预备生全都毕业，1928 年乃正式更名为"国立清华大学"。

从 1911 年清华学堂建立到 1928 年，由"清华"派往美国的留学生共 1279 人，其中少数是女生。另一统计数字表明：到 1918 年，包括各省派往美国的官费生和自费生在内，中国在美留学生达 1100 多人。这些人在美国学成后大多数都回国服务。截至 1924 年，清华留美生归国人员约 620 余人，从他们的职业分布范围来看，教育界占 33.78%，工程实业界占 15.8%，军界占 0.64%，政界占 2.24%，新闻界占 11.09%，其他各界占 1.7%，无固定职业者占 4.66%，可以说，清华培养的留学生约有三分之二（教育界、工程界、新闻界）是掌握现代知识的人文知识分子和科技知识分子。

这一时期的清华毕业生和留学生，许多人后来成为闻名遐迩的学者、专家。他们里面有文学家闻一多、梁实秋、李健吾，电影戏剧专家洪深、张骏祥、孙瑜，哲学家金岳霖，经济学家和人口学家马寅初，桥梁专家茅以升等。后来中国科学院第一批学部委员中，这一时期的留美生就有 29 人，包括周培源、梁思成、汤用彤、杨石先等。

清华研究院国学门的导师制

清华学校大学部初办时，在社会上影响并不算大。而与大学部同时创办的研究院国学门却名垂千古。

清华大学的前身是留美预备学校，独立于国家教育制度之外而直属外交部。虽然经费充足，教授治校的制度也有相当的基础，但在学制和课程方面都过于美国化，等于是美国大学的预科。总的说来，在 20 世纪 30 年代以前，清华学校还没有符合蔡元培所开创的中国大学精神。

“清华学校研究院”（又称为国学研究院或“研究院国学门”）于1925年创办。它与清华留美预备部、大学部相比，不仅在行政上独树一格，而且培养目标和教学模式也大相径庭。当时清华学校非常“洋气”，而国学研究院可说是在西服革履假洋鬼子中间的一个穿长袍马褂的“异数”。

据吴宓《清华开办研究院之旨趣及经过》（研究院主任开学日演说词，1925年9月18日）中说：

清华创办国学研究院的主要目的，是研究“中国固有文化”，使中国文化与西方文化相沟通。（参看《清华大学史料选编》第1卷第373页）

清华学校研究院最初的设计者，就是被蔡元培称为“旧学邃密、新知深沉”的胡适。正是他仿照中国书院制度、英国大学制度和道尔顿辅导制，为清华研究院设计了蓝图。

据《胡适之先生谈话记》表明：胡适曾在北京大学设立国学科目，他兼任“清华学校大学部筹备顾问”后，想利用清华的庚子赔款为“整理国故”另设一个据点。所以他极力向清华师生宣传“应首先办好国学一门”。为此，他四处奔走，推举教员。

清华学校本想请胡适来主持国学研究院的工作，胡适因不愿离开北京大学而婉言谢绝，另行推荐王国维、梁启超和章太炎为“研究教授”，并推荐王国维为院长候选人。（参看1932年12月《清华周刊》第268期）章太炎拒绝进入清华，王国维不愿就任院长，但同意担任“研究教授”（导师）。另一台柱梁启超，此时正准备和他人在天津筹“设一讲学机构，名曰文化学院，采用半学校半书院的组织，与崇拜Lenin偶像的团体相对立”。（据丁文江、赵丰田编《梁启超年谱长篇》，第984页、1013页）清华聘请梁启超出任国学教授，双方一拍即合。

吴宓主持筹备工作后，增聘了刚从国外学成归来的陈寅恪、赵元任为研究院教授。王、梁、陈、赵四人均是学贯古今的国学大师。李济为讲师。吴宓辞职后，清华研究院的工作由教务长梅贻琦主持。这就是清华研究院的人事概况。

清华国学研究院是一所独立的研究机构，类似于现在大学附设的研究所或研究生院，主要培养“以著述为毕生事业”的国学研究人才。学科范围包括中国历史、哲学、文学、语言、文字学等，“并取材于欧美学者研究东方语言及中国文化之成绩”。

先此成立的北京大学国学门，因为在制度上过于自由，对研究生缺乏有效的引导，所以没有培养出多少杰出人才。相比之下，清华研究院制订了较正规的制度，对研究生进行严格的入学考试，无论有无正式文凭，但问有无研究功底和浓厚的兴趣。专任教授和学生均住校研究，教授专任指导，分组不以学科，而以教授个人为主，这种方式更接近书院的师生互动模式。研究注重自修，以专题研究为主，由学生与指导教授谈话后选定研究题目，由教授指示研究方法和应读书籍，并定时与学生谈话辅导。此外也有课程演讲。四大导师每人每周讲演至少一课时，或讲经史小学，或讲治学方法，或讲研究心得，所有学生都必须听取。

[笔者注：许多文章写道："校方将王、梁、陈、赵四人职称定为'导师'，以示学术地位高于大学教授"云云，但当时只称为"清华研究院国学门教授"，并没有"导师"这一职称。更令人不解的是，竟然有文章把"王、梁、陈、赵、吴"或"王、梁、陈、赵、李"称为"五大导师"，即加上一个吴宓或李济，真莫名其妙了。据1925年9月11日《清华周刊》第350期载，吴宓于1925年担任研究院主任，而李济则是讲师。]

我从清华历史档案里查到：研究院教授月薪标准为400银圆，并准备提高到500银圆（当时银圆购买力参看本书附录）。根据我找到的"清华国学研究院民国十五年至十六年（1926—1927）预算"，1927年研究院教职员月薪如下——

姓名	职位	月薪	姓名	职位	月薪
王国维	研究教授	400圆	梁启超	研究教授	400圆
赵元任	研究教授	400圆	陈寅恪	研究教授	400圆
吴　宓	主任	300圆	李　济	讲师	100圆
梁廷灿	助教	70圆	陆维钊	助教	70圆
章明煌	助教	70圆	卫士生	事务员	110圆
周光午	助理员	60圆			

除了四位导师以外，在此院工作的还有一名主任，一名讲师，三名助教，一名事务员，一名助理员。总共只有11人，就办成了举世闻名的最高水平的研究机构！

从1925年制订的《研究院章程》看来，清华研究院国学门招教师的条件非常苛刻，必须符合下列三条，方能受聘：“（一）通知中国学术文化之全体；（二）具正确精密之科学的治学方法；（三）稔悉欧美日本学者研究东方语言及中国文化之成绩。”

招生对象是大学毕业生和“经史小学等具有根底”的学生。“学生名额极少，又复从严考试录取。”学制采用英国大学的“导师制”，学生可自己选定一位导师，“专从请业”，研究期限一般为一年，经导师批准，可延长一到两年。

研究院国学门在培养“国学”人才方面，确实取得很大成绩。1927 年王国维去世，梁启超离校后，国学院失去了两大“台柱”，许多课程无法开设，后两年仅录取新生 3 人。

1928 年，南京国民政府控制北平后，正式将“清华学校”改名为“国立清华大学”，脱离外交部而划归教育部管辖；清华国学研究院停办，原有教学人员分别转入历史系和中文系。

据冯友兰先生后来回忆：

> 清华新制毕业的学生，就如其他大学毕业一样，没有留学的权利。跟旧制毕业的学生，权利差别太甚。1928 年后，定出一种调剂办法。清华每年还送留学生 40 名，公开招考。清华新制毕业的，录取 20 名；别的大学毕业的，录取 20 名。录取的不限定往美国。后来清华自办研究院，停止招考留学，只送本校研究院毕业成绩优良的出国留学。研究院招生公开考试，本校毕业的学生也须同样经过考试。……清华留学办法的改变，是中国学术日趋独立的反映。（参看冯友兰《五四前的北大和五四后的清华》原载《文史资料选辑》第 34 辑第 7—8 页）

教授治校：民主议事

“教授治校”制度最早是由蔡元培提出，而在清华得到圆满贯彻。

在 1922 年曹云祥当校长之前，清华的学生们从 1918 年到 1921 年间，曾经赶跑了外交部任命的三位校长张煜全、罗忠诒和金邦正，成为轰动一时的“三赶校长”事件。而曹云祥当了校长之后，清华早期的毕业生陆续回校任教者日渐增多。这些留美回来的学生们大多不满清华的落后状态，主张改革清华，提高清华的学术地位，反对官僚政客控制学校，实行教授治校等，形成了一个颇具声势的“少壮派”。而这期间，曹云祥做的很重要的一件事，就是初步建立了清华的“教授治校”制度。

早期清华在建立起来之后，曾经历过“职员管理阶段”，即校长说了算，各部门职员协助校长管理；然后是董事会管理学校；再往后，董事会的主导地位下降，开始了“教授治校”的阶段，这时教授协同校长管理学校，成为学校行政管理的主体。在清华，教授治校的原则得到了发扬光大。留美回来的任教者对改革的呼声越来越强，经过反复讨论，清华教职员会议在1926年4月15日通过了《清华学校组织大纲》，《大纲》设了两个重要的权力机关，一为评议会，一为教授会。

评议会由校长、教务长及教授会互选出的评议员共7人组成，校长为主席，职权范围是：1. 规定全校教育方针；2. 议决各学系的废立与变更；3. 议决校内各机关的废立与变更；4. 制定校内各种规则；5. 委任下列财务、训育、出版、建筑四种常设委员会委员；6. 审定预算决算；7. 授予学位；8. 议决教授、讲师与行政部各主任之任免；9. 议决其他重要事项。

由此可见，评议会掌控了学校的教育方针和大部分人、财、物之权力。但是，这些职权中的第1、2、3、6项，评议会要征求教授会的意见，如果被教授会以三分之二否决，就要复议。也就是说教授会对评议会的权利是有制衡的。而教授会的职权是：1. 选举评议员及教务长；2. 审定全校课程；3. 议决向评议会建议事件；4. 议决其他教务上公共事项；5. 讨论决定由评议会以三分之二通过提出对本组织大纲之修正案。

此外，各系的主任，也由该系教授、教员于教授中推举，任期二年。甚至出任院长和校长的人选也得事先征询评议会的同意。1926年4月19日晚，清华历史上第一次教授会在科学馆212号教室举行。到会的教授有47人，占教授会人数的78%，发言非常踊跃。事后的会议记录上可以看到人们执行民主程序的认真。比如选举教务长的过程。会场上由余日宣教授提出，并获得赵元任教授的附议：在第一次和第二次票选时，通过者须超过三分之二多数，而第三次票选半数通过就可以。另有陈福田教授主张采用不记名投票方式，大家都赞成。结果，梅贻琦在第三次投票时获得33票，成为清华有史以来第一位民主选出的教务长。

接下来，评议会和教授会不断开会，设计各学系的设立，选举出系主任，决定课程大纲，台湾学者苏云峰在他的《从清华学堂到清华大学》中记述这一切时不由得叹道："可见二会成立后，教授们是何等的热心和积极参与校务，且未曾间断。"后人从《吴宓日记》中可看到这些教授们，包括赵元任、陈寅恪、李济、金岳霖等，如何频繁聚会，讨论校务，商量对策，起草宣言。当教授们被真正赋予管理责任与权利时，他们的热情超乎人们的想象。

罗家伦在清华大学的改革

1928年6月8日，北伐军开进了北平，清华大学即从北洋政府的手中被接管了。9月18日，国民政府任命的清华大学新校长、31岁的罗家伦正式上任。就职典礼相当隆重。清华学校董事会、北平政府分会、平津卫戍总司令、北平特别市党部、市政府、外交部、美国公使馆、燕京大学等均有代表参加。罗家伦宣誓道："余誓以至诚，谨守中华民国教育宗旨，谋造成国立清华大学学术独立发展之一主要基础，以完成建设新中国之使命，必遵廉洁，务去浮滥，如有或违，愿受党员之严厉制裁。谨誓。"

罗家伦1917年至1920年间在北京大学读书，五四运动中成为学生领袖之一。毕业后赴美欧深造，1926年回国当教授，1927年春加入国民党，深得蒋介石器重，曾担任蒋的秘书，军阶少将。此次任清华大学校长，是蔡元培推荐，得到蒋介石首肯。后来，罗家伦又担任过中央大学校长等要职，一辈子活跃于政界与教育界。

据罗家伦后来回忆，被任命做清华大学校长，自己事先一点不知情。但是，一旦任命下来，他立即斗志昂扬进入角色。首先，罗家伦要求，在"清华大学"前面要加上"国立"二字，因为他发现自己的任命书上没有这两字。为此，他请当时的国民政府主席谭延闿写了一张"国立清华大学"的大字，动身时带上，后来，它成为清华大学的校匾。

为什么一定要加上"国立"？这牵涉到清华的由来。清华学堂在1911年最初成立，是由美国人退还的庚子赔款而来，旨在用这笔钱办起留美预备学校资助中国学生赴美留学。清华第二任校长周诒春时，已有了将清华改办成正规大学的计划，1922年曹云祥担任校长后，正式成立了大学部。曹云祥在任6年，成立了国学院。到1925年，清华已存在三个学制，即游美预备部、大学部和国学研究院。然而清华一直不是由教育部领导而是隶属外交部。罗家伦决心把这件事给理顺。果然，外交部提出种种不同意的理由，不肯交出清华。他们也反对在清华大学前面加上“国立”二字，说怕伤美国的感情。罗家伦反驳说：美国的赔款就是退还中国来办学校的，这个钱本来是国库的钱，现在美国退还国库，我们为什么不能用“国立”二字？——时年罗家伦，果然年轻气盛。

清华成为国立大学，是从1928年罗家伦就任校长开始，而正式从外交部划出归属教育部，是在次年的5月，到了6月，国民政府教育部又决定取消清华大学的董事会——这个董事会成立于1917年，开始由10人组成，由外交部主导任命，掌管清华的财权，后来改为三人组成，外交部两人加上美国公使馆参赞，曾经成为清华的主导势力。新校长罗家伦上任不足一年，即把这些行政上的障碍一一摆平。但是，罗家伦却深知，仅凭自己新官上任这几把火，是无法把清华治好的，清华的学生，桀骜不驯，清华的教授，自治与自立的意识深厚，不倚重他们，就无法在清华立足。

罗家伦在1928年的就职演讲中郑重提出了“学术独立”的目标，并计划对清华进行大刀阔斧的改革。

当罗家伦来执掌清华大学时，清华教授会选举出的教务长是余日宣，而时任物理系主任的叶企孙是评议会的成员之一。

罗家伦带来了国民政府于1928年9月5日颁布的《国立清华大学条例》，共31条。这个条例与清华在1926年的《清华学校组织大纲》相比，有了很多修改，教授会和评议会虽然还在，但是权力相对削减，比如教授会原来拥有的选举教务长权、否决评议会决议权、推荐各系教授权和推举系主任权就被删去，而政府主管教育部门和校长的权力却得到加强——实际上国民党何尝不想从教授们手中收回主管学校的权力呢？但是罗家伦马上就感觉到了清华的教授们对这个条例的不满。为减少阻力，取得教授会和评议会的合作，他也作了若干让步，同意重修《国立清华大学条例》，赋予教授们更多的权力。

不过，罗家伦对于清华的改革措施带有内在的矛盾。他的改革具体体现为“四化”政策：廉洁化、学术化、平民化、纪律化。但是学术化与纪律化（实则是军事化）之间就存在着一定的冲突。用军事化的组织手段来管理大学，不仅不利于为学术研究创造宽松的环境，而且也使他在学生中失去了支持。他的政治背景过强，他在清华实施的改革也过于突出政治；再者他资历浅，学术上地位不高，而且讲话常大言不惭，招来许多非议和反对。

1930年5月，国民党发生内讧，冯玉祥、阎锡山对蒋介石开战，汪精卫、阎锡山在北平另组“国民政府”。蒋介石在北方失势，清华师生趁机掀起“驱罗运动”。5月20日，学生代表大会提出了“请罗家伦自动辞职”的议案，罗氏政治上失去靠山，在校内又得不到拥戴，终于辞职而去。

尽管后人对罗家伦批评甚多，但平心而论，在掌管清华短短不到两年的时间里，他对清华的贡献为世人有目共睹。他努力提高教师的地位；提高中国课程的地位；压低洋人的地位；开解女禁；增设地理系和土木工程系，成立文、理、法三个学院等等。他对师资水平特别重视。他到任后对所有教授全部重聘，结果只有23人因教学和研究俱佳而得以续聘；而他同时不遗余力地聘请国内外的著名学者教授到清华任教。罗家伦还是为清华的思想自由和学术独立打下了一个良好的基础。

“真空时期”教授会管理学校

罗家伦之后，清华经历了一年多没有校长的“真空时期”，说它“真空”，并非说它真的没有校长，而是后来的两位校长都不被清华师生所接受，先后被赶走，这一年多管理学校的实际上就是教授会（及教授会所产生的评议会和校务委员会），直到1931年梅贻琦校长到任。

接替罗家伦当清华校长的是乔万选。他是由正占领北平的阎锡山派来的。乔万选是清华1923年毕业生，美国哥伦比亚大学法学博士，回国后任过东吴大学法学院教授、中央大学法学院副教授等职。当然，他与阎锡山的关系也非同一般，不但是阎的老乡，而且也是阎的幕僚。

清华大学的教授们不喜欢乔万选并非是出于对他个人的什么好恶，而是对政治势力干涉校务一向反感。1930年6月25日，乔万选前来上任，竟是带了阎锡山军队数车的士兵前来压阵。而清华的学生们毫不示弱，打起“拒绝乔万选”的大旗，在校门口组织纠察队阻止乔万选进校。乔万选最终知难而退。

事后，清华校务委员会致电阎锡山：学生纯出于爱校热忱，其心无他，而目前校务已由校务委员会维持，不受影响。两天后，清华教授会也发布宣言表态：一、“校长自应由正式政府主持教育之机关产生，若任何机关皆可以一纸命令任用校长，则学校前途将不堪设想。二、愿学校行政，亦能走出政潮，独立进行，俾在兵戈扰攘之中，青年尚有一安心求学之处。”阎锡山再也没敢选派新校长前来清华。

又过了9个月，此时中原大战已经结束半年，蒋介石掌握的国民政府又控制了北平。清华校长的人选问题又摆在面前。这一次，亲自兼任国民政府教育部部长的蒋介石选中国民党中央政治学校副主任吴南轩来做清华校长。吴南轩，复旦大学毕业后，留美10年，回国后担任过河南大学校长等职，也算是学人出身。但是在清华教授们的眼中，吴南轩并无学术地位，加上他与国民党政府的关系，教授们对他并无好感。

1931年4月，吴南轩进校后，他公开宣布他的使命是“为党国培养人才”，专断独行，反对教授治校的制度，很快就与教授会产生尖锐分歧。5月28日，教授会根据萨本栋、金岳霖、杨武之等15位教授的联名要求，召开临时会议，通过决议，谴责吴南轩“唯务大权独揽，不图发展学术，加以蔑视教授人格，视教授如雇员”，要求教育部“请另简贤能”。第二天，清华学生会也召开全体学生大会，表示坚定支持教授会决议。学生们还整队至校长住宅，请其即时离校。

在清华的一片反对声中，吴南轩带了清华的印信，逃到了市区的东交民巷“遥控办公”，但最终还是没有撑过去，在6月25日离开了北平。这之后，南京的国民政府也不敢随便派人担任清华校长。

吴南轩走后，南京教育部曾委派翁文灏“暂代校务”，翁以兼职太多一再推辞，教育部又转派理学院院长叶企孙处理校务。在叶企孙按学校规定学术休假去德国后，清华教授会就向南京教育部索取了选举代理院长、代理教务长、秘书长的临时权力，在很罕见的没有校长的一年多时间里，清华大学的教授治校体制就这样合法化并固定下来。

清华大学校长梅贻琦的贡献

清华大学真正的黄金时代是在梅贻琦任校长时期（1931—1949年）。他不仅从1931年后一直主持清华大学的校务，而且也实际主持西南联大的校务（北大校长蒋梦麟和南开校长张伯苓当时经常在重庆，只有梅贻琦一直在校内）。就中国现代大学教育而言，梅贻琦的贡献仅次于蔡元培。梅贻琦对塑造大学精神的主要贡献如下：

(1) 大师办学，教书育人

梅贻琦在这方面不仅按照蔡元培的“思想自由，兼容并包”的教育方针去做，而且有很大的发展。他在就职演说中提出了他最著名的大师论：“所谓大学者，非谓有大楼之谓也，有大师之谓也。”（引自《梅贻琦教育论著选》第10页）梅贻琦特别强调：“办学校，特别是办大学，应有两种目的：一是研究学术，二是造就人才。”也就是后来多少年一直流传的“出成果、出人才”的原则。

梅贻琦所强调的大师，不仅是在学术研究的层面上，而且也是在教书育人的层面上。无论是研究学术，还是教书育人，都仰仗杰出的教授。师资成为梅贻琦办学“努力奔赴第一事”。（《梅贻琦教育论著选》第69页）

梅贻琦提出的大学目的，比蔡元培的定义多了一条——造就人才。这当然不是说蔡元培对北大的改造不重视培养人才，而是说梅贻琦已经意识到大学“出成果”与“出人才”是两个尽管密切相关但仍有所不同的目标。作为一名教师，不仅本身的学术水平要越来越高，研究成果要越来越大，而且还要注重讲课的技巧、教学艺术，要对学生热心指导，亲切关怀，谆谆善诱。

(2) 通才教育，全面发展

梅贻琦主张：“大学虽重要，究不为教育之全部，造就通才为大学应有之任务，而造就专才则固别有机构在。”（《梅贻琦教育论著选》第106页）专门人才的培养并不应该是大学的唯一目标。

他在著名的“大学一解”中系统地提出了通才教育的思想。“通识，一般生活之准备也，专识，特种事业之准备也，通识之用，不止润身而已，亦所以自通于人也，信如此论，则通识为本，而专识为末，社会所需要者，通才为大，而专家次之。”（《梅贻琦教育论著选》第105页）从全部的教育过程来看，大学阶段的目的只是取得一种完成“新民”使命的“出身”或“资格”。他认为工业化问题中最核心的一个问题是：工科教育在适度的技术化之外，要取得充分的社会化与人文化（《梅贻琦教育论著选》第186页），因此，清华大学从1933年开始，文理法科学生第一年不分院系，规定大学一年级共同必修课五门：国文、英文、通史（在本国通史和西洋通史中任选）、自然科学（在普通物理、化学与地质学中任选）、思维方法（在逻辑、高级算学和微积分中任选）。大学生第二年选定专修系，但仍让他们以其性之所近选修其他系的科目。

(3) 教授治校，民主管理

蔡元培在担任北大校长期间虽提倡教授治校，但因为他依靠人格魅力，在治校中他个人还是发挥着极为特殊的作用。到蒋梦麟接任北大校长后，实际上又回到了校长治校的旧制。清华大学在1949年前一直坚持推行教授治校，这与清华在罗家伦去职后、梅贻琦接任前的两年期间没有校长的历史背景有关，但更得益于梅贻琦的推动。梅贻琦的个人影响和能力都不可与蔡元培同日而语，但他在清华大学非常认真地推行了教授治校、集体领导、民主管理。他的一句口头禅就是“吾从众”。

附：大学教授评议会的权利，得到国家法律的保障。例如民国时期《大学教员资格条例》（1927年6月15日教育行政委员会公布）第四章 附则规定：

第十七条　工程师学位与学士学位或硕士学位相等者，可由大学评议会指定之。

第十八条　国内外大学同等级之学位而取得之度有差别者，可由大学评议会指定之。

第十九条　凡于学术有特别研究而无学历者，经大学评议会议决，可充大学助教或讲师。

清华学生的伙食管理

清华学生的伙食费，1911年建校之初是每人每月京平银四两五钱，约合银洋6圆3角。1920年秋，因米面涨价，每月增为7圆。清华建校初期伙食免费，后来（据梁实秋回忆是在1915年）交半费3圆，逐步改为交全费。在清华买零食也很方便。除合作社的点心是由城里“亚北”送来的，须到合作社去吃外，其他零食都可在大门外“大摊”上购得。天暖的时候，晚饭后散步可顺便买回些炒花生、萝卜、柿子等；马约翰教授特别鼓励同学吃萝卜，但不赞成同学剥花生烤火。他常告诫人们要注重平日消化系统卫生，以为其是健康上最要紧的关键。

食堂每天供应三餐。早餐点名，以免学生睡懒觉，就餐采用“会吃法”，八人一桌（一度曾试采用“分食”，因不便而作罢）；饭桌上编有学号，对号入座。对校级运动员开“训练桌”，营养丰富，令人侧目。清华学生的胃口一般都较大，伙食分量常常不足。早餐每人3个馒头，稀饭不限量；中、晚餐每桌四大碗、四盘，共八个菜。由于都在上课或运动之后开饭，一般都已饥肠辘辘，铃响以前，饭堂门前已排起了长龙；大门一开，蜂拥而入，有的“风卷残云”，有的“狼吞虎咽”。每餐一般10分钟左右就吃完了。

清华学生全都住校，平时全都在校内食堂用餐，零食、小吃也由校内的“售品公社”供应。在那时可以买到豆浆、西式糕点、冰激凌、汽水、花生以及其他风味食品等。20年代后期，赵元任的夫人曾在二校门外开了一家“小桥食堂”，经营南式风味饭菜，也颇物美价廉，对一些师生颇有吸引力，学生们有的常去包伙。此外，校门外还有水果摊，供应各种水果。

总而言之，清华的伙食很简朴；一向以营养、卫生为第一着眼点，其次才是品种和花样。有关专业的师生，常以“学生伙食营养成分”为自己的研究课题。清华园开设模范牛奶场，供应廉价牛奶。提起当年清华园的牛奶供应，的确值得特书一笔。首先是方便，牛奶场就在校园的东北角上，场里每天派人向各宿舍送奶。其次是质量高，奶质纯净度高，瓶口处总是积着厚厚的一层奶油。校方对学生的伙食管理十分认真，由庶务处、斋务处与学生三方面各派一人组成“监督委员会”进行监督。

那时的清华，“公款宴请”是极少见的。私人交谊性宴请则很常见，不论是教师或学生（当然是教授居多）都可使用工字厅摆席请客。最多花10银圆便可摆上一桌很讲究的宴席，海参、鱼翅齐全。工字厅环境幽雅，吃过饭还可到“水木清华”流连小憩。

此外，教师们进城，冬天常去“东来顺”吃涮羊肉，有的则到什刹海或北海去解馋。

清华学生的住宿管理

清华校园建校前是一处皇家园林，环境优美，但建筑物并不多，只有工字厅、古月堂等少数古典式建筑群。从1909年起建筑新校舍；1911年开学时，建成一院、二院、三院、北院等几处校舍，其中一院（即“清华学堂”）和三院既是学生宿舍又是教室，二院专作教室用，北院专作外籍（主要是美籍）教员住宅，人称“美国地”；中国教员则住在工字厅、古月堂等处的狭窄房间里。1916年，扩建了一院的东半片，以缓解学生上课和住宿之紧张;1917 年,建成甲、乙、丙三所,专供校长、副校长和秘书长居用(上任时迁入,去任时迁出)。校舍不敷使用的状况,一直持续到 20 年代初期。

从 1916 年起，开始兴建“四大建筑”——大礼堂、科学馆、图书馆和体育馆，至 1920 年全部竣工。1920 年和 1924 年，分别建成了南院（即今照澜院）、西院两处教授住宅。1928 年改为清华大学以后，又陆续增建了大批建筑，包括四院明斋、五院善斋、女生宿舍静斋、六院新斋、七院平斋等学生宿舍，以及新南院（即今新林院）等教职员住宅。

清华在西郊建校时，学生不过 468 人，到 20 年代末，也不过 800 人。30 年代达到 1000 多人，但居住条件比在城里的北京大学舒适。而学费跟北大一样，也是每学期 10 圆；不收住宿费。但有一件费用是特殊的，就是统一制作运动服。清华大学素以注重体育而闻名，这是北大所缺乏的。1929 年以前，学生的教室和宿舍是混合在一起的。

一院居住条件最为优越，是一座两层的“大洋楼”，西南角是大门入口，各处还有角门与外相通。开始时只作教室和宿舍，有住 4 人的大房间，也有住 2 人的小房间，配有淋浴器、抽水马桶、钢丝弹簧床和暖气，是早年专为应届毕业生而备者，也是低年级学生向往的目标之一。后来学校各办公部门也移到这里。一进大门，迎面是宽大的红漆美国松木质楼梯，走廊墙上挂着影印的古画，有《唐三藏负笈取经》彩色相，还有一幅敦煌佛像。

二院共有五大排，每排间的宽阔园地种有垂柳，各排南侧皆有甬道，内有镶在墙壁里的大火炉，冬天工役在外面加煤，可使两个房间得到温暖，且可使室内保持清洁。屋子较大，每屋可住 4 人，但亦有住 3 人者。

三院地处校园中心（现图书馆新馆前，已被拆除净尽）。前三排都是教室，后三排宿舍，排成“王”字形，一排是食堂。中间是走道，厕所在院舍以外，后来舍内也辟出房间改为厕所。大门前临大道和小河，河对岸是大礼堂。这一片是校内的繁华地段，是各院的人每天必经之路，去图书馆，去体育馆，尤其上下课时，十分热闹。三院房间与二院大致相同，每间一般住 3 人，也有住 2 人的。

清华学生宿舍，每人一个书架、一套桌椅、一张铁床，床上都罩着白床单，整齐清洁；室内配有 50 瓦烛光电灯两盏及痰盂一个。室内布置亦有要求：早期墙上不准挂画，后来“开禁”，除裸体画外都可以挂，同学们多在墙上挂起校旗、级旗、字画、年画、西洋风景画、伟人像以及明星名伶照片等。因寝室亦兼作自修室,所以房间里也放置了许多图书和“文房四宝”。清华宿舍门前两侧盛植蔷薇花丛;榆叶梅几乎四季常青,装点校园。清华园大小建筑墙角门旁都种植各色花木。紫荆花是校花,清丽浓紫,备受师生喜爱。

四院明斋于20世纪30年代初建成，被称为“新洋楼”，共三层，全楼呈“凹”字形，四角设门。每屋住2人，室内有柜橱可放衣物。其他陆续建成的五院善斋、女生宿舍静斋、六院新斋、七院平斋等学生宿舍，室内格调大致与明斋同。

清华早期没有女生，1928年开始招收女生，因人数较少，暂住古月堂、西北院（即怡春院）等处。古月堂是一所四合院式的建筑，早年是园主的书房，住进女生后，曾被戏称为“狐（胡）堂”。据说当年许多男生常去那里看女朋友，“有些说不尽的绮丽故事”。静斋女生宿舍于1933年建成。

清华园的交通

要从清华园去北京城里，必经过西直门。从清华园到西直门有十几华里。民国初年，有两种途径可循：一是乘火车，二是乘洋车（人力车）。火车站就在校门外约1华里处，车资2角，时间不过一刻钟。但车次极少，离校门又远，不甚方便，一般不太愿坐；另一种主要是洋车，车资约为2角5分。也有其他工具，花样多。早年最普遍的是骑驴、坐驴车或洋车。稍后，前二者渐被淘汰，坐洋车就成了方便途径之一。特别是一些教授们，在春秋晴和天气，坐着洋车，穿行于富有乡土风味的路上，悠然欣赏自然情趣。

清华学校从1918年开始才有汽车。这年8月，张煜全校长经清华董事会同意，花3000元从上海购得一辆汽车作校方公务之用。后又添置一辆。前者号码1222为校长座车，另一辆为915号，供教务长、秘书长、各院院长公用。

1919年开始通“校车”，一天四班，到达站分别是正阳门（前门）和西直门，往返一次需大洋1圆，单程需时50—60分钟，比以前省时一半，但车次亦嫌太少。火车仍然通行，但一般由于上下车过于麻烦，乘坐的人也不多。大家还是甘愿乘坐既费时又费钱的洋车，由于路况不良，需颠簸一个小时才能到达。关于坐洋车进城，还有这样的小“插曲”：车到西直门，城门口有许多老少娘儿们，各人手里拿着个布撣子，一下车，不由分说，连头带身子给你一阵大撣。本为撣撣土，要几个钱，亦不失公平交易。可是他们自名为“撣孙儿会”，被撣人都成了孙子，谁还愿意被他撣呢？

1926 年以前，清华学校与北京城区之间电话仅供公务使用。1926 年 3 月才装新电话机 35 门，分布于各行政部门，如图书馆、科学馆、各宿舍、学生会等。1918 级学生在校七年半，一般未曾向家里通过电话。

清华园门禁森严，学生外出的机会少，所以这种交通困难的情况，对一般学生来说，并不是什么严重问题。另一方面，反而对形成良好校风有积极影响，即少受城市不良风气侵扰。

1928 年改为“国立清华大学”，有了“班车”，俗称“巴士”，起初是由大陆汽车公司包办，有几辆银色大巴士由城里来回跑。票价 5 角，较贵，经交涉降为 4 角 5 分（在合作社购票 4 角 2 分）。后来“清华同学会”自己组织巴士与大陆汽车公司对抗，票价降低为 2 角，大陆公司宣告失败。那个时代，像这样的巴士并不多见，更不用说是校车。清华“阔气”和“洋学堂”的名声，多少也与这“巴士”有关。校车大约每日来往四趟，星期六和星期日多加几班。

除巴士外，也有临时雇小汽车的，唯需事先向城里打电话，除有特别急事，乘坐者不多。最初价格特昂，一次要 40 块银圆（大洋），后竞争者增多，降至 20 块大洋。

私人小汽车当时还“未之有也”，私人摩托车倒有几辆，王化成、叶公超等教授以及个别同学骑过摩托车进城。

到 30 年代，清华进城度周末的人多起来了。而如何个去法和玩法，则因人、因时而异。较普遍的是乘巴士进城看电影、逛市场和逛公园。30 年代，清华大门口也时常有一些待雇的驴子，那多半是为假日郊游的人准备的。有些人偏愿意骑驴郊游。

清华人的衣着仪表

清华师生衣着向以庄重、朴实为主，但不单调乏味。是在格调大致趋一的情况下，适当追求高雅和美观。

教职员方面，多着长袍，有的则常着西装，白色长袍、黑色马褂或白色西裤、黑色西上装是他们的礼服，多各具风度。早年周诒春校长常着西装，有“洋翰林”的美称。30 年代的梅贻琦校长则常年着长袍长褂。此外有特色的教授们，如中国文学系教授刘文典、俞平伯“穿着宽大”或“御阔袖长袍”；外国语文系教授叶公超“虽教西语，却爱穿棕色和古铜色长袍”；哲学系教授金岳霖“帽檐务求其下，有时西装外面又套一件棉袍”；历史学系教授刘崇宏“平时穿中国长衫中国鞋，等到一身笔挺的洋服上身，那大概是要进城去了，就有着西方绅士的风度”；外文系教授陈岱孙“常年洋服顶挺，走起路来常带一根司的克”；哲学系冯友兰、中文系闻一多、化学系张子高“常年长褂长袍，很少见他们穿西装”。而穿装最有特色的，当属体育教授马约翰和文史教授陈寅恪了：马约翰“冬天还是薄薄的马裤和白衬衣，戴着一枚领结，最多下雪时多加一件线背心”；陈寅恪在冬天“里面穿着皮袍，外面罩以蓝布大褂青布马褂，头上戴一顶两旁有遮耳的皮帽，腿上穿着棉裤，足下蹬着棉鞋，右手抱着一个蓝布大包袱，走路一高一低，相貌稀奇，纯粹国货”。

清华学生的服装，也是大致趋一，形色各异。早年，虽然官定的方针是一切仿照美国，但在穿着上却远非如此。学校既未规定必着西装，也没有像一些外国学校那样着统一校服（童子军、军训着装，以及军乐队等的团体服装除外）。实际情况是“从东到西，从文至武，应有尽有”。

不过，大致可分为三类：中式、洋式和中西合璧式。第一类——布裤、布褂、布鞋者居多，有相当数量的是西裤长衫、马褂、长袍；亦有穿洋服者。清华向以体育运动著名，所以他们的运动衣也很有特色：特别是到体育馆锻炼，夏天男生都穿白色背心和短裤，背心上都绣着学号，脚穿篮球鞋或网球鞋；女生则穿白衬衣、黑短裤、橡皮鞋。

朱自清先生早年在北京大学读书期间，曾看到过清华和北大的一次英语辩论，他印象深刻，写道：

> 有一回北大和清华学生在青年会举行英语辩论，我也去听。清华的英语是流利得多，他们胜利了。那回的题目和内容，已忘记干净；只记得复辩论时，清华那位领袖很神气，引着孔子的什么话。北大答辩时，开头就用了 furiously 一个字叙述那位领袖的态度。这个字也许太过，但也道着一点儿。那天清华学生是坐大汽车进城的。那是冬末春初，天很冷。一位清华学生在屋里只穿单大褂，将出门却套上厚厚的皮大氅。这种“行”和“衣”的路数，在当时却透着一股“标劲儿”。（注：引自《朱自清华文集》；又，以上内容据黄延复《清华逸事》及孟昭彝《梦

游清华》等文，由王均先生介绍，特致谢忱）

清华大学教师服务及待遇规程

1931年国立清华大学校长梅贻琦上任后，为招聘贤能，颁布《教师服务及待遇规程》。清华大学教授分教授、合聘教授、讲师、专任讲师、教员及助教六种，其待遇比较优厚，相应的要求也很严格。

教授至少月薪300—400银圆，高的可达500银圆；而且每位教授可拥有一栋新住宅；

讲师月薪200—300银圆；

教员月薪100—200银圆；

助教月薪80—140银圆；

跟教育部规定的体制相比，清华大学不设立副教授，而多出“教员”这一大类，是它的独特之处。此外，清华大学行政职员月薪为30—100银圆；勤杂工月薪9—25银圆。地位明显地低于第一线的专家、教员。（注：1931年1银圆合1995年人民币30元，合2009年60元）

这个《规程》有关条文如下——

本大学教授之聘任，必须经聘任委员会之同意。

（1）教授与合聘教授，必须具有下列三项资格之一

（甲）三年研究院工作或具有博士学位及有大学授课二年或在研究机关研究二年，或执行专门职业二年之经验者；

（乙）于其所任之学科有学术创作或发明者；

（丙）曾任大学或同等学校教授讲师，或在研究机关研究或执行专门职业，有特别经验者。

（2）在聘用期间，若遇下列事故之一，即予解聘

（甲）所服务之部分中途停办者；

（乙）因事或因病请假超过本校所规定之期限者；

（丙）旷课或不称职者；

（丁）不遵守校章者，如因（丙）（丁）二项解聘教授须经评议全体半数之通过。而教授一方如欲辞职，须在学年终了以后，方可解除其职责，并须于解除三个月前提出辞职书。

（3）清华教授之待遇优厚

（甲）初聘而又符合既定资格者，从300圆起薪（其资格较高者，得超出此额），以后每服务满二年，即加薪20圆，有特殊贡献者可加40圆，（但每年受特别加薪之教授，不得超过该年加薪教授的十分之一）；本大学教授之薪资，以400圆为上限额，但有特殊贡献者，亦可超过此限，最高可达500圆。唯月薪超过400圆之教授，不得超过全体教授总数五分之一。

（乙）本大学教授如按照本规程连续服务满五年而本大学愿续聘其为教授者，得休假一年，如兼事支半薪，或休假半年如不兼事支全薪。如欲在休假期内做研究工作者，可拟研究计划，经校方同意，可赴国外或在国内进行，由校方予以不同数额之津贴。

（4）清华教授须严格履行应尽义务

（甲）至少须每周授课8小时（最多12小时），或每学年授满16学分（最多24学分）。教授授课不超过最低时数者，不得在外兼课或兼事。在外兼课或兼事，须先得本校之许可，其所兼课或兼事机关，应先得本校同意。教授在外兼课兼事，每周至多以4小时为限，其在外所兼之课程，以在本校所授之课程为限，教授兼课或兼事之区域以本市为限。……

（乙）教授因病或因事请假，每学期不得超过授课钟点总数五分之一（因特别事故经校长先期许可者除外）。其因事请假每学期逾授课钟点五分之一者，其请假期内之薪金，由本校扣除。

［附录］大学及独立学院教员聘任待遇暂行规程（30年代中期）薪俸暂定如下：

	第一级	第二级	第三级	第四级	第五级	第六级	第七级	第八级	第九级
助　教	160	140	120	110	100	90	80		
讲　师	260	240	220	200	180	160	140		
副教授	360	340	320	300	280	260	240		
教　授	600	560	520	480	440	400	370	340	320

（引自教育部编《教育法令》，中华书局，1947年5月版）

1931 年清华教师月薪一览

1930—1931 年度国立清华大学共有 13 个系，各系教师分为教授、讲师、教员、助教四类，他们的月薪如下——

（1）中国文学系

朱自清教授（兼系主任）300 银圆，陈寅恪教授 500 圆，杨树达教授 320 圆，刘文典教授 340 圆；专任讲师：浦江清 160 圆，刘盼遂 125 圆；教员：俞平伯 120 圆，余冠英 80 圆。

（2）外国语文系

王文显教授（兼系主任）500 圆，吴宓教授 360 圆，陈福田教授 320 圆，钱稻孙教授 300 圆；讲师：温源宁 120 圆，杨镇文 320 圆；

（3）哲学系

冯友兰教授（兼系主任）360 圆，邓以蛰教授 340 圆，金岳霖教授 360 圆。

（4）心理学系

孙国华教授（兼系主任）300 圆，周先庚教授 300 圆；助教陈汉标 80 圆。

（5）算学系

熊庆来教授（兼系主任）360 圆，孙唐教授 320 圆，郑之蕃教授 360 圆，杨武之教授 320 圆；助教：陈鸿远 80 圆。

（6）物理学系

叶企孙教授（兼系主任）400 圆，吴有训教授 360 圆，萨本栋教授 320 圆，赵忠尧教授 300 圆，周培源教授 300 圆。

（7）化学系

张子高教授（兼系主任）360 圆，萨本铁教授 340 圆，高崇熙教授 340 圆，黄子卿教授 320 圆，李运华教授 300 圆。

（8）生物学系

陈桢教授（兼系主任）360 圆，吴韫珍教授 300 圆，李继侗教授 340 圆；讲师：寿振璜 200 圆；助教：容启东 100 圆，杜增瑞 90 圆，石磊 80 圆。

(9) 历史学系

罗家伦教授（兼系主任）360圆，朱希祖教授340圆；兼任教授陈寅恪500圆；讲师张星烺160圆。

(10) 地理学系

袁复礼教授（兼系主任）360圆，高钧德教授500圆。

(11) 政治学系

张奚若教授（兼系主任）400圆，钱端升教授360圆，萧公权教授360圆，浦薛凤教授320圆，王化成教授320圆。

(12) 经济学系

陈岱孙教授（兼系主任）360圆，蔡可选教授320圆，浦薛凤教授（兼政治学系）320圆，赵人儁教授320圆，余肇池教授300圆。

(13) 社会人类学系

陈达教授（兼系主任）360圆，李济教授360圆。

30年代清华教师的生活条件

国立清华大学在丰厚的薪金（如上所述）以外，提供给教授们的住宅更是优惠的。1933年春，清华西院住有闻一多、顾毓琇、周培源、雷海宗、吴有训、杨武之（杨振宁之父）等近50家。闻一多所住46号“匡斋”是中式建筑，共有14间房屋。到了1935年初，闻一多、俞平伯、吴有训、周培源、陈岱孙等教授又迁入清华新南院，这是30栋新盖的西式砖房，每人一栋。条件更好，有书房、卧室、餐厅、会客室、浴室、储藏室，电话、热水一应俱全。

据曹禺先生说，30年代清华研究院的研究生，每月有30圆生活费，足够他们开销的。真要是沉下心来做学问，是一个很好的地方。曹禺又说，他1933年夏天从北平清华大学西语文学系毕业时，有人问他是否愿意去保定教书，月薪240圆。可见当时清华毕业生待遇之高。

1931年以后直到抗战爆发前，大学教育经费不再拖欠，高等教育正常发展，学校秩序稳定，教师生活也相当安逸。当时在清华大学政治系任教的萧公权教授曾愉快地回忆道：

清华五年（1932年9月至1937年6月）的生活，就治学的便利和环境的安适说，几乎接近理想。我们一家大小五口初到清华时住在“老南院”二号教职员住宅里。叔玉一家住在六号，彼此相距很近。一年之后，“新南院”教职员住宅落成，我们迁往六号。这是一所西式的砖房，里面有一间宽大的书房，一间会客室，一间餐室，三间卧室，一间浴室。此外还有储藏室、厨房和厨役卧房各一间。电灯、冷热自来水、电话等设备，一概齐全。陈岱孙是我们的紧邻。俞平伯、闻一多、潘光旦的住宅都相距不远。我在住宅前的一大片空地上种树栽花，五年“灌园”的工夫，把原来不毛之地变成了一个花木扶疏的小园。这是我课余消遣的主要活动。清华园离西山不远，周末或假日我们有时结伴去游卧佛、秀峰、碧云等寺。颐和园也是我们游踪所到之地。学校离城虽不算近，城内的名胜，如雍和宫、故宫、三海、陶然亭等处，我们也时去游览。正阳楼、东兴楼、便宜坊、馅饼周等著名餐馆和小吃店我们也偶然去照顾。至于到琉璃厂书铺里去“访书”或到东安市场去买食物和用品，那更是我进城时的重要节目。（引自萧公权《问学谏往录》第106页，台北传记文学出版社1972年版）

清华大学的办学经费

办学经费有各种区别：国立、公立各校，其经费来源靠各项公款，占全部经费开支的70%—90%，学生所缴学杂费不多，只占10%—30%；教会学校经费来源，靠教会拨款、捐款，部分靠学生所缴学杂费；私立学校的办学经费，在开办之初可能有一些基金，其后经费来源，则全靠学生所缴学杂费。

国立清华大学经费来源是“庚款”，据冯友兰先生《“五四”前的北大和“五四”后的清华》一文记载：

1928年，清华规定，每年预算中划出20%，作为增购图书仪器之用。清华预算嗣后不久即定为每年120万圆。每年有24万圆增购书籍仪器，直至抗日战争开始都是如此。……1928年清华动用一部分基金，扩建图书馆，建筑生物馆。嗣后直至抗日战争，几乎每年都有新建筑，校舍大为扩充。

当时清华每月经费 10 万圆，其中图书馆仪器 2 万圆、行政开支 8 万圆。基建专款，则要另外申请，由“庚款”支付。“庚款”却并非专门办清华的款项，它还要支付别的学校的申请。

清华最早成立基金管理委员会，美国公使为委员之一。另有董事会，董事大都是老外交官。1928 年改为国立清华大学之后，其管理基金的权限由外交部改为教育部。

至于“庚款”，在 30 年代期间，由中华教育文化基金会管理。广义的“庚款”，不只美国，还有其他国。第一次世界大战后，德、奥为战败国，完全放弃此款。俄国十月革命后，也以协定方式退还。法国则在 1921 年退还庚款，作为整顿中法实业银行的基金，并以部分作为中国教育经费，此款另有中法文化教育基金会管理。

中华教育文化基金会成立于 1927 年，先后委员为任鸿隽、胡适、蒋梦麟、赵元任、周诒春、徐新六等人。其中胡适、任鸿隽等是正式保管中美庚款的董事。英国于 1930 年签约换文，允将庚款为中国兴办各项事业。

其他国立大学的经费则由南京政府教育部拨给，其中北京大学每年预算略低于清华。据《胡适书信集》1932 年《致 < 探讨与批判 > 社》函稿记载：

> 北京大学每年预算 90 万，但全校学费（除了灾区、国难区免费之外）只有 2.1 万圆，只占 1.3% 而已。

当时各国立大学学费都是每学期 10 银圆，有的再收数圆制服费、体育费等，但都不收住宿费。所以胡适在这段文章下面接着说：“先生，我们没有做到免费的小学教育，可是已快做到完全免费的大学教育了，岂不是开世界风气之先吗?”

1931 年以后，教育经费从不拖欠，教授生活之安定为 20 年来所未有……1937 年前五年，可以说是民国以来教育学术的黄金时代。（引自《近代中国史纲》第 649 页，香港中文大学出版社，1996 年版）

最负盛名的私立大学——南开

20 世纪上半叶，如果说北京的名牌大学是北大、清华，那么天津的名牌大学是北洋、南开。而张伯苓（1876—1951）创办的南开学校要比北洋大学更负盛名。

张伯苓怎样走上“教育救国”的道路

张伯苓 1894 年秋毕业于北洋水师学堂，时年 18 岁。中日甲午海战后，他在海军练习舰“通济轮”上当了见习军官。他对中国因马关条约蒙受的奇耻大辱，以及列强随后对租借地的掠夺，均耳闻目睹，刻骨铭心。

1898 年 7 月 1 日，清政府签订《中英订租威海卫专条》，把威海卫刘公岛一带租让给英国海军。这个基地先由日本占领，所以在交接时，第一天先降下日本太阳旗，升上中国大龙旗；第二天，又降下大龙旗，升上英国“米”字旗。

威海卫“易帜”时，张伯苓正在场，他痛心疾首！张伯苓坚信中华民族若想在当今世界中生存，必须依靠新型教育，培养一代新人。他离开海军练习舰之后，决心献身于“教育救国”的事业。

1898 年 11 月，张伯苓 22 岁时受清末翰林、天津名绅严修（1860—1929，字范孙）的邀请，到严氏家塾当家庭教师，教授英文和数理化等西方科学知识。当时“教书匠”的地位比较低。“天津小调”说“大馆六十金，小馆三十两”,也就是塾师年薪约为纹银30—60两,每两白银合1.4—1.5银圆。

但是张伯苓喜欢当“孩子头”，他在严氏家馆的教学受到好评。1901年天津名商“益德王”慕名聘请他教家馆。这时，严、王二家馆各有学生10人左右，他每天上、下午轮流在两家执教。

1904年5月，张伯苓随同直隶省学校司督办严修赴日考察了日本的教育后，决定建立天津第一私立中学堂——敬业中学堂，即“南开中学”的前身。1904年10月17日，私立中学堂正式开学，张伯苓任学堂监督。共有学生73名，其中有梅贻琦、张彭春、金邦正、喻传鉴等后起之秀。

随着第一私立中学堂知名度的提高，要求入校的子弟逐渐增多，于是张伯苓和严修就在天津南部郊区建起了新的校舍，并将校名改称“南开中学堂”。因为这里是一片低洼的盐碱地，天津人把“洼地”叫做“开洼”，它又位于天津南部，所以这里就叫“南开”。1907年2月，南开中学一部搬到南郊的这片开洼地里。

时年30岁的南开校长张伯苓的月薪定为180银圆，约合今人民币9000元。

1917年，南开学校的学生已满千人，中学基础十分巩固。张伯苓看到毕业生依依不舍地离去，内心感到非常遗憾，觉得应该给他们提供一个上大学的机会。1917年8月，他赴美国考察了私立大学的情况，并到哥伦比亚师范大学进修。回国后，他对南开学校的师生们说，一个国家的人才几乎全都是从大学里培养出来的，我想立即创办大学！

在张伯苓和严修的筹划下，在徐世昌、黎元洪以及天津士绅们的财力支持下，1919年秋，南开中学南端空地上建起了名叫“南楼”的大学楼。9月25日南开大学开学，招收新生96名，其中有周恩来等。按照“理以救国，文以治国，商以富国”的思想，设有文、理、商三科，成为天津第一所综合性大学和我国第一所私立大学。这时张伯苓校长43岁。又过了5年以后，到1924年，校舍搬到了八里台。

“一个化缘的老和尚”

南开是一所私立学校，既不同于国立大学，也不同于教会学校，一切经费来源都出于社会各界的捐赠。为了给祖国培养更多的有用之才，张伯苓本着与人为善、爱人以德的态度，感动社会各界为办学出力。到1934年，南开学校的校产约值300万银圆，合今人民币9000万元。

在政局动荡的艰难条件下，张伯苓不但使南开维持下来，并且还逐年有所发展。张伯苓经过研究认为："不管谁当政，都不会反对兴办教育……当权者得势之后，总喜欢留下个美名，或者想把自己的子女送进一所名牌学校，以得到好的教育。"张伯苓抓住了这两点心理向当权者募捐。1919年创办南开大学时，张伯苓和严修向徐世昌、黎元洪等人求助，得到捐款8万银圆，合今人民币320万元。

一般比较开明的民族资本家，认为捐款兴学是一项义举，是博得美名的好事，所以张伯苓经常去动员他们把多余的钱拿出来支持南开办学。有时某些达官贵人也为张伯苓的真诚所感动，予以援助。1920年，江苏督军李纯（秀山）在遗嘱中决定，将其遗产的1/4约50万圆捐给南开大学。是否接受这一笔捐赠？校内人士分为两派。一派认为，教育是清高的事业，不应接受军阀的捐赠；另一派则认为，只要用途正当，接受也未尝不可。两派各持己见，争论不决。张伯苓当机立断说："美好的鲜花，不妨是由粪水培育出来的。"严修亦说："盗泉之水浊，可以濯我足。"1921年4月1日，张伯苓到银行接受了李秀山的捐款，实际到位10万银圆。

张伯苓常把自己称作"一个化缘的老和尚"，但并不卑躬屈膝。他说："我虽然有时向人家求见，请予捐款，被其挡驾，有辱于脸面。但我不是乞丐，乃为兴学而作，并不觉难堪。"又说："我若为自己向人开口捐钱是无耻，而若为南开不肯向人开口捐钱是无勇。"他探索了一套募捐办学的秘方。有人问他怎么能募集这么多办学资金，他曾幽默地说："只要摸准了，一抓就是一笔。"例如，他向直隶（后改称河北省）第一任提学使卢木斋募款之前，先了解到卢木斋少年时喜爱读书而无钱买书的故事，还了解到天津市图书馆的前身是卢木斋等人兴办的。他曾对黄钰生说："我总想用什么来纪念卢老先生。"再加上严修和卢老先生是儿女亲家的关系，遂请严修转告卢木斋。严修一说，卢木斋痛快地答应了，10万圆捐款也就到手了。

1920年，矿业巨子李组绅决定每年捐资3万圆，为南开大学增设矿科。1923年3月，为建科学馆得到美国罗氏基金团10万银圆和袁述之7万银圆捐款，建成后命名此馆为"思袁堂"，又名"思源堂"。9月用李秀山捐助的10万银圆建起了"秀山堂"校舍。1928年，用卢木斋捐助的10万银圆建起图书馆，命名为"木斋图书馆"。1929年，用陈芝琴捐款建起了"芝琴楼”女生宿舍。这时，南开大学校舍初具规模。

尽管张伯苓善于募捐且不辞辛苦、四处奔走，但在军阀混战、社会动荡的情况下，要维持这样一个庞大的事业，是很难的。学校有一段时间因经费无着不得不暂时停课。李组绅先生每年捐献3万圆开办的矿科，就是由于内战频繁而中止捐款，矿科从此停办。1924年11月，在一次全校师生的集会上，张伯苓向全体师生介绍了学校经费方面的困境。他说：“今春董事会通过预算，本校三部（引者注：指小学部、中学部和大学部）都有亏空。男中部亏空3万余圆，大学部净亏4万圆……”尽管他在筹措经费时常碰壁，但从不灰心。他曾解嘲地自比为“不倒翁”，说不是不倒，而是倒了以后能站起来。

张伯苓募集了大量资金，但自己却从来不乱花钱，不谋私利。凡属公款、公物，一丝不取，终生过着勤俭朴实的生活。1904年南开中学成立时，董事会给他规定的月薪只有180圆。张伯苓的生活俭朴是尽人皆知的。每日三餐是家常便饭，夫人亲自下厨房，几十年如一日，这同国民政府官员的腐败形成了鲜明对照。张伯苓为南开学校兴建了不少建筑物，把教职员也安排到半西式的新房去住，但没有替自己建一所“校长公寓”，家宅是毗临贫民区的一个简朴小院。

胡适：南开的不朽事业

胡适在 *Chang Poling*：*Educator*（《教育家张伯苓》）一文中写道——

在张伯苓仅22岁时，从5个学生的私塾办起，到1917年他41岁时，他的中学已经有1000多个学生。1936年他60岁，南开学校（包括男中、女中、小学部、大学及研究所）共有3000名学生。

张伯苓于1876年4月5日生在天津。他的父亲是一位有才干的学者，喜欢音乐并且会享受生活。张老先生还是一位很有成就的琵琶名家，又是一位精骑术的射箭好手。在把一份颇不小的家业消耗于生活享乐之后，他迫不得已去教小学以维持生活。他续弦后的长子伯苓就是生在这穷困时期。当父亲的认为自己的一生完全失败，决心给自己的孩子一种良好的教育和严厉的道德纪律。

张伯苓受父亲的教导，作文很好，13岁时考取了北洋水师学堂。当时这所学校是由一些出名的英国留学生办理的，内有严复、伍光建等。因为年幼和国文成绩好，伯苓先生被录入航海班。他极其用功并且常常考试第一。在张伯苓敬爱的教师中间有一位苏格兰人名叫麦克礼师。麦克礼师讲解功课极清楚，而且对学生极关切，给张伯苓留下了永久的印象。

在北洋水师学堂学习 5 年之后，1894 年张伯苓毕业，成绩在全班列第一名。那年他 18 岁。那一年，中国的海军在第一次中日战争时大败，并且被摧毁了，再没有军舰供他受较深的训练。他只得回家等候一年，才又得去到海军练习舰“通济号”当了 3 年军官。伯苓先生就是在“通济”舰上亲身经历了中国最难忘的国耻。

> 我正在那里，并且我看见威海卫的旗子两天之内换了三次。我看见龙旗换下了太阳旗，第二天我看见龙旗被英国旗代替了。悲楚和愤怒使我深思，我得到一种坚强的信念：中国想在现代世界自下而上唯有赖一种能够创造一代新国民的新教育。我决心把我的生命用在教育救国的事业。

南开学校之所以能蓬勃发展，主要是由于张伯苓的卓越领导。他常说：教育机构的账上应该是赤字。任何学校当局若在年终银行账上有结余，证明他是一个守财奴。因为他没有利用这些钱办好事。张伯苓自办学那天起，个人一无所有，但他在办学上从来不怕预算超支。他的计划是向前发展。经费短缺并没有阻碍他的扩展计划。他对未来总是乐观的，他相信事情最终会成功。事实也证明了这一点。他常常能得到支援，使他的计划得以实现。

从 1910 年起，南开得到私人的捐款，一年比一年增加。1920 年李纯将军（天津人，曾任江苏督军）立遗嘱，捐赠南开学校 50 万银圆。中国基金会（China Foundation）英庚款及美庚款等机构都给南开以赠款。美国罗氏基金团赠款办理经济研究所。

张伯苓认为中国有五大弱点，即愚、弱、贫、私、散。针对这些弱点，张伯苓采取的对策是：增强学生体质；教育学生以现代科学知识及方法；训练学生使之有组织及参与群体活动的能力；教育学生有道德修养；训练学生有本领为祖国效力。现在看起来，这些或许都是很平凡的，但张伯苓的最大成就是他把这些活动融入学生的生活之中。

当时，除了教会学校外，体育办得最好最出名的是南开学校。南开学生在华北、全国及远东奥林匹克体育运动会上都获得过奖牌。自1910年起，所有的重要运动会都聘请张伯苓为总裁判。

南开鼓励学生组织社团活动。南开话剧团是有名的。1909年张伯苓就鼓励学生参加话剧演出。他编写剧本，当导演并参加演出。他的弟弟张彭春在美国哥伦比亚大学文学戏剧系毕业后，回国接替了有关话剧的事务。南开话剧团先后演出的剧目有《娜拉》、《国民公敌》等。在学生中培养出一位中国戏剧作家——曹禺。

张伯苓是教育家，也是爱国者。他对日本军国主义对东北三省的侵略野心感到忧虑。1927年他去东北考察，返校后在南开大学成立“东北研究会”，并派出8名教授去东北作实地考察。

1931年日本侵占东北三省。1933年日军威胁北平、天津。天津海光寺驻扎日本军队。海光寺处在南开大学与南开中学之间，因此不时有师生和日军直接冲突。在1937年7月北平、天津沦陷之前，华北地区的爱国学生反日游行，几乎都是南开学生领导的。1937年7月29日和30日两天，日军飞机轰炸了南开大学，把图书馆及教学楼夷为平地。

早在1935年张伯苓就预感到日军有摧毁南开学校的可能性。于是他到四川去作了一番考察，决定在重庆沙坪坝购地建立一所中学，名为“南渝中学”。1938年改为南开中学。

1937年北平和天津沦陷后，南开大学、北京大学及清华大学在湖南长沙组成联合大学。长沙校址被日空军飞机炸毁后，联合大学迁至昆明，定名为“西南联合大学”。经历了七个寒暑，直到1945年抗战胜利。抗战时期，张伯苓住在重庆南开中学。1939年南开经济研究所在重庆恢复了工作。1940年在重庆建立了南开小学。抗战期间，日本飞机不时轰炸重庆；南开中学也遭到轰炸。但随炸随修，没有影响学校的正常秩序。

张伯苓是一位爱国者。他关心国家大事，他一心致力于教育事业，拒不做官。他曾拒绝出任教育部部长及天津市市长等职。但战争把他卷入了政治，1938年起他主持国民参政会。

张伯苓是一位教育家，但他经常教导他的学生要关心政治。关心政治不等于要去做官。张伯苓的工作超越了政治。

抗战胜利后，南开搬回了天津。南开大学改为国立大学，由国家供给经费。南开中学仍为私立。重庆南开中学保持原有的水平继续前进。

那时年已70高龄的张伯苓对南开抱有雄心壮志。他对同事及校友说：

我对未来充满希望。南开事业是无止境的，发展是无限的。让我们拿出以往的勇气和不屈不挠的精神，同心协力，使南开在建设祖国的事业中，成为重要的一员。

（原文是英文 *Chang Poling*：*Educator*，刊载于 *There is Another China* 一书，1948 年 Colombia University 出版）

南开的学宿费

南开大学于 1919 年成立时约有 100 人，到 1923 年第一届毕业生只有 21 人；到 1937 年抗战前夕，第 15 届毕业生 60 余人，学生总数亦只有 420 余人。它是一个很小的大学，但却是我国最负盛名的私立大学。30 年代流传一句名言："天津有三宝，永利（化工厂）、南开（学校）、大公报。"

开办时由社会人士捐助 8 万银圆；李纯立遗嘱捐助基金 50 万银圆（实收到 10 万银圆）；理科得袁述之捐助 7 万银圆；美国罗氏基金会先后捐 14.5 万银圆；中华教育文化基金董事会捐助 16.5 万银圆；1921—1925 年得李组绅捐办矿科款 15 万银圆；图书馆得卢木斋捐助 10 万银圆，书 2 万册；李典臣赠藏中文典籍 700 册。这差不多是南开大学前十余年全部所得。

校舍开办时在南开中学旁的一座小楼，1924 年迁入八里台新校址，由捐、购、租得地皮 700 余亩，建筑思源堂（科学馆）、秀山堂、芝琴楼、木斋图书馆、男生二宿舍楼等。南开的经费，学宿费为一主要来源。学费每年 60 圆，宿费两学期 30 圆，这与国立大学（如北大、清华等）之学费每年约 20 圆相比，是很高的，但与教会大学（如燕京、岭南等）学宿杂费每年 160 银圆相比，则要低一些。

按这样的学宿费标准，400 个学生所交每年仅 3.6 万银圆，只够十来个教授的薪金。而当时教授总数 40 余人。学校的经费得自中基会给予理科的补助以及社会各界的捐款、赞助。南开虽经费困难，但并不向学生多收学费，也不降低入学考试的录取标准。严修和张伯苓创办私立大学并不以"赚钱"为目的，而是以"财"养"才"，以培养栋梁人才为最大目的。当时张伯苓明确表示："南开在十年内，大学生决不扩张至五百名以上，庶良好之校风易于培养，而基础可以稳固也。"坚守"少而精"的办学方针。

青少年时代的周恩来就读于南开学校，由于品学兼优，学校破例免除了他的学杂费，成为免费生。1917 年 6 月在南开中学毕业典礼上，有陈独秀、徐世昌等来宾出席，徐世昌向最优生周恩来颁发毕业证书。

1919 年 9 月，周恩来被录取为南开大学第一期本科生，学号为 62 号。严修十分器重他的人品才学，提出要招他为女婿。周恩来对同学说："我是个穷学生，假如和严家结了亲，我的前途一定会受严家支配，所以辞去了。"

吴大猷兄弟在南开的十年

世界著名物理学家吴大猷博士在南开度过了他青春岁月中 10 年最美好的光阴。

1921 年夏，他的伯父吴远基受聘为广东旅津中学校长。吴远基由广州带吴大猷、吴大业、吴大任和吴大立来到天津。老伯父决意要用他当校长的收入，栽培这四个分属三房的堂兄弟。同年兄弟四人都考上了南开中学，吴大猷和吴大任编在一年级，吴大业、吴大立则在补习班。四人同住一间寝室（七斋），夏布蚊帐、被褥、衣箱、书柜、洗脸用具等整齐划一。每天早晚，这四个同样衣着的兄弟一起拿着脸盆牙具去漱洗，一起去食堂进餐，一起去教室上课，十分引人注目。

当时作为私立学校的南开，学费每名学生每年 60 银圆，住宿费每人每年 30 银圆。一个学生在南开中学一年的学杂费、住宿费、伙食费、书籍费、衣物费总加起来，每年 250 银圆，合今人民币大约 7500 元。而在南开大学一年的费用，每年要 300 银圆，合今人民币大约 9000 元。

转眼四年过去了。吴大猷就要读完高中二年级，他决定以"同等学力"资格投考大学。可是高三的《大学普通化学》还没有学，他决心自修。功夫不负有心人，高考时他的化学、英语成绩极佳。于是没读高中三年级就上了南开大学。

吴大猷自 14 岁至 24 岁在南开生活了 10 年：南开中学 4 年，南开大学 4 年，又在南开大学任教 2 年。他说，这 10 年"是性格、习惯的形成，求学基础的训练的重要时期"，"这十年决定了我这一生的为人和工作"。

吴大猷从 60 年代中期起，写了《求学的回忆》、《十年的南开生活》、《怀念饶毓泰师》、《南开大学和张伯苓》等回忆录。

吴大猷的弟弟吴大任，在南开上学共9年：中学部5年（1921—1926年），大学部4年（1926—1930年）。他晚年回忆说："在校期间确实得到了终身受用的益处。"

20年代南开的稳步发展

整个20年代，南开处于稳步发展的好时期，中学已达到1700人的规模，大学分4科：文学、理学、商业、矿业，大学生500名。

20—30年代前期，南开中学和大学的学宿费共90银圆。中学宿舍分为七个斋，大部分住读，生源来自全国各地，还有海外华侨。

南开设有优等生免费名额，家庭经济困难的好学生，可以获得免收学杂费或住宿费（免30银圆、60银圆或90银圆）的待遇。

中学毕业班中成绩优秀的可以保送免试升入大学，并且免学宿费到毕业，叫奖学金。大学每年每学院有一个奖学金名额，共4名。但如果没有人达到优秀，就缺而不发。在经费有限的学校，也只能如此。

中学每年暑假开设暑期学校，除本校教师外，还请本校的大学生来讲课，报酬虽少，但对经济困难的学生有很大的帮助。有些教授还让学生做业务工作助手，月有津贴10—15银圆。大学四年，吴大任每年所得"外快"约够他全部学习和生活费用的三分之二，即将近200银圆。

南开的行政效率高是有口皆碑的。办事人员极少，而工作井井有条，从来没有拖拉现象。张校长在一次修身班上说，如果来校参观的客人要知道学校有多少钱，五分钟内就可以算出。高效率当然是和科学的管理制度以及人的精神状态分不开的。

南开的"财务总管"是华午晴。他是张校长的助手，廉洁奉公精明能干的典范。据说，那时南开大学的两个学生宿舍，第一宿舍是由建筑公司设计施工的，花了5万银圆，第二宿舍是自己设计招工建造的，只花2万银圆。两个宿舍外表大小相同，只是第二宿舍少了地下室，暖气不用"片"而用"管"。人们把这项节约措施归功于华午晴。

南开凡事都有章可循

下面举几个例。

赔偿费。学生每学期交赔偿费 5 圆（合今人民币 200 元）期终结算，扣去应赔偿的公共器材（包括化学实验用的玻璃器皿等）损坏成本，余款退还。吴大任在中学初练网球时，是以墙为对手的，因此不免要打碎玻璃，每块赔 3 角 5 分（合今人民币 14 元）。

失物招领。在中学，庶务课外墙有一个失物招领表，列明收到失物品及时间，以便丢失者认领。这是个好办法，不但有利于失者，也有利于教育群众不把别人的东西据为己有（或免得丢失者、拾到者私人贴启事，拾者往往乘机勒索花生米）。

清洁卫生。那时候实行包饭制，每月伙食费 5 银圆，约合今人民币 200 元。每桌六人，有公用筷子和汤匙，大家是自觉使用的。中学厕所还是旱厕，蹲坑，每间有一箱煤灰和一个铁勺，墙上贴着“出恭向前蹲，便毕灰垫”，“不许随地吐痰”字条。厕所里既无纸张痰迹，也无臭气。校园里是看不到垃圾的。南开中学后面西门有一个臭水坑，风起时臭气四播。对此，学校是无能为力的。张校长就借此对学生进行艰苦奋斗的教育，用他的话说是“练鼻子”。大学筑不起柏油路。每年雨季一过，秋季开学前，路就用煤渣铺垫压平。一入校门，就看到笔直平坦的大道。两旁大树成行，下面是修剪整齐的扁柏，显得庄严洁净，一派生机。

“开架”看书。南开中学的书库和阅览室不分，学生随意出入阅读。书不算多，却有一套《大英百科全书》。大学书库藏书丰富，也是可以自由出入的。这有很大好处，可以让学生熟悉专业文献，又可以扩大视野及专业以外的各种科学文化知识。那时学生是自己购买文艺书刊的。理学院有一个阅览室，只放学术期刊，学生可以接触最新科学成果。（参照《我所受的南开教育》，原载《张伯苓纪念文集》1986 年版）

罗隆基对南开的印象

1919 年五六月间，因学生运动的关系，罗隆基第一次到天津。学生运动的许多次群众大会，就在南开中学附近的空地上举行。有一次，一位南开的学生指着一个人向罗隆基说："那就是我们的校长张伯苓先生。"张先生刚走进学校里去，见其背未见其面。然而罗隆基却认清楚了，他的确是个中国人，不是 Mr. Chamberlain（引者注：英国政治家张伯伦）。那时候，又听说南开已开始办大学了。罗隆基心想："张伯苓先生这位中国人真特别。北京许多大学校正在欠薪欠得一塌糊涂，政府的学校都快要关门了，这位张伯苓先生有什么本事却要在这时候来办个私立大学。这不是自己对自己开玩笑吗？且看他将来如何吧。"

1925 年，罗隆基因事从美国回到北京。路过天津的时候，要看望老朋友黄子坚先生。罗隆基雇了一辆洋车到南开去，扑了一个空。听说，黄先生不在中学，在大学。并且打听到，大学部已迁往八里台。时候已是晚上 8 点了，罗隆基又坐着洋车往 4 公里以外的八里台跑。他是没有到过八里台的，洋车跑过的地方仿佛是一片荒野。罗隆基心里想，这位张伯苓先生，大概到郊外一个什么破庙里去办大学去了。应该！北京的国立大学，正在没有法子维持的时候，他却要办私立大学，那自然只好借郊外的破庙来办了。到了八里台，黄昏中看见一大块新辟的空地，在空地上居然有座新盖的洋楼。黄子坚先生亦住在一座小洋房里。那时罗隆基已经跑过外洋了，眼光比在清华的年代又增高了些。心里想："一座洋楼就可以办大学吗？"在那块新辟的空地上，那时的确有点新气象。新栽的树，新种的花，都欣欣向荣。罗隆基心里亦悄悄地说："谁又敢料定这些花、这些树将来不生长茂盛起来吗？谁又敢料定这新兴的大学，不与这些花草同时生长繁茂起来呢？过几年再看看吧。"

1931 年，罗隆基从上海迁到天津。一星期后，南开大学邀请他来校演讲。他到了八里台，举目一望，一切果然不同了。从前新栽的树，新种的花，果然生长繁盛起来了。台子里有秀山堂，有思源堂，有芝琴楼，有图书馆，有实验室；有大的男生宿舍，有花木丛中的教员宿舍。那时候，罗隆基已经在上海几个大学里教过两年书。到了南开还没有深究内幕，他就说：

“这才是个比较像样的大学呢!”

1932 年，罗隆基做了南开大学的讲师，在南开兼课。

（参照《南开半月刊》第 15 期，1934 年 10 月 17 日）

陈省身最美好的年华

1922 年，刚 11 岁的陈省身从浙江嘉兴来到天津。已是秋天，中学都开学了，所以在家待了一阵子。1923 年年初，进扶轮中学（现在的铁一中）插班第二学期，读到中学毕业。

1926 年，陈省身 15 岁，考入南开大学。南开在八里台，其时周边全是荒地。学校最老的房子是秀山堂；另外，美国人捐了一部分款，中国人也捐了一部分款，盖了思源堂（后来被日本侵略军炸掉了）。那时南开理学院有 4 个系：生物系、物理系、化学系、数学系，大学第一年不选系，只念数学、物理、化学、国文、英文 5 门课。后来陈省身就进了数学系。第一年姜立夫老师请假到厦门大学去了，二年级时他才回来教课。姜立夫是一位很好的老师，课讲得很好。他一个人讲授高等微积分、立体解析几何、微分几何、复变函数论、高等代数、投影几何等好几门课程。当时南开大学有理学院、文学院、商学院，总共只有 300 多名学生。所以大家都认识。陈省身这一班只有 5 个同学，和吴大任是同班。第一年还不大熟，三年级时就很熟了，差不多整天在一起。

姜立夫老师很爱才，叫陈省身做他的助手。因为大学没毕业，不够资格做助教，只能做助手，帮教授改卷子。助手一个月津贴 10 块钱。第一次领到 10 块钱，当然是很得意的了。比一个报贩的钱多一点。报贩一个月挣 7—8 块钱，做助手可以拿 10 块钱。姜老师一礼拜 3 堂课，每堂课都有习题，一星期就要改 3 次卷子。开始是一、二年级的，后来三年级的卷子也让改。不只替姜老师改，张希陆（就是张伯苓的儿子）的课，卷子也让改。反正每月总会赚 10 块钱。食宿费、购书款和零用钱都已足够花的了。

当时在数学系，陈省身是年纪最小的。他后来成为世界闻名的大数学家。

何廉初到南开任教

何廉留美学成归国，于1926年6月中旬搭乘“加拿大皇后号”轮船从温哥华开往上海。抵达日本横滨时，收到一封天津南开大学商科主任的来函，聘请他担任财政学与统计学教授，月薪现洋180银圆。那时中国大学当局往往凭借朋友关系对海外留学生的成就、学业及行止了如指掌，并尽力设法将最佳人选延聘为本校教师。南开许多教授尚在美国读书时就认识了何廉。同样，何廉还认识几位上海暨南大学的朋友。他在离开纽黑文之前，曾收到过暨南大学的聘请函，月薪为现洋300银圆。何廉只答应回中国之后再考虑。终于他认为南开的聘约似更为可取。京津地区系中国文化中心，教育水准较全国其他地方均胜一筹。权衡之下还是忍痛放弃暨南大学丰厚的薪水，决定去南开。于是电报南开接受聘请，在神户上岸，取道朝鲜，进入东北，进奔天津。

南开大学校园位于天津南郊，离南开中学有3英里左右。校址原先是一大片水洼地带，风景秀丽。几座新建的教学大楼、学生宿舍以及全校员工生活区的建筑点缀其间，虽然处于中国北方最大的通商口岸和京畿地区，校园倒是一派田园风光。

1926年，南开大学的全年预算超过了现洋50万银圆，其中大约十分之一用来充实图书馆。教员之间意气相投，关系十分融洽。除去讲授中文课和中国文学课的教师外，所有的教员都是从美国留学生中延聘的。大家都很年轻，平均年龄30岁左右，其中大部分在美国学习时就是朋友了。行政人员大部分是张伯苓在南开中学的学生，是在长期为学校服务中提拔起来的。他们对学校和校长都忠心耿耿，埋头苦干，极其自觉而且能力很强。

何廉被这种气氛感动，作为商科的财政学与统计学的教授，开始了他的教学生涯。20年代南开大学的教授生活是俭朴、充实而繁忙的。在严修和张伯苓的庇护下，南开在内战以及日本人侵入华北的不断威胁之中依然蒸蒸日上。当政府机构由于缺乏地方和国库的正常资助财政困难的时候，南开却能通过捐款收入、基金赠与和私人资助维持局面。虽然这里薪金水准低（教授月薪为200银圆左右，比其他一些著名大学要少100银圆左右），却可以按时如数照发。南开的生活费用是合情合理的。教工的房租优惠，何廉住在大学教工区的一所配有家具的四间一套式的房子中，每月只交现洋18银圆。教工之间的社交活动很少，他们衣着朴素，生活节俭而又心满意足。校园的气氛可谓简朴、安定。

每位教授负责的教学包括四门每周三个学时的不同课程，每周总共12节课。要胜任这样的教学任务，备课工作是繁重的。每个人确实都是以一种献身精神工作，全力以赴，尽量当好年青一代的师表。他们的全部心血都倾注到学生身上，把所有的时间都花在南开校园，教授中没有一位到别处兼职的。

何廉第一年教的四门课是经济学、财政学、统计学和公司理财学。南开的学生，都是从像南开中学和扬州中学那样当时中国的好学校的考生中认真挑选出来的，他们来自全中国，出身各异，但社会观和经济观大体相同，因为他们都经过了现代化的良好的高中教育，接触过比较先进的思想，都受过良好的语言和数学的训练。

清正廉洁，为人师表

张伯苓说："正人者，必先正己。要教育学生，必先教育自己。"他本人总是率先示范。他要求学生不得吸烟，自己带头戒烟。这里有一段佳话：在一次修身会上，张伯苓号召南开学生不许抽烟。当场有人提出："校长不许我们抽烟，您自己为什么可以抽烟?"张伯苓沉默了片刻，毅然说："这个问题问得好。我宣布我马上戒烟!"全体鼓掌。张伯苓回家后，一言不发，把家存的香烟雪茄等，统统投进了火炉。连晚饭也没有吃，一头倒在床上，自己责备自己。……

学校办学困难，财力物力有限，张伯苓要求全校人员勤俭办学，他以身作则节约每一个铜板。他每月取于学校的报酬，只是南开中学校长的一份薪水180圆。他给教师职员加薪，却从不给自己加。大学成立后，他同时兼作南开大学校长，只是加领40圆工资，相当于当时大学毕业生工资的二分之一。

一家六口（夫妇俩和四个儿子）总要极度紧缩方可过活。张伯苓曾多年担任天津电灯电车公司的董事。该公司是比利时人办的，月送董事300圆车马费。除了家庭开销以外，他常用这钱补助南开的老职员。张伯苓说：

“他们责任重，忠于职守，而工资低，家境不裕，我要这钱没用，应该送给他们。”

张伯苓每次外出为学校办事，总是尽量节省用费。宁恩承（南开学生，后任东北大学秘书长）著文写道：“赴北京时，先生永坐三等（火）车，住在前门外施家胡同北京旅馆。店账每日 1 圆。先生去时，每次带一盒臭虫药，一包茶叶。北京旅馆的臭虫很多，永远欢迎客人。臭虫药是必需的防敌设备。另外张先生自带一包茶叶，因为旅馆的茶叶实在太劣，太要不得，这一包茶叶是张先生唯一奢侈品。”张伯苓理校，凡事除非绝对为学校公差由学校报销外，他都记在自己账上，公私分明，一清如水。他席不暇暖，奔波于国内海外，为学校募款，几千、几万，甚至几十万圆。有的外国人捐款只是出于对张伯苓办学毅力的敬佩，几千美元，只以一条小金鱼作为纪念；不少爱国华侨慷慨捐献，不愿留名。所有这些，张伯苓都分毫不差交到学校。

多少年他一直住在南开后边电车厂旁边的一个羊皮市中。三间平房，门前满晒着附近居民制作的臭羊皮。据说，有一次张学良登门拜访，汽车在这普通贫民区的土地道上转了多次才找到张伯苓家。张学良目睹此景，不禁惊叹道：“偌大一个大学，校长却居此陋室，非我始料！令人敬佩。”（参照《忆恩师南开学校校长张伯苓先生》，原载《天津市南开中学建校八十五周年》纪念册）

美国学者费正清（John King Fairbank）在他所写的《伟大的中国革命（1800—1985）》有一章题为《新文化与自由主义教育》。书中一段，表明张伯苓与南开在西方人士心目中赢得尊敬——

一所成功的私立大学建立在中国北部的天津港。南开大学是张伯苓（1876—1951）个人的成就……在他的学校里，张校长强调健壮体魄，师生平等相处，通力协作，学习科学以及爱国思想。1903 年访问日本以及 1908 年访问美国，使他对自己的办学宗旨更加坚定不移。他信奉了基督教，不久他创办的南开中学领导全国举行运动会，并使学生剧团上演话剧。1917 年张伯苓进修于哥伦比亚大学教师学院，这在当时正合时宜。两年以后，他建立了南开大学，后来又增设了南开女中（1923 年），实验小学（1928 年），经济研究所（1931 年）以及应用化学研究所（1932 年）。在两位耶鲁毕业的经济学家（何廉和方显庭）主持下，南开经济研究所对工业化进程中的中国经济进行了基础研究，并出版刊物……虽然南开得到了庚子赔款以及洛克菲勒基金的一些补助，但是它所取得的成就主要是靠中国人的自力更生以及私人捐助。

南开人的形象

在南开学校曾经立着一面大穿衣镜，上刻有镜箴——

面必净，发必理，衣必整，身必洁；
头容正，肩容平，胸容宽，背容直；
气象：勿傲、勿暴，勿怠；
颜色：宜和，宜静，宜庄。

据张伯苓《四十年南开学校之回顾》一文所述，当年美国哈佛大学校长来南开参观时，见到学生仪态与其他学校所见不同，特意向张伯苓询问。张便向他解释这“镜箴”。据说这四行格言的照片曾在美国报刊上登载。

“南开人”形象的代表者，就是周恩来。典范俱存，兹不详述。本处着重介绍南开的校园民主和领导以身作则的作风。

南开的领导体制，实行董事会领导下的校长负责制。

学校具有真正的法人地位，在大政方针、经费筹措使用、机构设置、办学规模、人事工资、职务聘任、行政管理、科系建设、教育教学、学生管理、招生就业、科学研究、基建设备、对外交流等方面，都有自主权。董事会是学校最高权力机关，负责学校发展和建设等重大问题的决策以及有关行政事务的监督。张伯苓作为学校最高行政负责人，狠抓骨干力量的选拔和培养，知人善任，用人不论资排辈，大胆提拔和重用青年人。如张彭春24岁任南开中学专门部主任，25岁任中学校长。1927年，学生总人数达3000多人，其中男中部就有2000多人，张伯苓任命不足30岁的雷法章担任了男中部、女中部的教务主任。这在普通学校几乎是不可能的。

为了节省经费、提高效率，南开学校的机构设置和人员配备十分简单、精干，办事效率却很高。1919年，南开学校的学生已达1200多人，但行政管理人员却只有21人。南开大学成立时只有5名教职员，第二年的教职员总数也不过7人。30年代初，规模与南开大学相近的国立大学，其职员都比南开要多得多。有时国立大学学生人数与南开相当，但职员却比南开多3.7倍。据有关资料统计，1931年国立大学学生与职员的比例为8.6∶1，而南开大学则为14.6∶1，即平均15个学生才有一个职工。

南开实行民主管理，公开校务，民主监督，师生合作。学校定期向师生公布近期发展规划、财务状况、学校设施设备的变化、课程设置的调整、师资任职等情况，使师生像家庭成员一样了解学校、关心学校、监督学校，因而南开以“家庭学校”而闻名。学校还采取多种措施调动师生参与管理的积极性。如设立师生校务研究会，通过研究会成员广泛征求师生对学校工作的意见和建议。凡有重大举措，学校都印制“建议书”并向师生广泛散发，及时征求意见。学校还设有意见箱随时听取意见。南开学校要求管理人员以身作则。张伯苓常说：“正人者，必先正己；要教育学生，必先教育自己。”

我认为这和“镜箴”都应该成为我们知识阶层的座右铭，而今更有重大的现实意义。

从三江师范学堂到国立中央大学

东南大学、中央大学两校的前身是创建于1902年的三江师范学堂。从三江师范学堂到国立东南大学（South - East University）和国立中央大学、南京大学的历史可分为：（1）三江师范学堂时期（1902—1912年）；（2）南京高等师范学校时期（1914—1923年）；（3）国立东南大学时期（1921—1927年）；（4）国立中央大学时期（1927—1949年）；（5）南京大学时期（1949—1952年）；

1902年，清末两江总督张之洞在南京筹办三江师范学堂；后来改名为“两江师范”。1902年缪荃孙担任三江师范学堂总稽查；1905—1912年李瑞清（字梅庵）担任两江师范学堂监督。李瑞清是清朝大书法家。

南京高等师范学校时期

1914年正式创办国立南京高等师范学校，是民国初年中央政府筹划成立的“六大高师”之一，简称“南高师”。郭秉文于1919年担任南京高等师范学校校长。

提起“南高师”一定要提到“中国科学社”，正如提起“北大”一定要提到“新青年社”一样。

“科学社”于1915年10月25日诞生于美国，是由美国康奈尔大学等校的中国留学生任鸿隽、胡明复、邹秉文、赵元任、周仁、杨铨（杏佛）、过探先等创办的，是以发展科学技术为追求的学术团体。

1918 年包括社长任鸿隽在内的科学社主要成员，大多学成归国，于是将科学社迁入南京高等师范学校的校园内，正式设立办事处，更名为“中国科学社”。同时将原董事会改为理事会，并推竺可桢、胡明复、王季梁、任鸿隽、丁文江、秦汾、杨铨、赵元任、孙洪芬、秉志和胡刚复等 11 人为理事。除丁文江、赵元任两人外，他们都是南高师（后来改建为东南大学）的教师。1919 年，北洋政府将南高师校园东侧的官房划拨给中国科学社作为社址，使得这一民间学术团体得到了官方的认可。

1920—1921 年杨铨担任南京高等师范学校工艺专修科主任。

五四之前我国知识阶层重文轻理，千年以来皇朝专制的官僚社会一直以科举制度“八股取士”，“学而优则仕”，读书就为了当官。清末更出现了“法政热”。科学人才匮乏，进行革新并非易事。而南高师罗致了以中国科学社成员为骨干的一批新型科学人才，就使得理、工、农科坚挺起来，南高师尤其注重科学研究和科学训练。

1922 年 1 月 1 日，被称为“中国最早的史学刊物”的《学衡》创刊，编辑同仁都是东南大学教授。第一篇“简章”指出，该刊宗旨为：“论究学术，阐求真理，昌明国粹，融化新知，以中正之眼光，行批评之职事，无偏无党，不激不随。”设有通论、述学、书评、杂缀等栏目。《学衡》的编者吴宓在哈佛学习英国文学多年。从创刊到 1933 年 7 月停刊总共出版 79 期，都由他主编，《学衡》得以维持，吴宓的功劳最大。柳翼谋是《学衡》的主力，他做学问非常扎实，柳放弃《中国文化史》的稿费，将全书各篇在《学衡》分期发表。他先是与汤用彤同为《学衡》干事，后又担任总干事。此外，《学衡》在国学方面的阵容，还有王国维、林损、黄节等人，都有论文发表。刘伯明主讲西洋哲学史，亦为《学衡》的主干。

由于《学衡》领袖大多曾留学欧美，所以大力介绍西方文化与西方文学是《学衡》的一大特色。如吴宓、梅光迪、汤用彤等人就分别著译了《希腊文学史》、《现今西洋人文主义》、《亚里士多德哲学大纲》、《亚里士多德伦理学》等文。还介绍过许多西方名著，如《柏拉图语录》、《斯宾格勒之文化论》等等。

1918 年 12 月，由南京高等师范学校、江苏省教育会、北京大学、中华职业教育社、暨南学校等单位联合发起组织的“中华新教育社”宣告成立，次年 1 月改称“中华新教育共进社”。该社以“直接输入东西洋学术，使吾国故有文化，受新潮之刺激而加速其进化率”为宗旨。参与单位的代表有南京高师的郭秉文、陶行知、朱进、刘伯明，江苏省教育会的沈恩孚、贾丰臻，以及北京大学的蔡元培、蒋梦麟、胡适、陶孟和，中华职业教育社的余日章、顾树森。蒋梦麟被推举为议事部主任兼《新教育》杂志编辑主干，但自第4卷第1期起，即由东南大学暨南京高师教务主任兼教育科主任陶行知担任编辑主干。

自1922年2月开始，《新教育》成为中华新教育共进社的机关刊物。从1919年2月创刊至1925年10月停刊，共出11卷53期。《新教育》刊行的5年，正是在五四运动推动下国内教育改革的大好时期。江苏教育界暨南高师的郭秉文、陶行知、刘伯明、陈鹤琴、黄炎培、汪懋祖、郑晓沧、孟宪承、韦悫、王伯秋、廖世承、俞子夷、邹秉文、陆志韦、张士一、秉志、徐养秋、过探先等人，都是《新教育》的主要撰稿人。郭秉文、陶行知、陈鹤琴、汪懋祖、郑晓沧、俞子夷、徐养秋、张士一等曾留学于世界新教育的中心哥伦比亚大学师范学院，其中，陶行知和后任北京师范大学校长的李建勋因在大学首开“教育行政”课程并以研究教育行政见长，而被誉为“南陶北李”；刘伯明是较早获得美国西北大学哲学博士学位的中国学者，在我国学界与胡适并称“北胡南刘”；孟宪承留学于华盛顿大学；陆志韦、韦悫是芝加哥大学的博士；廖世承留学于勃朗大学；王伯秋留学于哈佛大学；邹秉文、秉志、过探先留学于中国科学社的诞生地——康奈尔大学；黄炎培也曾留学日本。

《新教育》每期发行均在万份以上，风行全国。如果说20世纪初期由罗振玉、王国维创办的《教育世界》曾给中国教育界打开了学习日本教育的窗口；那么，20年代的《新教育》便可说是开辟了借鉴西方特别是美国教育的重要渠道。

东南大学之父——郭秉文

东南大学的创办者和领导人是郭秉文，他在中国现代教育史上的地位跟胡适、陶行知、蒋梦麟等不相上下。当时，郭秉文是国际舞台上最为活跃的中国教育家，20世纪20年代，他连续3次作为中国首席代表出席世界教育会议，并连续3次被推举为世界教育会副会长。

郭秉文（1880—1969）字鸿声，江苏江浦人，1896 年毕业于上海清心书院。1908 年，已工作 12 年、年近 30 岁的郭秉文毅然弃职就学，远涉重洋，赴美留学。他先在俄亥俄州乌斯特学院攻读理科，1911 年，郭秉文从乌斯特学院毕业后即去哥伦比亚大学攻读教育学。

郭秉文就读的哥伦比亚大学教育研究生院是美国最著名的教育学院，成立于 1887 年。当时，实验主义教育大师杜威、著名教育家孟禄等一批名流学者在该学院任教。哥伦比亚大学在管理上别具特色，有一套较系统体现民主精神的管理规范。这些都在郭秉文日后执掌东南大学的过程中留下了深深的印痕。在郭秉文之后，胡适、陶行知、蒋梦麟等也先后到该院学习，他们日后都成为中国教育界的领袖人物。

1914 年，当郭秉文还在哥伦比亚大学准备博士论文时，就收到正在筹备之中的南京高等师范学校江谦校长的聘书，邀请他做教务主任。1908 年赴美留学，1914 年获哥伦比亚大学教育学博士学位；回国即参与创办“南高师”，先后任南京高等师范学校教务主任、校长。

1911—1913 年，南京城历经两次战火，学堂教育基本处于停办状态。适逢全国临时教育会议召开，提出在南京建立大学和高等师范学校，饱受战争蹂躏的两江师范学堂才得以绝处逢生。1914 年 8 月，江谦受命筹备南京高等师范学校，第一着棋就是函聘即将拿到博士学位的郭秉文为教务主任，并请他代为南高师延揽师资。郭秉文一拿到学位，旋即回国，协助江谦筹备南高，他要将自己所学到的教育理论应用于实践。1915 年 8 月 11 日，南京高等师范学校正式招生。

江谦为耆德硕儒，国学根基深厚，而郭秉文通晓中西，时称“新学巨子”，两人相得益彰。1918 年 3 月 21 日，江谦因病休养，由郭秉文代理校长。1919 年 9 月 1 日，教育部正式委任郭秉文为校长。

其时正值五四运动，在时代潮流推动下，郭秉文着手对南高进行了一系列改革，这其中最有意义的改革是开“女禁”，倡男女同校。

五四之前中国的高等学校，除个别私立大学（包括教会大学）外，大都仅招男生而不招女生。教育史上称此现象为“女禁”。1920 年 4 月 7 日，南高决定开禁；1920 年暑期正式招收中国高教史上第一批女大学生，共 8 名。考虑到这一举措可能遇到的阻力，为造声势，郭秉文与蔡元培、蒋梦麟和胡适等人商定，南北一致行动，共同开放“女禁”。

兼收女生的消息传出，朝野哗然，流言飞语不堪入耳，甚至思想比较开明的张謇和南高老校长江谦也明确表示反对。后经郭秉文、陶行知等人多方解释，招收女生的入学考试终于如期进行。当时有一位叫张佩英的女生，在陈独秀、张国焘等人鼓动下，专程从上海赶来南京投考。据她回忆，她曾在北大和南高之间多次权衡，终嫌“北大官僚气太浓”而选择了“学风深厚”的南高。高等教育中“女禁”的打破推进了教育的民主化，揭开了中国高等教育史上新的一页。

1920 年 4 月 7 日，郭秉文在校务会议上正式提出建立东南大学的建议，经过讨论，一致赞成。郭秉文雷厉风行，随即组织“筹议请改本校为东南大学委员会”，经过一年多的奔走，虽几经波折，1921 年 9 月，国立东南大学正式成立，郭秉文任校长。

经过几年发展，东南大学声名鹊起。从它的五科结构来看，覆盖面之宽，居全国之首（北京大学只设文理科和法科，中山大学设文理、法、农三科）。无论从师资条件还是办学设施看，东南大学在国内大学中都堪称一流。美国著名教育家、世界教育会亚洲部主任孟禄博士考察了中国各主要大学之后，称赞“东南大学为中国政府设立的第一所有希望的现代高等学府”。在当时政局动乱，政府办学经费严重短绌，许多学校因经费困窘以致学潮迭起的环境中，这不能不说是一个奇迹。

东南大学的创建是郭秉文办学生涯中最辉煌的一页，正是由于他在东南大学的创立和发展过程中所发挥的无可替代的巨大作用，郭秉文被人们誉为“东南大学之父”。

清末以来，中国各学堂的办学模式主要模仿日本，而日本又是学欧洲。民国建立，这种状况并没有完全改变，不过从转手日本变成了直接向欧洲学习，如北京大学。而对美国模式的引入则自东南大学始，郭秉文在其中厥功甚伟。郭秉文从一开始就努力移植美国大学模式，南高师—东大的选科制、评议会、董事会，处处可见美国大学模式的痕迹。

和北大的欧洲模式相比，东南大学的美国模式有几个显著的特点：在学校行政管理上，设置董事会；在大学职能的定位上，面向社会，服务社会。

东南大学筹建之时，郭秉文借鉴美国哈佛大学卫谛氏图书馆和哥伦比亚大学科学图书馆的经验，规定：若有人独资捐建，图书馆就以其别号命名；若有集资建图书馆，就将其名刻于铜牌，悬挂在馆内正厅。

当时郭秉文得知原江苏督军李纯自杀前曾立遗嘱，将遗产的一部分捐给南开大学建造校舍，于是，便亲自写信给继任江苏督军齐燮元，劝说他独资捐建东大图书馆，将好事办在生前。齐燮元心动，以其父的名义捐助 15 万元修建孟芳图书馆。后又陆续募集到现款 17000 余元，图书 2612 种，从而使“东大”的学习条件大为改善。

所谓服务社会，就是将大学活动扩展到校园之外，让大学走出象牙塔，使大学成了社会进步与社区发展的“服务站”。也就是说，大学除了承担传授和发展高深学问的基本职能外，还有社会服务的职能，这已经成为美国大学模式的鲜明特征。郭秉文在其办学实践中积极倡导这一精神，并做出了很大的成绩。

早在 1920 年的南高时期，郭秉文就在全国率先开办了暑期学校，郭秉文不仅亲自上阵授课，还请来了北大的胡适、陈衡哲和南开的梅光迪。当时在全国引起了很大的反响，报名参加学习的有 1000 多人，来自全国 17 个省份。年龄最大的 59 岁，最小的 16 岁。后来的词学名家夏承焘那年就参加了南高的暑期学校，多年后他在回忆中还感叹：真是大开眼界！1921 年，改为东大后，继续举办暑期学校，并特地邀请了美国的杜威、孟禄、推士，德国的杜里舒和国内的梁启超、胡适、张君劢等一批名家前来讲学。这次学生人数达到 2000 人。

除了暑期学校外，东大教育科还举办了许多其他“推广事业”，如推广平民教育，义务举办“昆明学校”、“明陵小学”，为乡村失学儿童进行义务教育等；农科则通过组织农村巡回演讲团、农业展览会，普及农业科学知识、技术，推广优良品种、农具，宣传防治作物病虫害方法、药剂等；商科则通过坚持办商科夜校、商业补习学校、暑假补习学校等形式，为各界有志求学的青年提供业余学习提高的机会。

随着科举的废除和学堂的建立，中小学教师均由专门的师范院校培养。1922 年《壬戌学制》颁布后，大学设置标准发生很大变化，允许设置单科大学，一时间高等师范学校是升格为独立的师范大学还是并入综合性大学，成为教育界争论的焦点。

对于这个问题，郭秉文和蔡元培的看法有所不同。蔡元培认为“学”与“术”应有所区别，“学”是学理，“术”是应用。他认为高等学校应定位与分工，农、工、医偏于应用，宜称“高等专门学校”，文理等科偏于研究，始可称“大学”。因此，在蔡元培当北大校长期间，曾将北洋大学的法科归并入北大，而将北大的工科调入北洋大学，并停办农科。

郭秉文却不太赞同这种“学”与“术”分离的做法。郭秉文留学美国多年，他就读的哥伦比亚大学就是综合大学办师范教育的成功典范，因而对美国师范教育模式倍加推崇。郭秉文力主高等师范学校应并入综合大学，使综合大学兼有培养师资的功能。他认为，要培养上乘的教师，必须“寓师范于大学”。因为中学以上的教师必须有宽厚的基础知识，必须是双料的学士、硕士和博士。在一个学科单一的师范院校里，很难从根本上提高教师的质量。而在一个学科门类齐全的综合大学里，能够很好地协调通才与专才的关系，使通才不致空疏，专才不致狭隘。综合大学的优秀人才，经过一定的教师训练，一定会成为优秀的教师。因此师资培养不应局限于师范院校。

事实上，“南高”和“东大”就是郭秉文这一思想的试验场。在“南高”时期，郭秉文就以哥伦比亚大学为楷模，力图将南高改建为一所多学科、综合性的大学。为此，“南高”自建立之初即致力于拓展科系。1915 年只有国文、理化两部和国文专修科，到 1920 年，已有国文、体育、工艺、英文、商业、农业、教育 7 个专修科和国文、英文、哲学、历史、数学、物理、化学、地学 8 系，突破了师范界线，寓师范教育、基础教育于一体，已具备综合性大学的雏形。当时有人评价说：“南高诸所擘画，颇异部章，而专科增设之多，尤为各高师所未见。”

到 1920 年 4 月，郭秉文又趁热打铁，提出建立东南大学。同年 11 月，教育部初步同意以南高师之教育、农、工、商 4 专修科改归大学，各本科仍由南高师继续办理。因此，到 1921 年 9 月东南大学正式成立时，“南高师”、“东大”其实是双轨制运行，郭秉文同时兼两校校长。这时的郭秉文又开始积极推动两校的合并，决定“南高师”自 1921 年起不再招生，俟其学生全部毕业后即并入东大。1923 年 6 月，“南高师”正式并入东大。这时的东南大学已具相当规模，在其全盛时期，全校共设 5 科 31 系，共有教职员 290 余人（1924 年），学生 1483 人（1925 年）。当时执教于东南大学的茅以升曾评价说：“东大寓文理、农、工、商、教育于一体，此种组合为国内所仅见，意义深远。”郭秉文“寓师范于大学”的理念终于变为了现实。

由于南高师的校舍基本上都是沿用历经兵灾的两江师范学堂旧房，计有一字房、教习房和平房斋舍，这些校舍不仅破旧，而且难以适应学校发展的需要。于是，郭秉文聘请杭州之江大学的建筑师韦尔逊先生到东南大学兼任校舍建筑股股长，经过实地察看地形后，拟订通盘规划，决定校舍建筑以四牌楼为中心，次第向四周辐射，按急缓轻重，分期实施，并请上海东南建筑公司绘具总图。根据这一规划，校园内图书馆、体育馆、学生宿舍、科学馆等建筑相继落成。

郭秉文周咨博访、广延名师，数十位著名学者、专家荟萃东南大学。譬如，中国科学社生物研究所的绝大部分研究人员，是由东南大学生物系的教授充任的。东南大学与中国科学社虽然是两个单位，却形同一家，人员相互兼职、密切合作——这对提高教学水平和开展科研起到互补的作用。而学生可参加教学和科研的双重训练，这是“校所联合培养”的教学模式。“用科学的精神办教育，用科学的方法育人才，教学科研相互促进，人才脱颖而出”的成功做法，成为东南大学的一大特色，遂有“北京大学以文史著称，东南大学以科学名世”之誉，并使东南大学成为“中国科学社的大本营”。

东南大学图书馆是我国历史最悠久的大学图书馆之一，其前身是始建于1902年的三江师范学堂藏书楼。1923年国立东南大学时期，独立建馆，定名为国立东南大学孟芳图书馆。1923年体育馆建成，诸多活动亦常在此举行，如英国哲学家罗素、美国教育家杜威、印度诗人泰戈尔等，都曾在东南大学体育馆作过讲演。

1925年郭秉文被北洋军阀段祺瑞政府免职，由胡敦复接替校长一职。

五四以后，东南大学成为归国留学生的主要落脚点之一，据20年代《国立东南大学教员履历》统计，在222名教员中，留学出身者有143人，占全校师资总数三分之二，其中理工科教员几乎全是归国留学生。所以，北伐胜利以后，北平的几所著名大学便争相来东南大学聘请数理科学教授。清华大学成立时的许多骨干教师，如叶企荪、吴有训、赵忠尧、熊庆来、张子高、陈桢等人，都是由东南大学转往清华执教，或由东南大学毕业后受聘清华的。

1927年北伐战争后，国民政府建都南京，将东南大学与江苏境内的其他8所专科以上学校合并，改名为第四中山大学，简称“第四中大”。1928年以后中国科学社迁往上海，在国内科学界独占鳌头。此后陆续成立的各种专门学会，如中国地质学会、中国动物学会、中国植物学会等，几乎都是自中国科学社母体内分化出来的。

开拓现代中国科学教育事业

著名留洋学者为南高师、东南大学的迅速崛起，作出了决定性贡献。例如，气象学家竺可桢、物理学家胡刚复、生物学家秉志、数学家熊庆来、土木工程学家茅以升等人，将西方近代数学、物理学、地质学、地理学、气象学、生物学、电机工程、土木工程等学科引进国内，获得许多开创性的成就。

竺可桢创建新型地学系

竺可桢（1890—1974），1910 年赴美留学，初入伊利诺大学农学院学习，1913 年毕业后，又进哈佛大学研究院地学系学习气象学，1918 年获得博士学位。同年回国，执教于武昌高等师范学校。1920 年夏，应郭秉文校长之邀，受聘为南京高等师范学校教授。20 年代先后出任东南大学地学系、中央大学地学系首任主任。1948 年当选为中央研究院院士，被誉为我国气象、地理学界的“一代宗师”。

东南大学开设地质学专业比北京大学稍晚。但是在竺可桢担任系主任期间，地学系培养了许多地理、气象、地质方面的专家，如胡焕庸、张其昀、王庸、向达、袁见齐、吕炯、朱炳海等。地学系在 30—40 年代先后演变成地质学系（即今日的地球科学系）、地理学系（即今日的城市与资源系）和气象学系（即今日的大气科学系）。它们都属于我国最早的新型系科。

胡刚复引进物理学

胡刚复（1892—1966），1909 年作为首批“庚款”生赴美留学，在哈佛大学专攻物理学，1913 年获理学士学位，1914 年获硕士学位。在提取放射性元素镭、建立早期 X 射线光谱学和物质波概念方面，做了出色的工作。是中国第一位从事 X 射线研究的科学家。1918 年获得哲学博士学位后回国。他的胞兄胡敦复在清末即获得康奈尔大学博士学位，后来创建了国人自办的第一所大学——大同大学。另一胞兄胡明复 1908 年获得哈佛大学博士学位，成为我国有史以来第一位数学博士。世间遂有“一门三博士”和“胡氏三杰”之美誉。

胡刚复被聘为南京高等师范学校、东南大学教授，于 1920 年创建物理学系，历任南高师和东南大学物理系主任，第四中山大学区高等教育处处长，中央大学理学院院长，前后达 10 年之久。在这里，他创建了我国第一个物理学实验室，培养了吴有训、严济慈、赵忠尧、施汝为、余瑞璜等著名物理学家，并最早确定了“熵”、“电位”等物理学概念的中文名称。他被誉为“真正把物理学引进中国的第一人”。

秉志创建我国第一个生物学系

秉志（1886—1965），1902 年，以生员的身份考入河南大学堂（后改称河南高等学堂），学习英文、经学、数学、历史、地理等，同时仍努力攻读古文。次年又考中举人。1904 年由河南省政府选送入京师大学堂。1909 年考取第一届官费留学生，赴美国留学。他进入康奈尔大学农学院，在著名昆虫学家 J. G. 倪达姆（Needham）指导下攻读昆虫学。1913 年获学士学位，1918 年获哲学博士学位。后在美国韦斯特解剖学和生物学研究所，随著名神经学家 H. H. 唐纳森从事脊椎动物神经学研究两年半。留美期间，秉志参与发起组织中国科学社，被选为董事之一，并集资刊行我国最早的学术刊物《科学》杂志。1948 年他当选为中央研究院院士。

1920 年秉志回国后即执教于南京高等师范学校农业专修科，讲授“动物学”等课程。次年，原来的农业专修科被改建为东南大学农科，下设 6 个系，其中的生物学系便是由秉志提议设立并担任主任的，这是我国大学的第一个生物学系。在这里接受生物学教育或从事研究成为专家的就有张孝骞、戴松恩、王家楫、倪尚达、张春霖、伍献文、欧阳翥、耿以礼、郑集、郑万钧、吴仲伦、陈义等。秉志被公认为是“中国动物学的主要奠基人”。作为中国动物学会的发起人和组织者，1934 年中国动物学会成立时，秉志被选为会长，后任理事长。

熊庆来引进近代数学

熊庆来（1893—1969），1911 年，考入云南英法文专修科，学习法语。1913 年初，报考云南省留学生考试，以第 3 名被录取。同年 6 月到比利时包芒学院预科入学。次年 8 月，第一次世界大战爆发，德军侵占比利时，熊庆来辗转经荷兰、英国前往法国，进入圣路易中学数学专修班。1915 年至 1920 年，先后就读于格勒诺布洛大学、巴黎大学、蒙柏里耶大学、马赛大学，取得高等普通数学、高等数学分析、力学、天文学、普通物理学证书，并获蒙柏里耶大学理科硕士学位。

1921 年初，离欧归国。同年秋天，郭秉文聘请年仅 28 岁的熊庆来为东南大学数学系教授和系主任。此后 6 年里，熊庆来开设课程十余种。其中《高等算学分析》后由商务印书馆出版，被列为大学丛书。熊庆来把近代数学的新课程引进国内，培养了我国最早一批数理人才，因此被誉为“中国近代数学的奠基者”。后来成为一代大家并当选为中国科学院院士的严济慈、赵忠尧、柳大纲、吴学周、施汝为等人，当时都是东大数理化部的学生。熊庆来后来曾长期担任云南大学校长。

茅以升开拓土木工程及电机工程

茅以升（1896—1989），7岁就读于南京思益学堂，1905年入江南商业学堂，1911年考入唐山路矿学堂。1916年通过了美国康奈尔大学研究生入学考试，1917年，获硕士学位。经导师贾柯贝介绍，在匹兹堡桥梁公司实习，同时在卡利基理工学院夜校攻读工学博士学位。1919年成为该校首名工学博士。博士论文《桥梁桁架次应力》的创见被称为“茅式定律”，并荣获康奈尔大学优秀研究生“斐蒂士”金质研究奖章。1920年回国。

东南大学成立以后，农科、教育科、商科等发展势头良好，声名鹊起。只有工科发展堪忧，科下仅设一系。1922年7月，茅以升受聘为东南大学工科教授；11月定为东大工科主任。茅以升就职三个月以后，就和杨杏佛等7人一起提出了“添设土木工程及电机工程”的议案。校务会议一致予以通过。工科于是便拥有3个系，一举成为当时我国大学里面设系最多的工科。

国立中央大学时期

1928年初，国民政府曾下令将第四中山大学改为江苏大学，但遭到师生反对，最后定名为国立中央大学，设理、工、医、农、文、法、教育七个学院，学科设置之全和学校规模之大为全国各高校之冠。任命校长朱家骅。

国立中央大学（今南京大学前身）是民国时期中国最高学府，位于江苏省南京市玄武区四牌楼2号。中央大学因规模宏大、院系完整、师资雄厚，为东南学术重镇，当时号称“北有北大、南有中大”。

以下根据智效民《胡适和他的朋友们》的有关内容引述如下：

1931年九一八事变后，朱家骅因本校师生怒打外交部长、打砸中央日报社，酿成“珍珠桥事件”而辞去中央大学校长职务，被任命为教育部部长。几经周折，教育部任命段锡朋前来接任。段锡朋是江西永新人，早年考入北京大学，五四运动时担任北京中等学校学生联合会会长、全国学生联合会会长。留学归来后，他先在武昌大学和中山大学任教，北伐时在陈果夫手下供职。朱家骅辞职后任教育部部长，段锡朋是教育部政务次长。段锡朋身上既有儒家气象，又有墨家传统。由于他在生活上律己太严，近于苦行主义，终于积劳成疾，住进医院。在病中，为了节省开支，他只肯住三等病房。作为老同学、老朋友，罗家伦送去一点钱让他买营养品，他说什么也不收。病危期间，医生用氧气对他进行抢救。他知道氧气需要进口，便一再请求，“外汇，少用一点”，令在场的人无不感动。因此罗家伦有“亦儒亦墨亦真诚”的诗句来歌颂他的品行。

按理说，派段锡朋担任中央大学校长本来是很合适的，但由于中共地下组织在中央大学十分活跃，他们在“珍珠桥事件”中甚至“带赤色臂章，打出共产党旗帜”。（引自《南京大学史》第150页）因此段锡朋上任时，许多学生高呼反对口号涌向校长办公室，“部分学生扭打段锡朋，砸毁了他的小汽车。段锡朋极为狼狈，仓皇离校。蒋介石闻讯后，极为震怒，即刻下令解散中大”。（引自《南京大学史》第118页）这是1932年7月初的事，中央大学解散后，行政院派蔡元培、李四光、罗家伦等10人为中央大学整理委员会委员，对事件进行调查处理。所谓“解散”，实际上是利用暑假进行整顿。整顿之后，罗家伦于当年8月26日被任命为中央大学校长。因此有人说他是“受任于动乱之际”。

罗家伦临危受命施展抱负

罗家伦是一个有理想有抱负的人。1932年10月中旬，中央大学重新开学，罗家伦为了陈述他的抱负和治校方略，在全校大会上作了《中央大学之使命》的就职演说。

罗家伦主持中央大学10年，大至院系整顿、课程设置、添置图书仪器以及发展建设、选择新校址，小到关系师生生活的柴米油盐，都要过问。有人说他是好大喜功，罗家伦却说他是要把中央大学办成美国的哈佛大学、英国的牛津大学和剑桥大学、法国的巴黎大学、德国的柏林大学。他在精简行政机构、节约开支的同时，非常重视增添图书仪器和教学设备。罗家伦上任前，有一年图书仪器方面的开支是36582银圆；上任后4年内，图书仪器经费达到1207042银圆，每年平均301760银圆，是过去开支的8倍以上。

罗家伦说，“新增图书，中文及日文书籍共48265册，西文书19570册，中文杂志266种，西文杂志186种，卷册均不及计。中文书中善本极多。西文书中亦多较珍贵者……西文杂志种数甚多，其中最可乐道者，则在此短期内，购齐西文全部杂志计30余种”，即使价格昂贵，也要“不惜巨资以购得之”。（引自罗家伦：《中央大学之最近四年》，第15—18页）这些数字，与罗家伦在离任前所谓“我在中大十周年纪念册上，发表一些统计数字，计约略4年多的时间共计在图书仪器及教学设备等项，为223万银圆。为数过于预算的四分之一。西文专门杂志定到700余种；重要的全套杂志自出版以至当时的增购计60种云云”（引自《文化教育与青年》第243页），有不小出入。这可能是统计内容不同所致。罗家伦舍得在图书仪器和教学设备方面花钱，是有口皆碑的。

罗家伦说，我在中央大学，“充实的不仅是图书仪器，而且还有教学人才。聘人是我最留心最慎重的一件事”。中央大学因为地处首都，许多人都想把亲朋好友安插在中央大学，但都被罗家伦拒绝。因此他在离任时能够说这样的话：“我抚躬自问，不曾把教学地位做过一个人情。纵然因此得罪人也是不管的。”（引自《文化教育与青年》第243页）据说蒋介石曾问教育部部长王世杰：“罗志希（家伦）很好，为什么有许多人批评他、攻击他，这是什么原因?”王回答说：“政府中和党中许多人向他推荐教职员，倘若资格不够，他不管是什么人都不接受，因此得罪了不少人。”（引自《南京大学史》第123页）

1934年，罗家伦感到中央大学地处南京市中心，四周车马喧嚣，市气逼人，既不是研讨学问的环境，又没有发展的余地。他决定在郊区另觅新址，建造一所能容纳五千至一万人的首都大学。罗家伦的想法得到教育部部长王世杰的有力支持。王世杰曾经是武汉大学校长，他在珈珞山主持建造的武汉大学校园，在30年代初被胡适视为“中国进步”的标志。（引自《走近武大》第5页）

这时，正值国家急需航空人才，上面把这一任务交给中央大学。罗家伦利用这一机会，征得蒋介石同意和国民党中央全会批准，先获得240万银圆建筑费，新校园建设开始起步。

建设世界一流大学

为了选择合适地址，罗家伦在南京郊区四处寻觅，终于选定中华门外石子岗一带为新校址。他认为，那里山林起伏，气象宏大，“不但环境优美，格局轩昂，而且其间有安置一切近代式的实习工厂和农场之余地。再加上还有一条秦淮河的支流通过，更能增添校园景致。

罗家伦说，他这样做是参考了英国牛津大学和剑桥大学的经验，吸取了美国哥伦比亚大学和德国柏林大学的教训才决定的，因此，他在诗中把新校址视为“理想的学术都城”，在回忆中把这一计划当做“玫瑰色的甜梦”。（引自《文化教育与青年》第 245—246 页）经过紧张的准备，新校址于 1937 年 1 月凿井，5 月正式动工，原定在 1938 年秋季落成。

这时的中央大学，除了文、理、法、教、工、农、医 7 个学院及其所属 30 多个系科外，还有一个附属牙医专科学校，一个实验学校，一个畜牧兽医专修科，一个航空机械特别研究班，两个研究所，一所实行义务教育的小学、22 个实验农场（引自《文化教育与青年》第 187 页），其规模已经蔚为大观。

正当罗家伦雄心勃勃地建设世界一流大学的时候，突然爆发的七七卢沟桥事变，打破了罗家伦“玫瑰色的甜梦”。

罗家伦说：“九一八事变和淞沪战争以后，中国学术界，尤其是大学，毫不挫气，而且加倍迈进。从 1932 年一·二八到 1937 年七七事变这一时期间，可以说是中国高等教育进步最迅速而最沉着的时候。中央大学也是他的学术伴侣，在这迈进轨道上奔着前程的一分子。可是主持大学像我这样的一个人，处境却是困难极了。因为我是略略知道国防政策的一个人，知道中枢是积极的准备抗日；同时又是天天和热血青年接近的一个人，他们天天在要求抗日。我在这方面知道的不能和那方面说，精神上的痛苦，可想而知了！”

卢沟桥事变的第二天，罗家伦正在庐山，他听到这一消息后，知道一场大战已经不可避免，他和最高当局不需要再忍辱负重了，于是他一扫以往的抑郁，感到非常兴奋。几天后，他为学校招生出题的事飞回南京，同时开始布置迁校事宜。在这方面，他显然要比北方的著名大学占有地理上的优势。不过，罗家伦的未雨绸缪也不容忽视。早在一年前冀东事变时，他就让总务处准备了一批里面钉了铅皮的大木箱。庐山谈话会结束后，他先拿出550只木箱，用来装重要的图书仪器。可以设想，如果事先没有准备，事到临头，肯定是来不及的。

中央大学内迁重庆

由于是突然事件，中央大学根本不知道该向何处搬迁。罗家伦派几位教授分别去两湖、四川寻觅校址。在这危急关头，教授们不但顾不了家庭，还要承担意想不到的风险。据说心理学教授王书林在湖南醴陵时，居然被当地县长当做汉奸捉了起来，最后还是由朱经农出面才被释放。

经过详细考察和慎重考虑，罗家伦决定除医学院到成都外，其他各院系都迁往重庆。当时战局还不明朗，有人主张在城外挖防空壕上课，有人主张迁往上海，有人主张安徽，有人主张迁往庐山，还有人主张迁往武汉、沙市、宜昌，真是众说纷纭，莫衷一是。为此，罗家伦拜见蒋介石，陈述他的理由，得到蒋的同意，才下了最后的决心。

罗家伦的理由是：第一，我断定这次抗战是长期的，文化机关与军事机关不同，不便一搬再搬。第二，所迁地点，以水道能直达者为宜，搬过小家的应该知道搬这样一个大家的困难。第三，重庆不但军事上为险要，而且山岭起伏，宜（易）于防卫。（引自《文化教育与青年》第224页）从这三条理由看，罗家伦的确是少有的堪负重任的人才。

不久，敌人开始空袭南京，中央大学也被轰炸，破坏严重。在这种情况下，罗家伦指挥若定，他刚让男女生从危险的宿舍搬出，那里就遭到轰炸。他说这样做并不是什么灵感和直觉，而是因为有一颗负责任的心。随后，他率领教职员工，在战火中井然有序地内迁，与重庆大学共同办学。经过两个多月努力，到1937年10月下旬，中央大学不仅全部迁往重庆，还在嘉陵江畔的沙坪坝盖起可以容纳上千人的校舍。11月初，中央大学在重庆正式上课，“这个速度，不能不算是一个纪录！”（以上转引自智效民《胡适和他的朋友们》）

抗战期间，中央大学迁至重庆松林坡，后又在重庆嘉陵江上游的柏溪建设了新校区。

1949年8月8日，由国立中央大学更名为国立南京大学；1950年10月按教育部规定，去掉“国立”二字，径名南京大学；1952 年全国高校院系调整，南京大学和金陵大学重又组合出工学、农学、师范等部分院系，分别成立了南京大学和南京工学院等。

1949 年国立中央大学改名为国立南京大学。1952 年全国院系调整，学校文理等科迁出，以原中央大学工学院为主体，并入复旦大学、交通大学、浙江大学、金陵大学等校的有关系科，在中央大学的原址建立了南京工学院。在金陵大学原址重组了南京大学。

1988 年 5 月，南京工学院更名为东南大学。2000 年 4 月，南京铁道医学院、南京交通高等专科学校、南京地质学校与东南大学合并。

教会学校的体制和经济生活

19世纪后半期以来，欧美各类教会团体在中国设立了许多教育机构，包括小学、中学、大学和专科学校等等，统称为“教会学校”。20世纪的前20年，教会大学在中国得到迅猛发展。1922年全中国共有现代化的大学24所，其中国立大学3所，即北京大学、北洋大学、山西大学；私立大学5所；而教会大学多达16所，包括基督教（新教）创办的13所，天主教创办的3所。

新中国成立前夕，国内仍有16所教会大学，其中14所属于基督教会，分别是：燕京大学、圣约翰大学、金陵大学、齐鲁大学、东吴大学、之江大学、华西协和大学、华中大学、华南女子文理学院、湘雅医科大学、金陵女子文理学院、沪江大学、岭南大学、协和大学等。此外还有两所天主教的教会大学，即上海的震旦大学和北京（1928—1949年称北平）的辅仁大学。

教会大学虽然数量不多，但起点很高。在当时的历史条件下，特别是在20世纪20年代以后，教会大学在中国教育现代化过程中起着特定的导向作用。因为它在体制、机构、计划、课程乃至规章制度等方面，直接引进西方现代教育模式，从而在教育界和社会上造成深刻影响。

两类教会学校概况

教会大学的组办形式可分为两大类。

第一类是由一个差会单独举办的，如圣约翰大学是美国圣公会独办的，金陵大学是美以美会（卫斯理会，Methodist Church）独办的，东吴大学是美国监理会独办的。所谓差会（Mission）是西方国家负责集资、派遣人员到国外传教布道的机构。由差会派遣的人员，无论从事何种工作，如传教的牧师，医院的医生、护士，学校的教师、职员等，都称之为传教士（Missionary）。

第二类是由若干个差会联合举办的。如沪江大学是美国南北两个浸礼会合办的，山东齐鲁大学则是由5个美国差会（公理会、美以美会、长老会、南长老会、信义会）和4个英国差会（大英浸礼会、大英长老会、循道公会、英行教会）再加上一个加拿大差会（加拿大联合会）共10个基督教会合办的。

其中一些是由差会同国际上其他机构联合举办的，如燕京大学是由五个基督教差会即美国的美以美会、美以美妇女会、公理会、长老会和英国的伦敦会，以及美国洛克菲勒财团、普林斯顿财团、纽约信托部、哈佛燕京学社等多方合办的。

教会大学无论独办还是合办，共同点是与西方有合作关系，甚至大部分在美国注册立案，如圣约翰大学在美国哥伦比亚华盛顿特区注册，金陵大学、福建协和大学在美国纽约注册，东吴大学在美国田纳西州注册，沪江大学在美国华盛顿州注册，等等。这些在美国注册的教会大学的毕业生，可以不经过考试直接升入美国的州立大学或挂钩合作的大学；并可颁发各挂钩大学认可的学士、硕士、博士学位，这就有助于吸引中国学生报考教会大学。同时，在海外的多方位联系合作途径，也有利于学校在欧美申请资金资助。

教会大学的毕业生，不管是否受过专业教育，几乎都在各种专业领域工作。1900年教会大学的250名毕业生中有10%在教会工作，25%从事社会或宗教工作（如红十字会、济难救灾及慈善团体），另有25%从事学校工作。到20年代，教会大学毕业生达到2000多人，其中50%的人仍从事以上三方面的工作，但只有5%的人在教会工作，15%的人从事社会或宗教慈善服务，大部分人转入专业工作领域。

到1937年日本全面侵华以前，教会大学毕业生达到1万名左右；其中3500多人从事教学工作，大多在教会学校；500人从事社会和宗教慈善服务工作，100多名在教会工作，700多名从事医药工作，近400名在农林领域工作，100多名从事工程工作，300多名在法律界工作，另外还有很多在工商及社会生活领域工作。毕业生中尚有1100多名继续深造，其中300名赴西方留学。

从抗战以后直到1950年，教会大学又培养了1.6万名毕业生，教会大学在60多年历史中的毕业生总数达2.6万名。另外，还有3.5万到4万名学生曾进入教会大学读书，但没有完成学业。所以总起来说，受过教会大学教育的中国学生总数达6万至6.5万名。

教会大学的ABC编类

1928年，美国教育界对于外国人在中国所办的大学进行评鉴分类。由加州大学具体运作，分为ABC三类。

在中国的教会大学编类，A类一所，为金陵大学（正式成立于1910年），持有A类大学学位的毕业生有资格直接进入美国大学的研究生院；

B类一所，为燕京大学（正式成立于1919年），持有B类大学学位的毕业生，可按同等学力入美国大学本科三年级或四年级进修；

其他均属C类大学，如圣约翰大学、金陵女子大学、东吴大学、沪江大学、岭南大学、华中大学等校，持有C类大学学位的毕业生只能进美国大学本科，有些只能进二年级。

持有B类或C类大学学位的毕业生，如果想要进入美国的研究生院，则要补修30个本科学分。

“圣约翰”——从书院到大学

位于上海的圣约翰大学成立比较早。1879年9月，美国圣公会主教施若瑟（Joseph Scherschewsky）将上海的三个教会学校神道学校、培雅书院、度恩书院合并成“圣约翰书院”。但规模仍然很小，圣约翰书院的第一届学生仅有39名，其中90%来自基督徒家庭。学校纪律很严，规定必须参加一切宗教活动，如有违犯要受到体罚。全体学生都是免费的，连书籍、文具、饮食、衣服等皆由这个教会学校供给。校址在沪西梵王渡路，初设课程仅有西学、国学、神学三门。

圣约翰书院在19世纪末对中国教育的一个重大贡献，是正式设置了英文课。这与登州文会馆不教英文的做法截然不同。由于上海是通商口岸，外国商行较多，英语知识可以有商业价值，故社会对英语的需求量很大，开办英文课也成为当时之急需。

1881年10月，圣约翰书院正式设置英文部，学生入学要收费，每月付墨银（墨西哥银洋）8圆。许多富家子弟纷纷前来求学。然而由于各方面的急需，单靠英文部还远远不能满足社会的需要，于是从1884年起，圣约翰书院把预科改为半天学英文、半天学中文，并扩大招生名额。美国圣公会还派遣22岁的卜舫济到上海负责该校的英语教学工作。那时，中国人颜永京牧师一度担任该院院长（后来圣约翰大学男生宿舍命名“思颜堂”就是为了纪念他）。

1888年卜舫济继任圣约翰书院院长，逐步进行课程教学改革，除中文课外，其他课程一律开始使用英文教材，学生课内课外须讲英语。所以圣约翰书院的英文水平在当时中国的大学中首屈一指。

卜舫济任院长后，着手把圣约翰书院升格为大学。1890年书院增设了大学课程，仅有大学生2名；1895年有大学生6名。1896年1月，卜舫济写信给圣公会差会部，建议在圣约翰书院增设大学部，开设文理、医学和神学3科；文理科学制3年，医科收医预科毕业生，学制4年，神学科收文理科毕业生，学制3年。圣公会差会部批准了卜舫济的建议。

1899年，圣约翰书院共有大学生27名，全部为男生，其中教徒学生和非教徒学生的比例为1∶3。非教徒学生多为富家子弟，要缴学费120圆墨银，教徒学生可享受减免费待遇。

进入20世纪，上海作为工商都市对西方教育的需求持续上升，远远超过了圣约翰大学的供应能力。1900年圣约翰只能接受1/3的入学申请者，1904年学生187人，大部分来自商人家庭；基督徒57名，其中4人在大学部学习。1905年美国哥伦比亚特区颁发给圣约翰学院授予学位的许可证，1906年起正式改名为圣约翰大学。校长仍为卜舫济。

1906年圣约翰大学设置文、理、医、神4个学院。1907年圣约翰大学首批毕业生6名，其中4人获文学士学位。有人认为：这是中国教育史上第一次在中国本土获得现代意义上的学士学位。（注：1899年，北洋大学堂有了第一批大学毕业生）

由于圣约翰大学在美国注册，该校获得学士学位的毕业生很容易进入美国大学深造。耶鲁大学不要求考试就可接收圣约翰的学生攻读研究生，哈佛、哥伦比亚、康奈尔、芝加哥、宾州等大学也愿意接收圣约翰的学生进入他们学校读本科高年级。1907 年至 1908 年，有 30 多名圣约翰的毕业生在美国留学，10 多名在英国留学。

后来圣约翰大学又设工学院，并附设研究院和附属高中。到 1913 年时，全校学生人数达到 500 人，其中 1/4 的学生在大学部学习。教师人数也增加到 40 名。1918 年圣约翰大学把中学部分出去，成为独立的教会大学。1920 年学生达到 250 多人。

圣约翰大学有相当一批校友在美国。据 1926 年统计：圣约翰大学毕业生在中国政府任职的有 43 人，其中内阁部长级的 7 人，局长级 16 人，外交官 6 人，铁路官员 14 人；在商界任职的共有 158 人，其中当经理的有 24 人，当各种买办的有 107 人，在银行界任职的有 27 人；另外，在教育界任职的共有 72 人，其中大学校长 2 人，大学教员 65 人，中学校长 5 人。（引自《基督教高等教育在中国》第 203 页）

这个统计表明，圣约翰大学毕业生在商界服务的是多数，占 58% 以上，确是“训练商业买办的中心”。圣约翰的医科自 1896 年创设后，从 1902 年往后每年有少量的毕业生，到 1936 年止，历年医科毕业生一共不足 200 名，而其中的 47% 都跑到国外去了，其余的 53% 大部分集中在上海、北京、南京等大城市里。

第一个被派到中国来的美国传教士裨治文曾认为：

> 只要给我们机会和充足的经费来教育整个一代人，正如支配思想之律世世代代都肯定是相同的那样，教育也肯定地可以道德、社会、国民性方面比同一时期内任何陆海军力量，比最繁荣的商业刺激，比任何或者一切其他手段联合行动，要产生更为巨大的影响。

卜舫济就是根据裨治文的这个信念办圣约翰大学的。该校于 1879 年 4 月 14 日为第一座教学大楼奠基时，施若瑟主教即席发表演说，就强调教育对各国都是重要的，尤其在中国，用基督教的真理教育中国青年是极其重要的。他说：

> 我们需要的是训练中国青年为基督服务。

> 我相信中国的真正信徒必须是中国人。

这是“圣约翰”办学的根本宗旨。因此在“圣约翰”的课程和课外活动中，宗教灌输始终放在首位，使学生接受宗教意识的熏陶。

圣约翰大学的中文水平

20 世纪初圣约翰书院（1906 年改名为圣约翰大学）虽然适应新潮流，以新法教授英文和西学，但对中国文化知识的教学仍然明显不够重视。当时用新法教授中文的，也不过两三位教师。据顾维钧回忆：

> 当时教会学校的一个弱点，是把中文课的地位放在英文课和用英文原本的其他学科之下。例如，历史课，我记得很清楚，圣约翰是不教中国史的，只教美国史和英国史。因此，当新教师讲中国史讲到中国名人、著名的政治家、军事将领以及爱国志士时，我们听得都很激动。

当时中文教师的薪金竟然跟学校堂役差不多。他们的薪金几乎相当于外国教授的 1/10，有的甚至是 1/20。因为中文课在当时的教会学校，只不过流于形式，而且还不是重要的形式。有些学生从预科一年级直到毕业，在学校整整七年，他们的中文知识依然在初级水平。因此，顾维钧认为：

> 显然，教会学校培养中国人的目的不是出自中国国家的需要，而是出自满足教会活动的需要。（引自《顾维钧回忆录》第 1 分册，第 18—21 页）

圣约翰大学成立时创建了图书馆。馆藏书籍，有中西人士捐助的，有本校自购的。据 1917 年度图书馆的报告，英文藏书共有 8591 本，中文藏书仅有 1581 本，就是说，中文藏书不及英文藏书的 1/5。虽然该馆每年购书近千本，并以文学、历史、宗教三种图书最多，实际上主要是介绍西方文化的，而中国文化书籍所占份额很小。

茅盾先生回忆他少年求学时代，有一段关于“上海圣约翰大学”的话——

> 1911 年秋始业时，我转入嘉兴中学读四年级。那个英文教员（上海圣约翰大学出来的）却使我失望，原来此人是半个洋人，中文不过小学程度，他把“辎重”读“脑重”。用的课本是文法、读本合一的，据说是圣约翰大学一年级用的。但是这位教师对读本中的许多（英文）字，却不知道汉语是什么，反要我们查字典帮助他。（引自茅盾《我走过的道路》第 82 页）

陈鹤琴先生正值辛亥革命的那一年（1911 年）进入圣约翰大学。初入校时，他就觉得那里很重视英文。学生如果英文基础不好，很难坚持下去。他回忆说，圣约翰大学的物理、化学、算学和历史等课程，都是用的英文原本，不讲中文。幸亏此前他在浸礼会办的蕙兰中学时英文程度还可以，因而在圣约翰“英文原本勉强可以读下去”。与此相对照的，是中文教学情况。圣约翰大学的风气是一贯轻视中国语言和文化知识的，“那时候，一般学生总不注意中文，学校更对不起中文先生。外国教员的待遇比教西文的中国教员好，教西文的中国教员的待遇比教国文的中国教员好。所住的房子、所领的薪金都有三种等级。国文教员住的房子是又旧又小的中国房子，外国教员住的是又新又大的洋楼。最痛心者，一般洋行买办的纨绔子弟，出入包车汽车，对于国文一点不注意，对于国文教员一点没有礼貌”。

林语堂与陈鹤琴差不多同时进入圣约翰大学。林语堂先生后来回忆说：“那时圣约翰大学公认学习英文的热情持久不衰。对英文之热衷，如鹅鸭之趋水，对中文之研读，竟全部停止！中国之毛笔亦竟弃而不用了，而代之以自来水笔。以前我开始读袁了凡之《纲鉴易知录》。此时对中文之荒废，在我以后对中国民俗、神话、宗教做进一步的钻研时，却有一意外之影响。”当时“在圣约翰大学，学生之中文可以累年不及格而无妨害，可照常毕业”。1916 年从圣约翰大学毕业时，林语堂的英文当然是学得很好，西学知识也懂得不少，然而，由于他“把国文忽略了，结果是中文弄得仅仅半通。圣约翰大学的毕业生大都如此”。接着他北上进入清华大学，投身于“中国的文化中心北平”，自感到非常“窘态”。“为了洗雪耻辱，我开始认真在中文上下工夫”。

圣约翰大学对中国文化的轻视，随着反清民族民主革命运动的影响，颇受当时社会人士的不满和批评。《圣约翰大学自编校史稿》中说："教会学校常办不注重国文，受人讥讽。"出于社会上的压力，圣约翰大学决定"特任陈宝琪君为文部主任，改良一切"。陈宝琪1909年圣约翰大学文科毕业，获学士学位。初充本校英文教员，辛亥秋改充国文教务长，兼任翻译、历史两科教员。1917年圣约翰大学年刊所公布的《国文教员题名》，共有8位国文教员，即陈宝琪、金念祖、王焘曾、戚牧、吴宣地、廖寿图、徐可均、张鸿翔，其中3人受过新式教育（一名南洋公学特班生，两名圣约翰本校文科毕业生），4人为前清举人或廪贡或监生，1人曾任东吴大学分校教习。然而，掌管国学教育的是国学基础并不突出的本校毕业生陈宝琪，而其他有5位虽然国学基础较好，却没有接受新式训练。这样的一支国学师资队伍，显然很难在国学教育方面有所作为，不过是应付而已。

从1886年卜舫济执掌圣约翰直到民国初年，圣约翰书院对于中国文化教育极不重视，以致不少毕业生进入社会后，深感中国文化知识贫乏，不能适应时代和社会需要，不得不重新补习。林语堂先生晚年讥讽地说："就英文而论，圣约翰这个大学似乎是为上海造就洋行买办的。"（引自林语堂《八十自叙》，《林语堂文集》第8卷，第347页）

教会大学的学生费用

20—30年代，教会大学因向学生收费太高，而一度被称为"贵族学校"。

然而在它们创办之初，学校大门却是向贫困家庭敞开的。不收学费，免费提供食宿，即使这样也很难招到学生。后来学校慢慢被社会所接受，主动求学的人越来越多，缴费入学成为可能。但中国内地经济欠发达，而大部分学生来自贫寒的基督教家庭，因此，支持大学的差会就对自己选送的学生给予津贴，每年给学生35—40圆，不足部分由学生出。

这个学费标准，实际上并没有严格执行。根据大学注册人数和所收学费计算出的平均学费，大大低于规定标准，以1909—1910年的齐鲁大学为例。

1909—1910 年齐鲁大学学生缴费

各学院	学生数	缴费总数	平均数
神学院	北长老会 70 名	306.73	4.38
	浸礼会 58 名	263.48	4.54
文理学院	北长老会 122 名	1515.67	12.42
	浸礼会 104 名	1009.21	9.70
	其他教会 49 名	580.36	11.8

（引自 Statement of account balance sheet 1909—1910，载于 The Annual Register of Shantung Christian University）

20 年代之前，学生缴纳的膳食费、学费名义上来自学生家庭，实际上其中很大一部分是来自选送学生的差会。在 1917 年以前的齐鲁大学收支表中可看到，占相当比例的学生食宿费都是列在开支预算内的。随着学校规模的不断扩大，开支也越来越大，而非基督教的学生也日渐增多，大学的联合委员会不断要求增加来自当地的收入，以减轻自身压力。1920 年齐鲁大学规定医学院的学费为 50 圆，神学院 30 圆，文理学院 40 圆，1924 年又把医学院和文理学院的学费提高 10 圆。

但所有提高学费的做法都容易遭到当地教会的反对，因为这有可能把基督教家庭的学生排除在外。尽管如此，学费比以前是大大提高了。差会只资助很少的贫困生，大部分学生都要缴费上学了。学费在大学收入中由微不足道开始变得重要了，作为一笔经济性收入，其重要性仅次于差会拨款（参看下表）：

教会大学学费收入和差会拨款的比较

年度	学费	占总收入比例%	差会拨款	占总收入比例%
1919—1920	5012	5.8	38672	52.5
1930—1931	17276	10.1	69213	40.7
1933—1934	37461	20.1	55564	33.9
1943—1944	1777924	20.4	4386897	50.5

20 年代中期以后，教会学校所收学费逐年增加，由 50 圆增加到 100 圆甚至更多。

圣约翰大学的办学经费

圣约翰大学的校址，设在上海曹家渡附近沿苏州河以南的一块三角洲上。最初利用圣公会在上海虹口一带的地产租金作为抵押，仅仅以6500两银子买进84亩土地，建造了一座两层楼的校舍。以后陆续扩展，除占据整个三角洲以外，又在苏州河北岸购买土地。到1937年，该校一共买进300亩地，建造19座校舍和32座住宅，并布置了美丽的校园。现为华东政法学院所在地。

此外，圣约翰大学罗氏图书馆是上海地区最早、最大的教会大学图书馆。50年代以后成为上海市社会科学院图书馆。

圣约翰大学的校产总值，1928年估计有78.7万两白银，其中地产18万两，房产60.7万两。由于过去美国人的夸张宣传，一般误认为教会财产都是美国人捐助的。事实上，圣约翰大学的财产中有30万两白银是在中国募集的，有13万两是学校的收入（包括学费）和在华差会填补的，其余的35万两是从国外募集的。如此，中方投资占60%以上；而在中国人士的投资中，由圣约翰大学校友募集和捐赠的就达20万两。

圣约翰大学（包括5个学院以及研究院和附属高中），常年经费约为70万美金。其中，学生缴纳的学费收入约10万美金，占15%左右，其余由美国圣公会负责筹措。

学校的开支，除了购置图书、仪器外，付给外籍教授的薪金占相当大比重。

平均每个学年学生要缴纳200银圆学杂费，一般劳动人民的子弟是无法支付的。30年代上海普通工人的平均月工资为20银圆，所以考进圣约翰的都是富家子弟。每人每年学杂费和生活费合计为500—600银圆甚至更多（相当于1995年人民币的1.5万元左右）。

但是圣约翰也为贫苦学生和优等生设置了奖学金和免费制度，对成绩优异的贫苦考生录取后给以一定的补助或免费，每年名额约有30名。另外，还设有毕业生奖金，凡考取留学的毕业生每年奖给一定的学习费用。圣约翰的毕业生平均每年约有40名到美国留学。邹韬奋就是圣约翰大学毕业生。在旧校址（现为华东政法学院）建有“韬奋楼”纪念他。邹韬奋（1895—

1944）出生在福建省永安县一个破落的官僚地主家庭，祖籍江西余江。12岁母亲早逝。1910年春考入福州工业学校，辛亥革命时该校停办，韬奋来到上海。1912年入南洋公学（交通大学前身）附属中学，后升入南洋公学上院（大学部）电机工业科。终于因家庭经济困难，1919年初从二年级辍学，去江苏省宜兴县蜀山镇当家庭教师。五四运动爆发，韬奋参加了上海市学生会会刊的编辑工作。9月考入上海圣约翰大学文科三年级，在课余写稿，兼任家庭教师、学校图书馆助理员，筹集自己和弟弟的求学费用。1921年7月韬奋在圣约翰大学毕业后，进入上海纱布交易所担任英文秘书，月薪120银圆。后担任黄炎培主持的中华职业教育社编辑股主任。1926年10月起，继任该社《生活》周刊主编，编辑费每月60银圆。

1952年全国高等学校院系调整时，圣约翰大学文、理、工、医、农5个学院的16个系，分别并入上海的其他高校。圣约翰大学寿终正寝。

金陵大学

金陵大学是美国基督教会美以美会（卫斯理会，Methodist Church）在中国创办的教会大学，是中国仅有的一所A类教会大学。前身是1888年在南京成立的汇文书院（Nanking University），设博物馆（文理科）、医学馆（医科）和神道馆（神学科）。1890年设成美馆为中学部。

1910年，宏育书院（Union Christian College）并入汇文书院，成立私立金陵大学（Private University of Nanking，即中文的私立南京大学），有“江东之雄”美誉。

1910年汇文书院改为金陵大学（University of Nanking），在美国纽约州教育局立案注册，毕业生可同时接受纽约大学的学位文凭。并和美国康奈尔大学结为姊妹大学。先后设有文科、理科、医科、农科、林科、工科等。校方说明原因是：“当本校创始之际，中国教育行政机关尚未有大学授予学位的规定，而私立大学之立案尤无明文可遵，故当时本校董事会议决暂在美国纽约省立案，并由该省政府授予学位，本校毕业生今日所得之外国学位，实系过渡办法，一俟中国教育当局规定授予学位办法时，当即遵照办理。”另一方面，此举对保持教学水准及获得国际认可有所助益，“本堂毕业者，即无异于在美国大学校毕业也，凡领本堂毕业凭单者，即无异于美国学士之凭单也”。1928 年，金陵大学在中国教育部立案。1934 年，金陵大学又被美国纽约州立大学承认了与其他国际之大学同等学术地位，并能自行颁发获国际认可之学士和硕士学位。

1937 年因抗战金陵大学迁至四川成都华西坝，1946 年回到南京。先后担任校长的是约翰·福开森、师图尔（G. A. Stuart）、包文（A. J. Bowen）、陈裕光、李方训。

［附注］1951 年 9 月，私立金陵大学与私立金陵女子文理学院（原金陵女子大学）合并为公立金陵大学。1952 年院系调整，金陵大学和原南京大学一部组成新的南京大学，新南京大学位于金陵大学鼓楼岗校址。

金陵大学的教学状况

早期金陵大学的教材、图书杂志、教学仪器以至生活设施都来自美国，校长、教务长、各系主任、教授也以外国人为主。金陵大学之课程设置，偏重于西洋科学与文化；日常教学用语除国文和经史等课程外，都用英语，文娱活动场所、实验室内、运动场上，甚至学生助威的拉拉队亦不例外。1928 年陈裕光出任校长后，注重中国教育主权，维护民族尊严，发扬中国文化。首先在国民政府教育部呈请立案，是第一个向中国政府请求立案并获批准的教会大学。同时增聘中国教职工，加强中文、地理、历史的教学。并将金陵神学院从金陵大学脱钩出去，将宗教课由必修课改为选修课，尊重信仰自由。

金陵大学文、理、农三院并驾齐驱，其中英语文学和中国文化研究成就卓著，尤其农、林为中国先驱，闻名世界；其他方面亦有发展，如开创中国电影教育，首开中国医科七年制教育和博士教育。美国对外国人在华所办大学 ABC 编类中，金陵大学是中国唯一的 A 类大学，享誉海内外。

从 1888 年到 1952 年，金陵大学共有毕业生 4475 人，分布于海内外政治、实业、文化、教育、农业等各个方面，在各个领域内发挥所长，受到当地社会的重视。比如，在农业界，据美国学者杰西·卢茨所著的《中国教会大学史》记载，1949 年前金大毕业生一度领导着中国农林部 7 个技术部门中的 5 个，5 所国立研究所中的 3 所，10 余所国立大学农学院中的 7 所；20 世纪 50 年代后在以“经济复兴”为号召的台湾农业界，大部分骨干是金陵大学毕业生。

燕京大学——“汇文”草创阶段

燕京大学创立于1916年，定名于1919年。它由五个基督教差会即美国的美以美会、美以美妇女会、公理会、长老会和英国的伦敦会合办。华北教会的一派美以美会于1888年将它创办的中小学校合并起来，成为“北京汇文学校”（位于船板胡同）；第二年，其他三派——公理会、长老会、伦敦会——等亦将它们在通州所创办的中小学校合并为“华北协和学校”（North China Union College），两者虽然都是教会创办，但亦不免呈对峙的局面。后来教会中人也自觉到：这种分立姿态非但于财政上不经济，就是于用人行政上也极不经济，于是遂有人提议将两校合并为一。校址初设在汇文中学之东的盔甲厂。1916年在纽约和北京分别成立“托事部”与“董事会”，英文校名为Peking University（北京大学），有的资料以这一年为创校年份。

1919年更名为“燕京大学”（Yenching University）；创办初期，由于原在北京的几所教会学校内部人事复杂，派系纷争，难以推定校长人选。1918年底，董事会决定聘请美国传教士司徒雷登担任校长。燕京大学创立时，校址并不在北京西郊海淀未名湖畔，而在城内市区东南角。司徒雷登的父母都是传教士，他1876年出生于中国杭州，从小就能讲一口流利的中国话。他11岁回美国读书，大学毕业后于1904年（28岁）来华传教，1907年被调往南京金陵神学院任教。在此期间，他撰写了《新约启示录新注》、《新约希、汉、英字典》、中文《新约精要》等专著，引起了在华教会的注意。

1919年校名由原来的Peking University（北京大学）更名为“燕京大学”（Yenching University）；所以有些资料乃以1919年为“燕大”建校年份。1919年1月31日43岁的司徒雷登正式上任，以后一直担任燕京大学校长、校务长，历时达20多年。到1941年12月太平洋战争爆发后被日本侵略军监禁，1945年获释后继任校务长。1946年出任美国驻华大使后，虽辞去校务长职务，但校董会仍请他留任。1949年8月2日，司徒雷登离开中国。1962年在美国病逝。

司徒雷登就任之初，燕京大学原校址仍在北京城东南角的崇文门内盔甲厂；规模很小，仅是“一个不过二十丈见方的围墙，里边包括一所课室，三行平房，一所厨房连着饭厅和一间办公室而已”，图书馆则由汽车房改建。经费支绌，学生不足百人，仅有“图书数百本”，“全校教职员男女合计只有33人”。司徒雷登曾感叹：“我接受的是一所不仅分文不名，而且似乎是没有人关心的学校。”（引自 John LeightonStuart，Fifty Years in China，the Memories of Johe Leighton Stuart，Missionary and Ambassador. Randon House，New York，1954，p. 54.）

1920年，司徒雷登说服了华北协和女子学校并入燕京大学，女校部在灯市口佟府夹道，使燕大成为国内最早实行男女合校的大学之一。1921年全校在校生总数已达327人，其中女生人数多达106人，占总数的32.4%，比例之高，在当时中国可数第一。

燕京大学到1926年始全部搬到北京西郊海甸（50年代以后通常写为海淀）新址。

司徒雷登这位出生在中国杭州的美国牧师的儿子，对于燕京大学的发展，付出了很大气力。《胡适日记》1922年3月4日载：

> 十时半，燕京大学校长司徒雷登与刘廷芳来，启明来。燕京大学想改良国文部，去年他们想请我去，我没有去，推荐周启明去（启明在北大，用违所长，很可惜的，故我想他出去独当一面）。启明答应了，但不久他就病倒了。此事搁置了一年，今年他们又冒前议，今天我替他们介绍。他们谈的很满意。（注：启明就是周作人）

仅此一端，亦可见燕京大学草创时期，司徒雷登如何尽力延聘一流人才。这件事情在周作人的《知堂回想录》中记载道：

> 1922年3月4日，我应了适之的邀约，到了他的住处，和燕京大学校长司徒雷登和刘廷芳相见，说定从下学年起担任该校新文学系主任事……学校里派毕业生许地山来帮忙做助教……每星期分出四个下午来，到燕大去上课。我原来只是兼任，不料要我做主任，职位是副教授，月薪二百元。

当时周作人还是北京大学教授，又兼了燕京大学文学系主任、副教授。

基督教各差会联合选中了司徒雷登到北京出任燕京大学校长，就是因为他不是一般的教师，而是多年与中国和美国的政界都有接触并熟悉情况的“中国通”。司徒雷登到任后，即着手选择新校址，筹建新校舍。他先后拜访过北洋政府的首脑和许多大买办、大资本家为“燕大”筹款。对于段祺瑞、张作霖、孙传芳、汪精卫、孔祥熙、虞洽卿等人，司徒雷登都向他们要过钱或甚至委托他们代为募捐。1920 年司徒雷登看中了北京西郊海甸的一大片土地，就亲自跑到西安去找业主陈树藩，经过讨价还价，只花了 4 万圆买下 240 多亩土地。

经过司徒雷登多年的奔走，在海甸一带共购买了 700 多亩土地，陆续建造成 88 座大小建筑物，布置了一片非常美丽的校园。燕京大学到 1926 年全部搬到北京西郊海甸，30 年代已成为中国最著名的教会大学，司徒雷登也成了名噪一时的教会教育家。

燕京大学在西郊的园林校址，到 50 年代初新中国实行“院系调整”时，就改为今日北京大学的所在地。

“勺园”改为“燕园”——燕京大学新校址

早期燕京大学的旧校址非常简陋，在北京城崇文门内盔甲厂，处于内城的东南角。同西南角太平湖类似，在城墙没有拆除时，这里是死角。过路人一般不会走到这个偏僻的角落。但是真要来时，那就要由东单往南穿过一些小胡同（苏州胡同或船板胡同），走到沟沿头，再往东南走，就是盔甲厂了。

虽然说：“大学者，有大师之谓也，非有大楼之谓也。”简陋的校舍，有了大师，照样能办好学，教育出人才。但究竟不如既有大师，也有宽敞优美的校园为好，可以相得益彰。也许是机遇吧，司徒雷登一下子找到了西郊篓斗桥明代米万种家勺园的旧址，这样几年之后，燕京大学便拥有当时北京最美的校园了。

勺园位于清华园的西南面，在海甸之北，圆明园废墟之南，成府村之西。交通比清华园方便，为城内通往颐和园必经之路。虽说是旧家名园，但年代久远，早已荒芜。木石无存，只有进门后一座石桥，是勺园旧物。司徒雷登看中了这块地方，但却早有了主人，是当时陕西督军陈树藩的私产，原为其父退居林下、颐养天年之用。司徒雷登专程去了西安一趟，由西安教会圣公会西安中学校长董健吾介绍，找到陈树藩，想以 30 万两银子的代价购买此园。因在易俗社听秦腔，认识了两位老人，一位就是陈树藩的父亲，婉转说明此意，陈父未置可否。不久陈树藩请客，慷慨地将勺园廉价转让给燕京大学。不过附带两个条件，一是在校园内为陈父竖立纪念碑，二是将陈树藩创办的存德中学作为燕京大学的附中，每年保送 50 名毕业生进燕京大学。司徒雷登大喜过望，双方欣然达成协议。

燕京大学有了校址，便由美国著名建筑师设计营建，全用中国宫殿式。1926 年，在未名湖畔，美轮美奂的 88 幢新校舍便建成了。全校共占地 770 余亩，其中勺园旧址占 300 余亩，另外买进了徐世昌的鉴春园、张学良的蔚秀园、载涛的朗润园。全部建筑费用，共计 360 多万银圆。当时燕大校舍、协和医院、北京图书馆先后建成，成为三足鼎立的中国宫殿式建筑群的样板，引起世界建筑界的注意。

文化古城的燕京校园成为全国最美丽的大学校园。钱穆（宾四）先生《师友杂忆》记燕园、清华园道：

> 燕京大学一切建筑本皆以美国捐款人姓名标榜，如 M 楼、S 楼、贝公楼，今虽以中文翻译（按即穆楼、适楼），论其实，则仍是西方精神……天津南开大学哲学系教授冯柳漪，一日来访，告余："燕大建筑皆仿中国宫殿式，楼角四面翘起，屋脊亦高耸，望之巍然，在世界建筑中，洵不失为一特色。然中国宫殿，其殿基必高峙地上，始为相称。今燕大诸建筑，殿基皆平铺地面，如人峨冠高冕，而两足只穿薄底鞋，不穿厚底靴，望之有失体统。"余叹为行家之名言。屋舍宏伟堪与燕大相伯仲者，前推其毗邻之清华。高楼矗立，皆西式洋楼。然游燕大校园中者，路上一砖一石，道旁一花一树，皆派人每日整修清理，一尘不染，秩然有序。显似一外国公园，即路旁电灯，月光上即灭，无月光始亮，又显然寓有一种经济企业之节约精神。若游清华，一水一木，均见自然胜于人工，有幽茜深邃之致，依稀乃一中国园林。即注此两校园言，中国人虽尽力模仿西方，而终不掩其中国之情调。西方人虽亦刻意模仿中国，而仍亦涵有西方之色彩。余每漫步两校之校园，终自叹其文不灭质，双方各有其心向往之而不能至之限止，此又一无奈何之事也。

读了这篇文字，不但能见清华、燕京校园之优美与不同，亦足以启发我们思考、深入比较并理解中西方文化。

燕京大学的规模——量少而质高

有了历史名园作校址，司徒雷登又从美国募集了许多经费，盖起了华美的校舍，在燕东园、燕南园、朗润园修建教授宿舍，就便于大量延聘著名学者来讲学了。燕京大学教授中，外国人不少；中国名教授更多，其间也有教会的关系，如刘廷芳、洪煨莲、李荣芳、赵紫宸、简又文、许地山、陈垣、吴雷川等，既是名学者，又是教友。1928 年北伐之后，燕京大学又招来不少名家，如顾颉刚、邓之诚、容庚、郭绍虞、吴其昌、吴文藻等。著名的美国记者斯诺 30 年代中期就在燕京大学工作过。

燕京大学和美国学术界的联系极为密切，燕京法学院和普林斯登大学协作，得到经费援助，可以互换教师。燕京文学院与哈佛大学有协约，得到大力支持。其他如跟纽约协和神学院、哥伦比亚大学等美国名牌大学都有关系。因而它的学术交流、人才交流，更重要的是经费支持，都是国际性的。

30 年代燕京大学本科有文、理、法 3 个学院，分 18 个学系。文学院有国文学系、英文学系、欧洲文学系、历史学系、哲学系、社会学系、新闻学系、音乐学系、教育学系；理学院有化学系、生物学系、物理学系、地质学系、心理学系、家事学系；法学院有法律学系、政治学系、经济学系；另设宗教学院（神学院）、研究院。还有制革专修科，属化学系；幼稚师范，属教育学系。燕京大学是教会学校，其宗教活动靠“神学院”维持；它是研究机构，而不同于教学机构文、理、法三大学院。

北洋政府在 1925 年、教育行政委员会于 1926 年 10 月也颁布了“私立学校规程”，这样就把教会学校的立案问题明确了。大学要在教育部立案，同时规定“如有董事会，中国董事应该过半数；外国人不能担任校长”。燕京大学很快向北洋政府请准立案，原校长司徒雷登改任校务长，请吴雷川（当时教育部次长、在燕大国文系兼课的讲师）担任校长。

1935 年陆志韦又继吴氏任燕京大学校长。然而主要大权及向美国募捐经费等，还是司徒雷登经办。“校长”实际上就是“代理人”，以便向中国政府出面罢了。

燕京大学虽有18个系，可是办学规模仅限于800学生。有的系四个年级加起来，也不过30人左右。毕业生量少而质高。燕京大学的学宿杂费，每年共160银圆，在当时一些“书香门第”、“高门大户”的子弟是不在乎的；普通人家子弟，往往就担负不起这样昂贵的费用。但一旦考进燕京大学，努力争取好成绩，那还是有办法读下去的，因为它有各种奖学金。能获得一个奖学金名额，便可解决生活问题了。

另一方面，即使家中有钱有势，而功课不好、中英文不过关者，那也考不上燕大。当年汉花园、清华园、燕园，这“三园”的入学考试，都不讲情面，不是好闯的关。

燕京大学在1937年七七事变之后，因系美国教会学校，司徒雷登又当了校长，会对付日本人，所以照常上课。又维持了几年，直到1941年12月8日太平洋战争爆发，日本兵在这天一大早就把燕京大学全部封了门。

燕京大学的办学经费

燕京大学的办学经费主要是学费和来自美国的捐款。以当时的生活水平来看，燕京的学费昂贵。1927年，燕京大学每年学费100银圆，而北京大学和清华大学的学费都只有20圆。1937年，燕京大学学费为每年110圆，比其他大学要高出几倍。此外住宿费每年40圆，杂费至少10圆，每个学生每年至少需交费160圆（合1995年人民币5000左右）。当然学费只占学校经费的小部分，大部分经费还是来自捐款。（**作者注：在30年代上半叶，1银圆的购买力合1995年人民币30—35元。详见本书附录**）

作为新任燕京大学校长的司徒雷登，先后拜访过北京政府的首脑和许多中国的大资本家，为燕京募捐或委托他们代为学校筹款。有一次他向孙传芳募捐，孙传芳问他：“为什么外国人要来中国办教育？”司徒雷登回答道：“任何文明不仅是属于一个民族的，它同时也是全人类的。如果能够加强双方的交流，将有助于彼此间的理解。我们的目的，就是同中国传统文化相合作，建立起一种新的文化。”“谢谢你的好意，但你为什么来见我？”“我是想向你募捐。”孙传芳对此显然没有兴趣，他站起来淡淡地表示：“希望下次再有机会和你交谈。”仅仅给了司徒雷登100银圆。然而司徒雷登并没有因此灰心，仍抓住一切机会，说服孙传芳。孙传芳最终向燕京大学捐助2万银圆，还将自己的一个儿子送入燕京大学。

燕京大学的经费来源中，大约1/8是出自学费一项，据统计1933年的收入约为11万圆。当时在校学生共788名，每人每年平均约交学费140圆，伙食费等都不计在内，如果加上伙食费和杂费，一年最低限度要400圆，约合1995年人民币1.2万元以上。这在当时是相当昂贵的。该校常年经费1933年为83万圆，1934年为92.6万圆，1936年为87万圆。

这些经常费用除学费收入外，其余由纽约信托部、洛克菲勒财团、哈佛燕京学社、中华教育文化基金会等拨款。铝业大王霍尔遗产捐款1921年为5万美金，1926年为24.8万美金，1928年为100万美金，同时从哈佛燕京学社拨款50万美金（也是霍尔的遗产）。从1928年到1935年由哈佛燕京学社拨款每年平均约10万美金。另一个大户头洛克菲勒财团1921年捐助5万美金，另通过洛氏医药基金拨给9万美金，往后又每年拨给2万美金，而洛克菲勒财团则每年拨给燕京大学10万至20余万美金不等。到1937年，霍尔与洛克菲勒财团两家共拨给燕京大学约400万美金。

中国方面募集最多的一年为1927年32万圆国币（银圆）；其余每年募到5000至5万圆不等。另外，国民党政府从1934年到1936年也每年补助该校6万圆，从庚款退款中每年拨给该校1.5万圆。因此，从经费情况看，燕京大学在教会学校中实力也是最雄厚的。

1929年燕大的校园生活状况

1929年出版的《北京各大学的状况》手册中，关于燕京大学的部分摘录如下——

燕京大学的环境

燕大周围环境可说是开放在大自然中的鲜花。距西直门十三四华里，交通便利，平坦大道直达校园，坐人力车约三刻钟即到；搭乘长途汽车，可停靠于燕京大学门前。若论到自然环境则更为可人，燕大之东约一华里即清华学校；往北数十步即圆明园焚毁遗迹，土岗起伏，深堪凭吊；往西约三华里即颐和园、玉泉山；再西即翠微西山卧佛寺、碧云寺、香山一带了。附近复多花园，如载醇王花园、颜惠庆花园、王怀庆花园、徐世昌花园、朗润园、高丽园等，皆足以为课余之暇散步之所。至于校内松、花、草、水，更足以涤荡俗怀，神怡气爽。既无城市之喧嚣，亦无乡村之寂寥，诚为求学之乐园。

燕京大学的设备

学生日常的校园生活及求学方面：

1. 住宿：燕大有男生宿舍楼五座，楼内设备齐全，如自来水、浴室、电灯、电话等皆全。每室住两人，室内用具完备，床为铁丝床，洋灰地板，光线亦均为适宜。女生现有宿舍楼四座，其设备概与男生无大差。要之总不失为设备齐全，生活安适也。

2. 伙食：食堂归学生会管理。由标主包办之，六人一桌，日凡三餐，米面菜蔬尚好，饭食费每月 8 圆，女生稍减。

3. 体育：燕大体育甚发达，但学校对之实未注意。现有网球场十二，篮球场三，垒球场三，足球及田径赛场一；女子网球场四，篮球场二。此外男生尚有露天游泳池一。

4. 课程：求学设备甚好，而尤以生物学、心理学为最。其他如理化之设施，亦堪称完备。一切仪器品皆为最新式者，极便于试验研究。

燕京大学的组织及课程

燕大分设研究院、本科、专修科，兹分述如下：

1. 研究院设有各学系，分正式研究、特别研究两种。正式研究二年可完，特别研究一年可完，读毕可得硕士位。

2. 本科分文学院、自然科学院（即理学院）、应用社会科学院（即法学院）。各院四年卒业，卒业称学士，各院第一年级有必修科如下。文学院：英文 8 学分，国文 8 学分，现代文化 8 学分。自然科学院：英文 8 学分，国文 8 学分。应用社会科学院：英文 8 学分，国文 10 学分。此外有各学系之主修课程；读毕各学系主修及一年级必修外，更选修各科足 148 学分，即可毕业。

学生进入二年级时，即须认定一学系为主修学系。除以上各学系外且有医学预科、护士预科。医学预科三年，与本科一二三年同，入学程度亦同，毕业后可转考协和医学院，入协和一年后若将主修、副修习毕，满 148 学分后仍可得理学士位。护士预科为两年，课程与本科同，两年毕业后转升协和护士科两年后实习一年，能授理学士并协和医护士证书。

3. 各院专修科，凡该毕业各高级中学一年或二年程度佳者皆可入，高中毕业更佳，两年卒业，文学院内设有国文专修科、教育专修科、幼稚师范专修科。自然科学院有制革专修科、农事专修科、初级护士预科。应用社会科学院有社会服务专修科。

燕京大学的求学费用

在社会一般人的心目中，燕京大学属“贵族化”大学，其实这也不是普遍现象。富者自有一年花费1000圆者；但稍微自节的人每年有320—400圆即可。学杂费有100—110圆已足，餐费每年100圆，住宿费每年40圆；其他零星用度，当然要看个人的俭奢如何而定。

冰心对于燕京大学的感念

当时许多学校纷纷效仿燕京和圣约翰，提出要使学校成为一个“大家庭”。这种“大家庭”最突出的特色就是它的平和、温馨的气氛和平等、密切的人际关系。

燕京大学毕业生冰心女士生动地描述了她眼中的司徒雷登：

> 人生中总有几件最深刻的往事，是你所永远忘不掉的，和这往事有关的人物，也总使你感激、思念、忘不掉。在燕大团体中……上上下下，前前后后，总有上千上万的人，这上千上万的人的生、婚、病、死，四件大事里，都短不了他（指司徒雷登）。为婴孩施洗的是他，证婚的是他，丧礼主仪的也是他。他人添一个孩子，害一场病，过一次生日，死一个亲人，第一封短简是他寄的，第一盆鲜花是他送的，第一个欢迎微笑，第一句真诚的慰语，都是从他来的。

正是在这种亲切交往中，冰心等燕京大学校友深受感召，直观地获得“博爱”的教育。

哈佛燕京学社的霍尔基金

哈佛燕京学社，英文全称 Harvard - Yenching Institute，在东西方文化交流中占有重要地位，也是中国大学与美国大学交流的典范。在东西文化交流上举足轻重的哈佛燕京学社，是由美国铝业公司创办人查尔斯·马丁·霍尔（Charles Martin Hall）的遗产捐赠而建的。

霍尔毕业于奥柏林学院（文学士），1886 年发明电解炼铝法，在纽约州尼加拉瀑布、宾州等地经营铝业致富，1914 年 12 月 27 日去世后留下大笔遗产，其中 1/3（超过 1400 万美金）指定用于发展国外的教育事业。1924 年哈佛大学注意到霍尔基金会，但最初由于它所申请的项目不符合遗产资助范围而被谢绝，遂决定改以东方学为研究方向。

1925 年哈佛与教会大学燕京大学（当时英文名叫 Peking University）达成临时协议，合作成立“哈佛—北京中国研究学社”，后改名为哈佛燕京学社（Harvard - Yenching Institute）。

这个学社的首要目的是通过哈佛大学与燕京大学及其他机构合作，保证为学术研究提供便利，资助出版中国文化领域的研究成果。1928 年，霍尔遗产董事会提出在美国国外教育基金的分配方案。其中 760 万美金公开分配给霍尔遗嘱指定的东方各地区 20 所大学和研究机构，包括中国的 6 所大学：燕京大学 100 万，岭南大学 70 万，金陵大学 30 万，华西联合大学 20 万，齐鲁大学 15 万，福建协和大学 5 万。

其余 640 万又分为两部分，一部分用于哈佛燕京学社的日常开支，大约 450 万美金；另一部分 190 万美金用于限制性开支，按比例分配给哈佛燕京学社有联系的 7 所机构（中国 6 所，印度 1 所）。但这笔经费的使用是有条件的：必须按照哈佛燕京学社的宗旨，加强关于中国文学、艺术、历史哲学及宗教史的教育和研究。

哈佛筹款主管董纳姆（W. Donham）也积极希望为化学艺术等系争取捐款，惜因申请理由不合规定，几经周折，先后派华那（Langdon Warner）、杰尼（H. Jayne）等以探索研究为名，与中方的王近仁、陈万里组队到西北敦煌考察，洪业以史坦因偷运文物赴英的教训，提出对敦煌石窟特加保护的建议，使哈佛失望，基金申请及与北大联合研究的想法也只好暂停。

其后，哈佛在中国挑选了合作的燕京等6个教会大学，燕京得到100万美元，另有几所大学如：岭南得70万，金陵得30万，华西协和（联合大学）得20万，山东齐鲁得15万，福建协和得5万。大学得到捐款者皆为符合至少有三个教会一同合办的基督教大学这一条件，所以圣约翰、沪江等基督教大学并未得到捐款。

经过燕京大学校长司徒雷登（John Leighton Stuart）、洪业（洪煨莲）和董纳姆几位筹划，1928年1月4日哈佛燕京学社正式成立。由九人董事会决策，包含伍兹（J. H. Woods）、科立芝（C. Coolidge）等，为一独立机构。展开中美双方互派学者的研究计划。

燕京方面也同时成立管理委员会，据校方记载，先成立国学研究所，由陈垣任所长，容庚、洪业、顾颉刚等为研究教授，办理后成绩未见理想，注册学生渐减，1932年改组，仿照大学管理制度，取消国学研究所名称，所长改称哈佛燕京学社北平办事处总干事，负责管理学社在燕京的研究工作，并维持与哈佛燕京学社及同在中国之六个相关大学的联络。首任总干事为哲学系傅晨光（Lucius C. Porter），美裔燕京大学哲学教授，到1939年洪业（洪煨莲）继任，1941年梅贻宝校长继任，1946年聂崇岐亦曾代理，1947年由檀香山美籍华侨陈观胜接任，至1950年告一段落。学社接受研究生申请，依照燕京研究院标准加以审核，文史研究生可申请奖学金攻读学位，继续研究款项包含学费、膳宿费、杂费。成绩优秀者可申请奖学金，到哈佛大学攻读博士。教授方面也因有了经济后盾而能礼聘权威学者。

哈佛燕京学社得到的640万美元，分两个账目。一为普通账目——不受限——包含哈佛、燕京两校的哈佛燕京学社在研究和行政上的费用。一为限制账目：限制以190万美元所得利息——每年8万多美元——分配给6个大学，燕京配额最高，占大部分。在哈佛大学的哈佛燕京学社款项用于建立东亚语言系及汉和图书馆，出版学术性的《哈佛亚洲学报》，分派奖学金。而且1934—1956年由法国汉学名家伯希和（Paul Pelliot）推荐了他的学生俄裔世族叶理绥（Serge Elisseeff，日文名英利世夫）担任主任及新成立的东亚系主任，哈佛东亚研究于是蓬勃发展。

不久，傅晨光和洪业（洪煨莲）两位燕京教授，就被聘请到哈佛分别教授哲学和历史。洪先生曾开设《1793年以来的远东历史》等课，许多本科大学生选读。

1942年燕京大学迁成都时，陈寅恪、李方桂两位教授亦由学社补助

7000美元支持他们的研究工作和发表论文。学社补助燕京大学出版：一是《燕京学报》，1927—1950年每年出版两册，战时停刊，共计38册，发表学社所补助的研究教授之论文，前后由容庚及齐思和教授主编，学者如伯希和等皆特别称许；二是《哈佛燕京学社引得》，1930—1950年，由洪业（洪煨莲）教授创设引得编纂处，洪先生任主任，其后由聂崇岐接办。工作人员前后逾20人。共出41种正刊，23种特刊，合计64种，共84册。

20世纪二三十年代的哈佛燕京学社，乃是名震一时的国际一流汉学研究中心。以洪业为首的哈佛燕京学社引得编纂处，在“整理国故”、“索引运动”以及民族危亡的多重背景下，展开对中国典籍的整理，编出了64种引得（Index，即索引）。这些引得自问世以来，为我国传统文献学开创了新局面。现代“整理国故”思潮孕育于五四之中，是当时学术界的一件大事。汉学引得丛刊是“整理国故”的一批硕果，对国学起着不可或缺的作用。遗憾的是，至今仍没有人将其放在当时“整理国故”的背景下去考察、研究它。

哈佛燕京学社首任社长叶理绥（Serge Elisseeff），1934—1956年在任；第二任社长赖世和（赖肖尔）（Edwin O Reischauer），1956—1963年在任；第三任社长John Pelzel，1963年在任；第四任社长克瑞格（Albert Craig）；第五任社长韩南（Patrick Hanan）；第六任社长杜维明。

中国名人在哈佛留学研究者，据考查有：刘瑞恒、赵元任、胡适、梅光迪、陈寅恪、汤用彤、张歆海（鑫海）、楼光来、顾泰来、俞大维、吴宓、李济、唐钺、胡正祥、陈岱孙、江泽涵、杨嘉墀、张福运、梁实秋、林语堂、罗邦辉、秦汾、金岱、杨诠（杏佛）、宋子文、竺可桢、齐思和（致中）、翁独健、范存忠、黄延毓、郑德坤、林耀华、陈观胜、杨联升、周一良、严仁赓、任华、刘毓棠、冯秉铨、吴于廑、关淑庄、张培刚、高振衡、陈梁生、施于民、李惠林、全汉升、梁方仲、王念祖、王伊同、蒙思明、王钟翰、谢强、邓嗣禹、王岷源、李方桂、任叔永（鸿隽）、陈衡哲、梁思成、梁思永、洪深、钱端升、贺麟、姜立夫、张炳熹、张芝联、洪业、方治同、赵理海、胡刚复、丁文江、卫挺生、郭廷以、袁同礼、陈荣捷、殷海光、余英时、严耕望、梅祖麟、徐中约、梅仪慈、王浩、王安、贝聿铭、许倬云、汉宝德、成中英、郝延平等不胜枚举，多数曾经接受燕京学社资助，也重塑了哈佛大学的文化建构。

从1929年起至后来的三四十年代，哈佛燕京学社派遣年轻的研究生及学者赴华留学；魏鲁男（1929—1932）、毕乃德（1930—1935）、施维许（1931—1934）、顾立雅（1931—1935）、卜德（1931—1935）、费正清（1932—1933）、贾天纳（1938—1939）、饶大卫（1935—1937）、柯立夫、李约瑟、海陶玮、狄百瑞、柯睿格、戴德华（1930—1932）、西克门（1930—1935）、芮沃寿（1939—1940，1941—1947）、叶理绥、史华慈、倪维森、费维恺等曾大多接受燕京学社资助来华研究，或辅以“罗兹学者”或洛克菲勒基金赴华。另有赖肖尔（1935—1938）等赴日，后来都成为美国汉学界颇有声名的亚洲学教授。如费正清被誉为“美国中国研究之父”。（本小节参考《哈佛燕京学社》资料编写，原载章开沅、林蔚主编的《中西文化与教会大学》第138页）

燕京大学与哈佛燕京学社的关系

哈佛大学与燕京大学联合组成的汉学研究机构，本部设于哈佛大学，在燕京大学设北平办公处。哈佛燕京学社的建立，要从司徒雷登说起。

为解决办学经费，司徒雷登在燕京大学任职期间，几乎每年都回美国去募钱。一次偶然机会，他了解到美国铝业大王霍尔（Charl Martin Hall 1863—1914）有一笔巨额遗产捐作教育基金，遗嘱申明将其中一部分作为研究中国文化之用。霍尔如此心仪中国文化，缘于年轻时两个中国留学生给他留下的良好印象。故于离世之前在遗嘱中作出如上安排，并提出在美国和中国各选一所大学，联合组成一个机构，以执行研究中国文化的计划。霍尔逝世于第一次世界大战爆发之年，数年后他的遗嘱付诸实施。司徒雷登本想争取燕大作为中方大学入选以得到这笔款项，但终因燕大刚刚成立，远不及北京大学之声名赫赫，故遗嘱执行团在美国选上了哈佛大学，在中国相中了北京大学，使司徒雷登的如意算盘落空。然而，不久发生的事情，对司徒雷登来说无异于天赐良机。

哈佛大学得到霍尔捐款后，开始执行汉学研究计划。1924年，哈佛大学派久住上海的美国人华尔纳去敦煌千佛洞“考古”。华尔纳到敦煌后，以70两银子“香火钱”收买庙祝，将千佛洞部分壁画连同泥皮剥下来，装运回国，引起当地人民极大愤慨。翌年，哈佛大学又派华尔纳组织了一个小型“敦煌考古队”来到中国，同时要求北京大学偕同前往敦煌“考古”。地方当局鉴于华尔纳前番的行径，对“考古队”虽客客气气，却寻找种种借口，多方限制。华尔纳之流乘兴而来，败兴而归，仅拍了一些照片带回去交差。“敦煌考古队”也宣告解散。

燕京大学的一个学生曾是华尔纳的译员，“敦煌考古队”解散后，该生返校复学。司徒雷登从其口中了解到华尔纳与北京大学合作考古失败的情形之后，大做文章。辗转将此事告之中国教育部次长秦汾，后由教育部知会外交部，以华尔纳违反国际法为由，向美国驻北京公使提出抗议。事情虽被美国政府敷衍过去，但哈佛大学觉得太丢面子，既迁怒于华尔纳，也不满意北京大学。司徒雷登趁此机会积极活动，于1926年赶回美国，以燕京大学的名义与哈佛大学协商合作研究中国文化，结果大告成功。1928年春，哈佛燕京学社于兹正式成立。

哈佛燕京学社北平办公处设执行干事一人，由生于中国的美国人傅晨光首任其职。傅曾任燕京大学文理科科长、哲学系教授兼主任。1939年傅晨光卸任，由洪业（洪煨莲）、梅贻宝、聂崇岐、陈观胜等先后继任，其职责是监督和分配款项用途。1941年太平洋战争爆发，北平沦为日军占领区，燕京大学被迫于1942年迁往四川成都，哈佛燕京学社在成都继续活动。日本投降后，燕京大学回迁，学社亦恢复其北平办公处。新中国成立后，燕京大学于1951年春改为公立，翌年并入北京大学，哈佛燕京学社北平办公处亦随之撤销，前后度过了23个春秋。

为了培养汉学人才，该社在燕京大学和哈佛大学同时招收研究生，两校合作培养。哈佛大学的东方语文系研究生，预备博士论文期间多资遣来华进修，两年后回国提交论文，方授予东方学博士学位。燕京大学从1928年开始招收研究生，修业两年后撰写论文，由学社北平办公处延聘专家组成面试委员会，面试通过，为“硕士待位生”，毕业时授予学位。此外尚有出国留学生，第一个派赴哈佛大学留学的是一名历史系毕业生，四年后获哈佛大学东方学博士学位回国。为缩短留学生在美年限，学社规定，凡资遣哈佛大学的人员，必须在国内取得硕士学位。

购置图书资料方面。为配合研究，学社在哈佛大学建立“汉和图书馆”，专藏中、日文书籍。到40年代末，馆藏达10万册，为汉学研究提供了充足的文献保障。在燕京大学，从1928年起，学社逐年拨款购书，少则三四千，多则万余元。收藏对象主要为线装古籍，亦有部分日文和西文东方学书刊，全部入藏燕京大学图书馆。据查，燕大图书馆成立之初，藏书不过三四万册，因系教会学校，藏书以西文为主。自1928年始获学社购书款后，不断补充中国古籍，至50年代，所藏图书（不计报刊）约40余万册，其中3/4是用此款购入。曾任该社北平办公处执行干事的聂崇岐回忆，当时所购图书均以实用为主，很少购入价格高昂的宋、元、明版古籍。经多年积累，实用古籍已基本敷用，才将余额略及善本，且数量有限。至于1950年花费1250万元购入明弘治本《西厢记》，乃因当年书款余额尚丰，倘若退回，则下年度书款预算必将削减，故方有上述“豪举”。

学社在书刊出版方面也是成绩卓著。哈佛大学在美国出版了《哈佛亚洲学报》（Harvard Journal of Asia Studies）和专刊。从1935年开始编纂《汉英大辞典》，首先在燕京大学协助下，将《康熙字典》、《佩文韵府》等中国韵书、字书上的字词抄在卡片上，做完运交哈佛大学；再由哈佛大学将其译成英文。哈佛大学在翻译过程中，发现中国辞书引文与原文多有出入，遂将部分卡片寄回中国，请人逐条核对。据聂崇岐回忆：“到1951年春，只《佩文韵府》一种还没有核对完。”尽管《汉英大辞典》编纂进展缓慢，杀青之日遥遥无期，而哈佛燕京学社则声名鹊起，俨然成为美国研究东方学的重心。学社在燕京大学创办并出版的《燕京学报》更是名重一时。

哈佛燕京学社北平办公处最终与燕京大学一起走完了自己的历程。半个世纪过去了，设在哈佛大学的学社总部则延续至今。

从震旦学院到复旦大学

举世闻名的上海两大高校——教会学校“震旦学院”和复旦大学（先为私立后改国立），它们的创始人都是中国教育界元老——马良，原名建常，字相伯（1840—1939 年），他是我国独一无二“毁家办学”的百岁爱国老人。长期以来尽管马相伯的英名遭侮辱、被埋没，但是任何乌烟瘴气、污泥浊水都不能掩盖他在我国文化史上的光辉！

平心而论，马相伯的百年生平就是一部“中华民族救亡与启蒙的奋斗史”。他生于鸦片战争的炮火里，去世于抗日战争的号角声中。马相伯是最早接受现代教育的学童，是徐光启事业的继承者、中西文化交流的开拓者、爱国爱民的虔诚耶稣会士。马相伯祖辈自明末起信奉天主教。12 岁时，他只身去上海徐汇区进法国天主教会办的公学读书，后进入修学院学习，学成授职神甫传教。然而，25 年的教会生活，使他愤于洋人教会的专横，慨于维新改良的流产，感于洋务幻想的破灭，他终于转向“启迪民知”的教育救国道路。

几十年一贯，马相伯先生积极参与洋务实业、维新变法、辛亥革命、教育救国、学术组织、语文改革、民主运动、抗日救亡……一直奋斗在现代文化人队伍的最前列。惊天地泣鬼神的“爱国七君子”出狱后，特地随同马相伯先生拍摄了一张具有历史意义的合影，题字“唯马首是瞻”，这生动地表明他在我国知识阶层和文化人心目中的“一代精神领袖”的地位。

1894 年冬，中国在甲午战争中惨败。朝野有识之士提出要废科举、兴学堂。马相伯“慨清廷外交凌替，一不知公法，二不习制造”，立定志愿为国家培养翻译人才。

1896年梁启超来上海市创办《时务报》，就近向马相伯、马建忠兄弟学习拉丁文。（注：马建忠是我国最早留学法国并且获得学位的语言学家，《马氏文通》是我国文法的开创性著作）1898年7月戊戌变法时，梁启超在京师奏请设立“译学馆”，特邀马相伯主持筹办，旋因变法失败而中断。

1900年7月，八国联军攻陷北京；8月，马相伯在上海毁家助学，将祖传家产松江、青浦良田3000亩，无私捐献给“江南司教（注：天主教耶稣会主持）日后所开‘中西大学堂’收管，专为资助英俊子弟学资所不及”。马相伯当时认为：“个人之建设，势不能久，故托耶稣会团体，以期长久。”不料耶稣会接受了马相伯的财产，却拖延着并不真正办学。

创办复旦之前，马相伯又捐出父亲遗产4万银圆及大部地产（价值约10多万银圆），1902—1903年间在徐家汇筹办震旦学院，首届学生24名。他的办学夙愿，酝酿多年终于实现。

缘起——蔡元培与24名学生学拉丁文

1902年，马相伯定居于上海徐家汇土山湾，蔡元培（孑民）在南洋公学（即现在上海交通大学的前身）任教职，两地相近。蔡元培常跟马相伯学拉丁文。马相伯告诉他：“拉丁文在西洋已经成为古董，除了传统大学而外，各学校都不大注重；中国学者更没有学习拉丁文的必要。”但蔡元培坚持要学，回答说：“拉丁文为欧洲各国语文之根本，西方语言多起源于拉丁语；若果不通拉丁文，那就无从了解西洋所有古代文化。”

蔡元培的话固然说得有道理，然而马相伯还是认为很难办到：一是因为中年而有繁重职务在身的人，学习外国语若果要指望有用，那非较长时间不可；二是蔡元培当时在南洋公学任职，只有一大早才有空闲来读拉丁文。

当时马相伯住在徐家汇慈母堂前一排的楼上（楼下就是大门），蔡元培每天一大清早五点钟就来敲门。马相伯有时还在睡觉，便被蔡从梦中叫醒。但是事情总不能如人意，马相伯每天早上要祈祷，这是天主教耶稣会每日的常课，没有办法可以更改。因为这两种理由，马相伯就向蔡元培说明，清早五点钟不便于授课；但是提议，最好由他在南洋公学里面选择一些比较优秀的青年学生来，白天每日开课学习，更为有益而切于实际。

蔡元培深以为然。于是就选派24名学生拜马相伯为师。马相伯起初还是不打算教他们拉丁文，但他们和蔡元培一样，拿定主意请求马相伯教他们。马相伯没别的办法，只好教了。

当时在上海徐家汇天主教会里的法国人，都在背后嘲笑他们，以为中国人怎么能学得好拉丁文？但是马相伯却大胆地教这24名有志青年，读拉丁文最有名的文学作品、最有名的演说家西塞罗（Cicero）的演说。四个月后，经过考试，这24名青年学子居然都能写得出来、说得出来（发音自然有些不确）。从前嘲笑他们的外国人，也不能不钦佩这些中国学生的努力。后来大有功劳于文教事业的胡敦复，就是这些青年里面的一位。

马相伯教他们的功课，除了拉丁文以外，还传授法文和数学。这24名学生，一开始齐声告诉马相伯道：我们通统学过了。马相伯说："你们且慢，等待我先说一点，你们再说。我的教法，完全和你们在学校所受的教育不同……"比如数学罢，马相伯不但教他们演算的技术，并且教他们原理，使他们从根本上理解每种方法的作用，他们的领悟能力很强，其中有几位青年后来对于数理的研究有所深造。

马相伯又教这24名青年学习哲学，凡哲学术语，袭用古拉丁文又来自古希腊文，"不徒欲探欧语之源流，并欲探希腊、拉丁人震古烁今之爱知学也"。（参看马相伯著《致知浅说·付刊叙》，商务印书馆出版；但当时马相伯手编教材《致知浅说》与《拉丁文通》旧稿本已散失，民国以后所刊行的，乃是"辑散补亡，勉续未成"之作）

创办震旦学院

马相伯教24名学生有了成绩，声名远扬，各地有志人士慕名云集，甚至有从云南、四川等边省，不远数千里跋涉而来的。这些来求学的文化人当中，有八位少壮的"翰林"，二十几位"孝廉公"（即举人）。马相伯和蔡元培商量，觉得有必要扩大组织，于是就创办了一个学校，实具有西欧Akademie（高等学院、研究院）的性质，名为"震旦学院"。据马相伯解释："震"乃"秦"字谐音，系古代外国对中国之称呼；"旦"即黎明、日出，"震旦"意谓"中国之黎明"。

蔡元培不仅介绍24名优秀青年到马相伯处学习拉丁文、法文、数学等，并且筹备组织“译社”。他当时担任“南洋公学特班”总教习、中国教育会负责人。1902年11月，南洋公学发生“墨水瓶事件”，200余名学生反对当局的封建压迫，高呼“祖国万岁”，集体离校。退学的众多学生请求蔡元培，协助筹办“共和学校”。蔡元培除与教育会合作成立“爱国学社”外，还介绍一些学生到马相伯处求学。马相伯欣然允诺，遂正式成立“震旦学院”。

1903年2月27日，震旦学院举行开学典礼。马相伯在会上发表演说，反对科举制度，反对中国自秦汉以来的“奴隶之学”，提倡“格物穷理”、“自主”之学。他的一番主张发人深省：

> 学问之道，有人己之别也。我国自秦汉以降，皆为人之学也。曰“策论”则策论矣，曰“诗赋”则诗赋矣，曰“经义”则经义矣，降而至于“八股”则八股矣。我不解奴隶性质之何以若是之深入而难移也。譬之一家之中，其家主虽粟麦之不分，是非之莫辨，然其奴隶必崇拜之，服从之，彼为人之学奚异哉。
>
> 故为学亦有奴隶与非奴隶两派。我不解中国奴隶之学，何以若是之盛哉。……
>
> 凡此奴隶之学，非所乐闻。今兹所讲，为格物穷理之学，求之一己，而无与人者也。故开宗明义，力求自主。……

我认为，马相伯先生敢于公布这一番离经叛道的新论，并加以不屈不挠的实践，无愧为中国思想解放和民主运动的先驱之一。

震旦学院既与“爱国学社”同时成立，内部也实行“学生自治”制度。但两者分工有所不同：爱国学社，侧重于政治，以推翻清朝专制为目标；震旦学院，侧重于学术，以培养翻译人才为宗旨。不久，爱国学社因受《苏报》案文字狱牵连，自行解散，原有学生多转到震旦学院。因此，震旦学院与爱国学社殊途同归，乃是民主、科学的摇篮和早期根据地，可谓从封建统治中脱颖而出的新型学校。

震旦学院创办的时候，一没有校舍，二缺乏师资。马相伯凭借他的社会关系，借天主教所办的上海徐家汇天文台空余房屋为校舍，聘请耶稣会教士为义务教员。当时，马相伯自任监院（即院长）主持教务。他吸取了西方研究院的优点，又继承了中国民间书院的特色，采用名儒“师徒传授”的办法，以60余岁高龄，亲自教授拉丁文、数学、哲学，编写《拉丁文通》、《致知浅说》为教材，视学生如家人子弟，共食同游，亲切恳谈，循循诱导。马相伯的家庭虽然世代信奉天主教，但他借用教会力量办学，却毅然宣布办学应该扩大范围，藉以收容四方思想不同、派别不同的有志青年，遂提出以下信条：（1）崇尚科学；（2）注重文艺；（3）不谈教理。

马相伯桃李满天下，而蔡元培不愧是马相伯的第一名好学生。特别是在新文化思想和新教学实践两方面，马相伯乃是蔡元培的第一位导师。后来以北大、清华、南开、复旦、西南联大为代表的"思想自由"和"校园民主"优良传统，实在起源于马相伯先生。

震旦学院开学记

我在上海市徐家汇藏书楼，查阅到《苏报》光绪二十九年癸卯阴历二月初二日（1903年2月28日）在《学界风潮》栏内，刊登的一篇非常值得重视的历史文献，就是《震旦学院开学记》，特抄录如下——

壬寅二月朔（作者注："壬寅"似应为"癸卯"，二月初一日即1903年2月27日）上海震旦学院开学，其师为南徐马相伯先生也。先生尝曰：

"我国人士谈西学、诵西文数十载矣，然所事皆彼中童幼商工所普习，而非我士大夫所当及也。鄙人潜思三十余年，非经典之书不读，非名家之作不观。所心得、所置意者唯此士大夫之学，所乐与好学深思之士，共相讨论也。"

先生此意，蓄有年矣。

院设于上海西乡徐家汇，即天主堂旧有的天文台也。先生居于土山湾工艺学堂，相隔约半里许。是日先生临院，诸生皆降阶相迎。先生谦身含笑而入，相与同登演说厅，行师生相见礼。先生西南立，诸生皆北向以对，各三揖而退。于是入课堂，各以次就座。

先生曰："西国学堂开课之日，教师必演说。今日我震旦学院开学，鄙人亦演说一短篇，略表宗旨。"其文录下。

"今日我震旦学院，虽一小小学院。然恢张宏远，前程何限！如一芥之微，撒之艺之，可以遍地，我震旦其奚异哉。然诸君之集籍来游，麇集于兹者，非为学乎！兹姑言学。

“夫学问者，世界所最尊贵者也。彼富贵功名，非不重矣。然卑鄙龌龊、胸无点墨之辈，欲荣誉之，则荣誉之；欲富贵之，则富贵之。此赵孟之所贵，赵孟能贱之也。定如此（学问）一点灵犀，父子不能相传授，兄弟不能相取移，朋友不能相提赠，照耀大地，没世不忘之难能而可贵哉！

“虽然，学问之道，有人己之别也。我国自秦汉以降，皆为人之学也。曰‘策论’则策论矣，曰‘诗赋’则诗赋矣，曰‘经义’则经义矣，降而至于‘八股’则八股矣。我不解奴隶性质之何以若是之深入而难移也。譬之一家之中，其家主虽粟麦之不分，是非之莫辨，然其奴隶必崇拜之，服从之，彼为人之学奚异哉。

“故为学亦有奴隶与非奴隶两派。我不解中国奴隶之学，何以若是之盛哉。故无论落第之士，牢骚抑郁，或掩涕一室，长嘘空山，作种种丑态之可笑可怜也。即彼大魁天下，置身通显，峨冠博带，炫耀耳目者，试叩其所学，则抑复嗤鼻。

“凡此奴隶之学，非所乐闻。今兹所讲，为格物穷理之学，求之一己，而无与人者也。故开宗明义，力求自主。夫自主与自由异。自由者，今日欲左则左之，明日欲右则右之。而自主则不然，有坚忍不拔之气，强立不返之志，旦而矢之，则万变不离。所谓三军之帅可夺，而匹夫之志难移！此鄙人所欲与诸君子共勉者也。”

我恭敬地把这全文抄录于此，请大家务必细读沉思！多少年来，每诵读一遍，我心中都充满了对马相伯先生越来越深的仰慕之感、崇敬之情。大家不妨把 1903 年上海震旦学院马相伯先生的这篇开学演说词，跟两年以后即 1905 年“京师大学堂监督”的开学词作一个对比吧！

京师大学堂师范馆第一届毕业生王道元回忆道——

清末朝廷腐败已达极点。1905 年京师大学堂第一任监督张亨嘉在就职典礼时，命诸生各着官服，监督与学生均朝服朝冠，首先向至圣先师孔子的神位行三跪九叩礼，然后学生向监督行谒见礼三个大揖。礼毕，张监督训话：“诸生听训。诸生为国求学，努力自爱。”

就此完了。这总共 14 个字，可说是一篇最短的校长就职讲演。同学们

在散归各斋后，引以为笑柄。（参看《文史资料》第4辑，1983年版）

最早的《震旦学院章程》

我还从历史档案中发现1902年底订立的最早一份《震旦学院章程》。今特将有关学制、分科、办学经费的条款，摘抄如下——

一、本学院所授功课，限二年卒业者，单就文学（Literature）论也；至于质学（原文按：即Science，日本名之曰科学），非两年所能毕事，有志精进者，得于二年外延长肄业时刻，本学院可特别教授，卒业剪限，亦以二年。

二、本学院总教习为马相伯先生，精希腊、拉丁、英、法、意文字，曾奏派游历欧、米（引者注：原文如此，米即美国，日本译名曰米国）各国，一切功课，均由马君鉴定。

三、本学院于光绪癸卯年，西历一千九百零三年正月开办，的确开学日期，登报声明。

四、本学院设在上海徐家汇，房宇敞爽，大适宜于卫生，花园、操场、演说厅均极宽豁。

五、入院办法，肄业者分为普通、特别两科。

（甲）普通科，银百两为一率，捐一率即可入院肄业；有力者可任捐十率、二百率，以赞成此莫大育事业。

（乙）特别科，无力而有学问者，不能岁捐银一率，可以其著作介绍，一通人代递。并言明其精于何种学科，入院试读一月，其学行经本院干事三人认可，即得免送捐金，住院肄业。卒业后在本院所捐译社（引者注：即蔡元培创办者）内充译员二年，仍得稿值五成之权利。

六、捐银分二期缴清，正月缴银五十两，六月缴银五十两，凡百两。统交本学院簿记所收领，给收单据为凭。

七、试读一月后，虽有捐金，而其学问不及译书程度，或资性太钝者，随时由教习谢退，计月取房膳食银十两，余金发还。

八、走读者，岁捐银半率。

九、拉丁教习一人，英、法、德、意教习各一人；总干事一人，分干事五人。每学生十人，置执役一名。

十、除用款外，储赢为开办译社、学会及奖励一切公共利益之用。

（以上摘自《翻译世界》第2期，光绪二十八年十二月初一日即1902年12月30日出版）

由此可见，1903年震旦学院的“普通科”学习费用（包括学宿膳费）为每年100两白银（引者注：约合今人民币7000元），叫做“捐银一率”，分二期缴清，正月缴银50两，六月缴银50两。试读一月，月取房膳（食宿费）银10两（引者注：约合今人民币700元）。走读的学生，“岁捐银半率”，就是缴纳学费50两银子。

另外，招收一种“特别科，无力而有学问者，即得免送捐金，住院肄业。卒业后在本院所捐译社内充译员二年，仍得稿值五成之权利”。就是类似于后来的“助学金”或者“贷款金”，免收学宿膳费。条件是毕业以后，在本院开设的“译社”内担任“译员”二年，将所得“稿值五成”即翻译稿酬的50%作为回报。

马相伯规定的施教方针

马相伯宣称：

> 欲革命救国，必自研究近代科学始；欲研究近代科学，必自通其语言文字始；有欲通其外国语言文字，以研究近代科学，而为革命救国之准备者，请归我！

这个宣言，在当时万人传诵、不胫而走，真是发聋振聩、掷地作金石之声。马相伯等人制定的《震旦学院章程》规定以“广延通儒，培养译才为宗旨”。分文学（学制两年）、质学（即科学，学制四年）两类，各科均以外文教授。施教方针有以下四点：

（1）培养青年实行民主自治。马相伯对学校内部事务，规定由学生自行管理。财政公开，藉以养成“共和精神”。除总干事、会计由马相伯从学生中选定外，其余干事由学生选举，轮流担任。

（2）指导研究科学的门径。当时学生多为成年积学之士。马相伯针对学生特点，着重启发式教学，指导学生钻研科学的方法和途径。他在选择教材时，一反当时使用浅薄外文作课本的习俗，精选西欧名著为教材，如用西塞罗（Cicero）演说为拉丁文课本，选莎士比亚作品为英文课本，等等。

（3）注重演说、口才训练。每逢星期日上午，马相伯必召集学生进行演说，或研究时事，或讨论学术，或纠正学生违反校规的行为，习以为常。马相伯本善于雄辩，庄谐杂出，语言动人，效果极佳。他还拟定题目，指导学生练习演说。

（4）学生必须参加军训。马相伯聘请法国军官为教练，训练兵式体操，并命学生戎服荷枪，赴法国兵营实弹打靶。

梁启超当时受清政府通缉，被迫流亡在日本东京避难。他从报刊上看到震旦学院成立的消息，非常兴奋，著文说：

> 吾闻上海有震旦学院之设，吾喜欲狂。吾今及始见我祖国得一完备有条理之私立学校，吾喜欲狂！吾祝震旦学院万岁。

震旦学院创立之后，学科由文、理两科逐渐发展为文学、致知（哲学）、象数（数学）、形性（理化）四科，学生报到者起初 24 名，后达到 132 名。生员虽属少数，但皆为一时精英之选；其中有著名革命党人马君武、刘成禺、邵力子等人。

马相伯从报纸上看到：山西省青年举人于右任，因作诗讽刺西太后，被通缉，逃亡沪上。他便派人招收于右任入学，特免除全部学宿膳费，解决于的生活困难问题。马相伯还对于右任说：“余以国民一分子之义务，为子作东道主矣。”于右任就取了“留学于”的谐音，化名“刘学裕”入学。由此可见，马相伯十分爱护革命青年。

他在《学院章程》中规定：“教师上课，不谈宗教；学生在院，不谈政治”，要求大家专心学业，努力培养成栋梁之材，以求科教救国。

［附考证］关于震旦学院创立的时间，有两种说法：一种来自法国天主教人士所写《震旦大学二十五年小史》以及《震旦大学一览》认为是 1903 年，第二种是复旦大学校史编写组所编《复旦大学志》认为应是 1902 年。两种说法各有根据，但只是着眼点略有不同而已。据我

对比考证，准确的说法应该是：1902 年 11—12 月为震旦学院筹办的时间，1903 年 2 月 27 日为震旦学院开学的日期。有关的主要史料如下——

（一）1902 年上海《翻译世界》第二期，光绪二十八年（壬寅）十二月初一日即 1902 年 12 月 30 日出版，刊有《震旦学院章程》，震旦学院的筹办，当在其前；

（二）1905 年由严复领衔的《复旦公学集捐公启》中说："震旦学院者，丹徒马君相伯良之所创立也，于壬寅开课。……三载之间，卓有成效"，此文所说"开课"，可理解为马相伯先生教导 24 个青年学习拉丁文的那一年；

（三）震旦学院第一批学生，大多为南洋公学退学者；南洋公学退学风潮发生在 1902 年 11 月，震旦学院的筹办，当在其时。

（四）邵力子在《救国老人马相伯先生》一文中回忆："光绪壬寅、癸卯间，先生既创震旦学院……"按壬寅年即 1902 年 2 月—1903 年 1 月，癸卯年即进入 1903 年；前者是筹备的时间，后者是开学的时间。

（五）引起误会的原因之一可能来自《苏报》光绪二十九年阴历二月初二日在《学界风潮》栏内刊登的一篇《震旦学院开学记》，其中说："壬寅二月朔上海震旦学院开学，其师为南徐马相伯先生也。"这一份《苏报》的出版日期光绪二十九年阴历二月初二日，即为公元 1903 年 2 月 28 日；所以"壬寅"似为"癸卯"之误。震旦学院开学之日"二月朔"即阴历二月初一，公元 1903 年 2 月 27 日。（谨按：以上并非出于笔者创见，而是综合归纳各种史料、对比整理而成）

震旦学院退学风潮

法国天主教耶稣会某些别有用心的神甫，在起初创办震旦学院时，态度若即若离、袖手旁观。对于中国学生学习拉丁文，更是讥笑；一旦等到办学成效卓著，又"见猎心喜"。他们软硬兼施，图谋从创始人和监院（院长）马相伯手中夺取领导权，改变学院的自主性质。

第一步，在 1905 年震旦学院开学之初，教会提出干涉学院行政的通牒。声称非有满意的答复，不派法文教师上课，进行要挟。这一步竟然得逞。

第二步，引诱学生只攻读法文，排斥英文和其他课程。原来震旦学院分为英文班和法文班两种。这时，法国传教士将法文班的课程订得比较完善，而将英文班的课程订得很差，企图引诱学生专学法文。后来，公然不顾学生反对，裁去头二班的英文课程。

第三步，法国天主教耶稣会神甫南从周，竟然命令监院（校长）马相伯先生去住医院"看病"，改由他来代理震旦学院一切事务。实际上是赶走监院马先生。南从周在夺得震旦学院权力以后，"尽改旧章"，企图迫使中国学生沦为法国天主教的驯服工具。

然而震旦学院学生一贯具有爱国自主精神，遇到这种蛮不讲理的事变，群情愤慨。于是开会讨论对策，当场推定沈步洲同学（后来在北京大学任教）为主席。沈步洲发表演说：

> 我们来此读书，主要是因为马相伯先生，他是中国人，热心祖国教育事业，创建震旦学院，为国家培养人才。目前监院马先生没有生病，法国教会却命令他住医院，另派法国传教士南从周来院掌握一切；实际上是驱逐马先生，篡夺震旦学院领导权。学院原来的课程，英、法文并重。现在取消英文，专用法文，法国天主教会的用心十分明白，要使震旦学院变为法国教会掌握的工具。由于马先生是天主教徒，不可能直接与教会争执。目前我们学生的唯一办法是退学！赞成退学的同学请签名，不赞成退学的也不勉强。

结果，全校132名学生，签名退学的130人，不签名的仅有2人。

沈步洲等代表把退学的签名簿送给马相伯先生看。马先生老泪纵横，饮泣吞声，悲痛至极。他向学生表示，自己是天主教徒，为耶稣会的教规所约束，不得犯规，望能谅解。他同意学生们退学，并将大家所缴学费如数退还。于是，绝大多数同学纷纷携带行李物品毅然走出校门，誓不回头！马相伯也住进医院。一所声誉日著的"震旦学院"就此停办。

评论者认为：1902年南洋公学学生集体退学，是为了反对封建专制，要求自由平等，体现了民主主义的觉悟；而1905年震旦学院学生的集体退学，则是为了反抗外国教士的宗教专制，为捍卫教育自主权，体现了爱国主义精神。这两次学潮，在中国近代教育史上，掀开了学生民主运动的序幕，实为五四以来知识阶层争取自由解放的先声。

从震旦到复旦

马相伯先生后来回忆说：

> 震旦（学院）开了一年多之后，因其中的（外国）教授及管理方法与我意见不合，遂脱离关系而另组织一校，以答与我志同道合的青年学子的诚意，这就是复旦公学。

从震旦学院退学的学生中，有不少是知名的爱国志士。他们选举叶景莱、叶仲裕、于右任、邵力子、王侃叔、沈步洲、张铁欧等人为干事，协助马相伯共同商议复校办法。当时租定爱文义路（即今北京西路）22 号房屋为“复旦公学事务所”。大家就把震旦学院校牌以及所添置的教具、图书、标本等物品暂时存放在那里。至于在徐家汇天文台内新建的宿舍楼一座，只能无偿地送给教会。

“复旦”二字，取自《尚书·大传》中的名句“日月光华、旦复旦兮”，既隐含着恢复“震旦”的意思，又象征着复兴中华。干事会筹款 2 万银圆，为“复旦公学”启动费。

复旦公学初办的时候，经济非常艰窘，又没有校址。马相伯在吴淞看好了一所房屋，是吴淞镇台的旧衙门，地方很宽敞。既远离城市可以避开尘嚣，又靠近海滨，可以使学生多接触海阔天空的浩然之气。大家决定了，马相伯便发电报给两江总督、南洋大臣周馥（玉山），因为跟他是旧交，关系很好；马相伯请周总督把这个旧衙署拨给复旦学院，并请他资助些经费。周馥回电很鼓励马相伯，拨交吴淞官地 70 亩为建校地址，并暂借吴淞“提督行辕”公所为临时校址，又汇款 2 万两白银给复旦公学做经费。

马相伯又聘请社会名流严复、曾铸、萨镇冰、熊季廉、袁观澜、狄葆贤等 28 人为校董，协助募集办学基金，共同管理学校。

但是徐家汇天主教耶稣会仍用“震旦学院”的名义向《时报》洽登广告，宣称震旦学院将于不久招生开学。《时报》馆负责人狄葆贤为马相伯的好友，立即将这事报告马相伯。于是“前震旦学院全体干事、中国教员、全体学生”协商后，也拟定一份“公白”，说明事实真相。

因此，在《时报》光绪三十一年五月廿七日（1905年6月29日）头版，同时刊登了两篇声明，现将两件原文抄录如下——

第一篇是《徐家汇震旦学院广告》：

震旦学院前因学生误会意旨解散。而本堂及各教员于中国教育之前途，热心未懈，即院中书籍、标本等，亦一切无恙。现拟延请中国清望素著、讲求教育之人，为本学院名誉赞助员，商订学课规则，定期招考学生，于七八月间开办，先此广告。

第二篇是《前震旦学院全体干事中国教员全体学生公白》：

震旦解散后，除添建之校舍移赠教会作为酬谢外，凡公备一应器具暨书籍标本早经迁出，毫无纠葛。现暂借吴淞提辕，定七月下旬开学，更名复旦公学。旧时院名，久已消灭，此后倘有就旧基重建设者，无论袭用旧名与否，与旧时震旦丝毫无关，特此敬白。

由此，中国师生合办的“复旦公学”与法国天主教传教士主办的“震旦学院”各树一帜、分道扬镳。

1905年复旦公学第一次招生，要求很严格。报名者500多人，由严复、马相伯亲自主考，只择优录取50名，新生质量比较高。加上“前震旦旧生报到者”120多人，复旦公学第一批报到的学生为175名，后来又陆续增加到200名左右。

复旦公学的两条广告

我从上海市徐家汇藏书楼查阅到光绪三十一年六月和七月（1905年七八月间）的《时报》合订本，发现了前后两条《复旦公学广告》，抄录如下。

其一为——

震旦旧名，有人袭用。嗣后海内外寄本学函件，请径寄吴淞提辕，或英界张园北爱文义路二十二号复旦公学事务所，以免误投。本学教授管理法，由严几道、马相伯两先生评定，并请校董熊季廉、袁观澜两先生分任管理之责，一切续行刊布。前震旦旧生，无论本埠外埠，请亲来或投函报名，以便位置，定七月初六日（按：即公历8月16日）截止。余额另被新生，张园北爱文义路二十二号复旦公学事务所启。

（录自《时报》合订本，光绪三十一年六月廿一日，即1905年7月23日第一张第一页）

其二为——

本校校舍建筑需时，暂假吴淞提辕先行开学，暂定学额百六十人。前震旦旧生报到者百二十人，余额改补新生。兹定本月二十四日，就张园对面爱文义路公学事务所，由严几道、马相伯两先生考试。上午八点钟至十二点钟考汉文；已习西文者，下午二点钟至五点钟加考一次。俟录取后通知入校。吴淞提辕只容寄宿生八十人。因来学者众，复在校外租借宿所，略广学额，以免向隅。凡能刻苦自励，愿来就学者，于二十日报名备考。本校学程规定预科四年（一为实业专门之预备期，一为政法专门预备期，可直接升入大学），专科二年。校费暂分三等，校内寄宿者每年百二十圆，校外寄宿者（宿所由校赁定）每年百圆。梳栉、洗衣、操衣费、床帐等一律在内。自赁宿所，仅在校午膳者每年六十圆，操衣在内。应缴校费，分上下两学期，开校时缴足。开校定八月初二日。旧生须一律于月杪前到校。教授管理法另刊。

（录自《时报》合订本，光绪三十一年七月十八日第一张第一页，即1905年8月18日）

这就是说，起初规定复旦公学的学生名额、学习费用分为三种：（1）校内寄宿者，名额80人，每年缴费120银圆。（2）租赁校外寄宿者，名额也为80人，每年缴费100银圆；以上两种，梳栉、洗衣、制服费，床铺、帐子等，一律在内。以上寄宿名额为160人。（3）自己解决住宿问题，仅在学校用午餐者，每年60银圆（制服在内）。

复旦公学经过马相伯、严复、熊季廉、袁观澜等爱国人士和20多名骨干学生的积极筹备，第一批报到的学生为175名；1905年9月14日（阴历八月十六)，终于在吴淞正式开学。

为什么称为“公立高等学堂”

马相伯与严复等人重建的复旦公学，按照现在的说法，应该属于民办(即私立)性质，但按照清代末年的说法，则是一所“公立”即合资的高等学堂。

根据清廷颁布的《奏定学堂章程》规定，当时学堂分为三种：即官立、公立和私立。

那时所谓“公立”的定义，跟现在不同。由清朝官府设立的名为“官立”；由民间士绅捐集款项，或由当地合股集资公款（就是合资）的，则名为“公立”；只有一人（一家）独自出资的，才名为私立（独资）。复旦公学由南洋大臣周玉山拨交吴淞官地70亩为建校地址，又暂借吴淞提镇行辕为临时校址，并汇款2万两银子给复旦公学做经费；学校干事叶景莱还向各方募捐集资；并于1907年请两江总督端方奏准，辅助常年经费每月银1400两；总之，符合当时所谓“公立”的规定。因此，在1908年所订《复旦公学章程》、1910年填报的《江苏省宝山县公立学堂一览表》中，都自称为“公立学堂”。

历任监督（校长）对学生比较信任，仍然遵循马相伯创始的震旦学院制度，实行“学生自治”。同学多富于革命思想，每周的中文作文，较多论及时局政治、实业问题。于右任在办《民呼报》和《民吁报》时，往往择其优者，作为该报社论发表。当时舆论认为复旦公学是革命党在上海的重要基地。

清朝末年的复旦公学属于高等学堂的性质。清末参照日本明治维新后的学制规定：只有京师才设立“大学堂”即最高学府，各省的省城设立“高等学堂”，府、州设立“中学堂”。高等学堂处于大学堂和中学堂之间，实际上为大学堂的预备学校。复旦公学既受清廷资助，就按高等学堂章程办理，内部分为两大类：第一类为政法科、文科、商科之预备班；第二类为工科、理科、农科大学之预备班，学制2年毕业。当时刚废科举、兴学堂，全国各省还没有中学堂的毕业生。因此，复旦公学在高等科外，另设预科。预科的学习年限起初定为4年制，后改为3年制，1909年预科改为中学，5年毕业。

复旦公学的第一任监督（即校长），师生共推马相伯先生担任。1906 年马相伯辞职，由严复继任；1907 年由夏敬观为监督，1909 年由高凤谦继任；1910 年高凤谦辞职，马相伯重又担任监督。这几任监督虽然任职不久都因故辞职，但对办学十分认真，马先生又聘请李登辉、袁观澜、周贻春、赵国材等具有真才实学、热心教育的学者，担任讲学或主持教务工作。

复旦公学的教学特点

首先，重视外语（英文和法文）教学。《复旦公学章程》规定，除中国语文、历史、地理及伦理学外，其他学科均沿习震旦学院本来的宗旨，采用外国课本，运用英语和法语两种外语教学。主要分为英文班和法文班，此外还讲授拉丁文。

复旦校章中详述采用外语教学的理由：

一、外国历史、地理的名称，如翻成汉文，“叶音赘牙，不便记忆”；

二、外国科学、哲学、法律等名词，“一时势难遍译，不如径用西文，较为简便”；

三、“世界竞争日亟，求自存者，必先知彼为。先知彼者，必通其语言文字”；

四、“西籍浩繁，非移译所能尽收”，“况泰西科学，时有新知，不识其文，末由取益，必至彼已累变，我尚懵然”。

这些认识，与严复有关，在今天看来，仍然正确。1902 年，严复在《与〈外交报〉主人论教育书》中说：“既治西学，自必用西文西语而后得其真”，他批驳那种认为学习外语就不爱国的论调，说：“此其见真与儿童无以异。爱国之情，根于种性，其深浅别有所系，语言文字非其因也。”（转引自舒新城《中国近代教育史资料》下册第 993 页）

严复协助马相伯建立复旦公学，就进一步实践贯彻了这个主张。

1905 年 9 月 14 日，复旦公学在马相伯、严复等先贤主持下，在吴淞正式开学。马相伯总其事，而严复出力颇多，他领衔发起向上海绅商各界募集经费，协助制定《复旦公学章程》，担任对第一届新生入学考试的主考，从 500 多报名者中择优录取 50 名；此后学生增加到 175 人，分为 5 班；校舍

20 间。严复协助马相伯主持教学，使复旦公学形成了自己的特色。稳定后的复旦公学是一所三年制高等学堂。常年约有 200 名学生，分为 7 班。

复旦公学吴淞校舍

复旦公学起初借用吴淞提督行辕为校址，自光绪乙巳（1905 年）至辛亥革命（1911 年）共历时 7 年。辛亥后校舍大部毁于兵火，学校一度中辍。20 世纪 30 年代，同济大学附中曾将复旦公学遗址改建为同济校舍，已非旧貌。由于原始照片资料无寸，缺乏详尽的文字记载，故吴淞校舍已罕为人知。但我在复旦老校友周有光、倪海曙等老师帮助下，看到了几件与吴淞校舍旧提督行辕有关的具体史料。《松江府志·图经》所附《提督署图》，据该书《武备志》："江苏全省提督军门……同治十年重建官署，仍驻松江城，管全省水陆军务。"可见吴淞行辕乃江苏提督军门设在吴淞要塞附近的下属军务衙门。

《复旦公学 1910 年下学期一览表》记载了当时"就旧行辕房屋改修"成的房屋间数，计有讲堂 8 间，大小寝室 21 间，盥洗室 4 间，浴室 2 间，理发室 1 间，教职员司事仆役寝室大小 11 间，储藏室 2 间，调养室 1 间，厕所 4 间。可知房屋总数当不少于 60 间。

《三十年前之复旦》（金通尹文，原载《复旦大学校友节特刊》1937 年 5 月 5 日）第一段《提督衙门》叙述了屋舍规模：

> 当时的校舍，是一个提督衙门。门前一通照墙，两个旗杆，东西两辕门。进了仪门，是一个石板甬道，直前拾级而上，为平台，便到大堂，那时用做礼堂，也就是饭堂。两庑有二三十间平屋，遥夹甬道，东西相向，做课堂、宿舍、办公室。大堂里面，前后有三进平屋，正中后进六七间，是校长室、教职员宿舍，其余都是课堂及学生宿舍。有一个化学实验室。另外搭了几间板屋，做浴室、厕所、盥洗处，就在各宿舍的前廊。

据金通尹先生的记述，可以看出当时校舍数目，与《复旦公学档案》所载的 60 间左右基本相符。金先生还简叙了校外租赁民房为学生宿舍的情况，以及 30 年后他所见到的吴淞行辕残迹：

里面学生宿舍不够住，又跨过照墙前的淞沪铁道，租了怀远里的几个石库门三间两厢房屋和几间沿浜市房，做校外宿舍。宿舍东、西空地做操场。现在的同济中学就是这个校舍的故址，遗迹存留只有大堂和平台的一部分，及他们用作女生宿舍的几间房屋。

《赴淞摄取校史纪念片记》（1937 年 5 月号《复旦同学会刊》第 6 卷第 7 期、第 8 期，毛经学文），详述 1937 年 4 月与金通尹、刘伯年、杨玉成同往吴淞同济附中，访问母校吴淞故址情况：

淞站下车后，先往南访宿舍，记者与通尹对校外宿舍所在依稀想象，未能确切辨认……继越轨而北，入同济附中，该校屋宇，盖就母校吴淞故址改建者……左边旧教室前后两排，为以原校大礼堂（即前清提督行辕）中加隔断辟成者，后埭平房，现为该校女生宿舍，乃母校创办时之课室也。……乃由杨君摄影二幅：一幅为礼堂西侧面；一幅为课堂正面，其东首短垣之外，系公共体育场，即旧日之操场也。

1905 年复旦公学的费用

我从历史档案中查寻到 1905 年订立的《复旦公学章程》，现将其中有关学费的条文抄录如下——

学额、入学应缴费

（一）新校未成以前，学生暂不定额，以宿舍、课室能容为度。

（二）每年学费，住宿者 120 圆，膳费、梳栉、洗衣费及床帐桌椅一切器用费在内。通学生（走读生）仅在校午膳者，年 60 圆（另每年缴校友会费 2 圆）。

（三）学费于每学期到校时缴足，其交纳期限如左：

上学期 60 圆交纳定日：正月十八至二十五日。

下学期 60 圆交纳定日：七月初八至十五日。

（四）凡过交纳定日未交学费者，由校长酌办。逾期一月未交者辞退。

（五）凡中途自行退学，及犯规休学者，学费概不给还。

（六）凡书籍纸笔上课必需品，由校购备，各生照原价备款购取。仍向保证人收应缴费。

辛亥革命前，学校接受清廷资助，每月拨给白银1400两，合银洋2000圆，是“公立”性质。辛亥革命后，校址由吴淞迁到徐家汇的李公祠堂，学校自筹经费，自主办学，变为私立性质。历任监督（校长）为马相伯、严复、夏敬观、高凤谦。复旦公学创办10年间培养出了一批栋梁之材，如于右任、邵力子、张大椿、陈寅恪、竺可桢、金通尹等。

辛亥革命前的爱国老人马相伯

马相伯一身二任，既是耶稣会震旦大学的创始人，又是民办复旦大学的创始人。辛亥革命前后，他已经是七十高龄。多年来民间谚语“人生七十古来稀”，但马相伯人老心不老，终生为中华民族新文化事业奋斗。1908年，震旦学院拟定在法租界建设新校舍，又向马相伯募捐。马老为震旦学院购置卢家湾地产100亩，当时地价每亩400银圆，共捐献大洋4万圆；又捐献英、法租界地基8处，大约价值大洋10多万银圆。马相伯将全部家产几乎都献给了震旦、复旦两所大学。这在中国历史上可说是独一无二的。

1909年，复旦公学校长几度易人，严复、夏敬观、高凤谦等由于各种困难问题，相继辞职；众推德高望重的古稀老人马相伯复任监督（校长）。这时，清政府下令各省设咨议局，马相伯当选为江苏省议员。

马相伯在复旦校园，一向对于青年后生非常爱护，非常喜欢和他们谈话。师生们在课余也喜欢来同马相伯讨论，有了困难，也常来找马相伯给他们解决。有一次学生们因饭食问题，几乎要起哄，马相伯开诚布公地训诫他们道：“你们到此地不是来做大少爷，而是来求学的！而且学生不应以家庭为家庭，而应以社会为家庭。……”青年们到底是些无邪的孩子，听从马老先生一番词严义正的教训，他们也就心服口服。

辛亥革命后的复旦公学

复旦公学开办后几年，1911 年 10 月 10 日便爆发了辛亥革命。上海也经过了一次“光复”，复旦校舍被“光复军”即“吴淞民军”占据，一时无处开课。马相伯就率领全校师生离开上海前往无锡惠山脚下、太湖之畔，距无锡车站六七里处，暂借李公祠堂充作校舍。湖光山色，本是风景极其优美的去处。怎奈乱世民生凋敝，愚昧贫困交加。马相伯好多年没有回到家乡的茶馆了，在无锡时，又和二三友人在茶馆吃了几次茶。无锡那时的茶馆，楼上、楼下都是满座，但楼板有缝，看得清楼下，环境简陋不堪。然而众人安之若素、得过且过，一点也不觉得难受。马相伯面对这种情形，万分无奈，感慨万端。

幸而只在无锡住了一个月光景，又把学校搬回上海。

辛亥革命以后，校友邵力子回到上海，参加《民立报》工作。当时复旦吴淞校舍为光复军司令部所占，经费无着，几乎停办。

1912 年 1 月 1 日，中华民国临时政府在南京成立，于右任为交通部次长，有较高声望和地位。他乃邀集复旦校友胡敦复等，联名上书临时政府教育部，申请帮助复旦复校。

复校最大的困难，莫过于两“子”：银子（经费）和房子（校舍）。“银子”问题如何解决的呢？民国初建百废待兴，临时政府财政虽然拮据，但邵力子跟于右任商量：如向临时大总统孙中山先生直接呈请拨款，事必有成。他们一起，将复旦情况向大总统汇报。孙中山认为，复旦是富有反帝、爱国和民主、自由精神的学校，对此非常关注。且教育总长蔡元培大力支持复旦复校，当即批示同意，还决定拨款 1 万银圆（补助金）作为复校经费。

“房子”问题又是如何解决的呢？马相伯回到上海后为复旦寻找新址，就写了呈文给江苏都督庄蕴宽，请他把上海徐家汇的李文忠公祠拨给复旦作校舍。庄都督马上批准了。于右任等家址离徐家汇李公祠不远，他们共同协助马相伯工作。但是按照民国教育部的新规定，“民办”即为私立，此后改称“私立复旦公学”。

这时于右任、邵力子、叶藻庭、胡敦复等人在民立报馆二楼，设立“复旦筹办事务所”。

我查阅了上海《民立报》在1911—1912年间，有关复旦学院重办过程的一些报道，现将部分原文摘录如下，以见当时艰苦卓绝的曲折经历——

《民立报》1911年12月发表的《复旦学院广告》：

复旦学院前因讲舍、操场为吴淞民军借用辍课，业经匝月。但分阴宜惜，来日方长，国民负担正多，实学尤应研究。兹幸锡金乡达慨借惠山李公祠及昭忠祠。昭忠祠为课宿之所，地带太湖，距无锡车站六七里许，一苇可航，风景清幽，尘飞不到。同人等拟仿鹿洞（书院）、白鹅（书院）之遗轨，推而广之，为哲理、文学、政法、象数、理化各科大学，旁及制造、驾驶等门，惟兹事体大，端赖先达扶翊，同志应求。凡海内高材，愿来讲学者，与之探讨，窍欣慕焉。爰定十月二十四日（抄者注：此为农历，换算为公元是1911年12月15日）开课。旧生于二十二、二十三两日莅院。新生于二十日后来无锡惠山本院，或上海沪宁车站对门庆祥里东二弄底本院事务所报考。随带报名费五圆，新生学膳宿费年内共收十六圆，于入院时一律交清。马相伯、胡敦复同启。（摘自《民立报》1911年12月4日、5日、6日广告）

然而，复旦公学在无锡惠山李公祠及昭忠祠复学的计划没有实现。不久，复旦师生返回上海。马相伯参加江浙诸省联军总司令部，被任命为外交部长。中华民国成立之初，马相伯任江苏省都督府外交司长。1912年8月，73岁高龄的马相伯先生应召去北京，任总统府高等顾问；一度代理北京大学校长，旋辞去。但其间一直关怀复旦的命运。

《民立报》1912年4月又连续刊登《复旦公学招生广告》：

本公学业经呈准教育部照大学办理在案，校舍已奉苏都督令准借徐家汇李公祠开办，兹以该祠尚驻有兵队，暂租定本埠爱而近路第三号，先行开课。学科，先办中学及补习科，俟经费充裕再开大学专科。教员已延请欧美专科毕业诸如胡敦复、沈步洲、陈警康、郑桐生、朱炎之等分科教授，务求各项科目咸臻完善。开学（日）期，订定五月十号。入学程度，以国文清通为合格。考期，自四月念五日至五月五号在本校报名投考。学费，每半年二十四圆，入学时须预交，本学期只收半费。膳宿费，本学期收十八圆，远地士子不便通学者，可寄宿校中，入校后向寄宿舍帐房接洽可也。校长马相伯启。(原载《民立报》1912年4月20日、21日、22日、23日、24日，又26日、27日、28日、29日)

《民立报》1912年7月再度刊登《复旦公学招生》的消息：

大学预科授英文、德文、法文、史学、数学、理化、政治等科。补习科授国文、英文、数学、地理、历史等科。学费每学期廿四圆，宿膳三十六圆。报考，阳历十五、廿三、廿八等日，在本公学报名考验。开学，九月四日。详章，向本公学取阅。校址，暂在本埠爱而近路三号，俟开学时移入徐家汇李公祠，再行登报通告。校长马相伯。

(原载《民立报》1912年7月3日)

1912年9月8日，离散近一年的复旦师生，终于在徐家汇李公祠复学。仍推马相伯为校长。当时全国各报刊纷纷登载这一重要新闻——

复旦公学始业式志盛

综合记者报道复旦公学复学“始业式”典礼的隆重情况：“吴淞复旦公学，自去年秋冬之间，其校舍为军士占据，随即散学后，由校长等设法迁往无锡李公祠开校。又以该处接近花市，箫鼓画船不宜建设学校。直至今年四月初，始由复旦旧同学叶君藻庭、邵君仲辉等五六人设立筹办处，著手布置，始在本埠爱而近路赁得民房一所为校舍，报名录取之学生约百人，又订聘复旦旧同学中留学欧美毕业回国者分任教科，昨为其开校之期，记者亦与其盛焉。

报道中援引了开学典礼上教务长胡敦复、校董于右任、教员沈步洲、来宾邵力子（仲辉）、庶务长叶藻庭等五人的演说摘要。这五位都是复旦公学的元老，更是我国文教事业走向现代化的功臣。但为什么复旦公学校长没有出席这个开学典礼呢？原来一个月前，73岁高龄的马相伯先生应召去北京，任总统府高等顾问，不在上海。特从历史档案中，将五位演讲的精彩片段抄录于下——

复旦公学开学记

复旦公学禀准苏都督拨徐汇李公祠社校舍，本学期即在该祠开办，仍先办大学预科及补习科。昨午后二时行开学礼，学生已达二百数十人。

首由教务长胡敦复君报告该校宗旨及教科概略（院长马君相伯赴京未归），大旨以循名核实，不汲汲改称大学；及按科分班，务求学生习一科造一科之深邃。并谓预科三年，补习科三年。较前清中学五年，高等三年，其时间短而学科更期精进。

胡君前主持清华学校教务，力主按科分班，以权取不专，未行其志。至今清华学生犹追思之。现主持复旦教务，必能发挥此特色也。

次校董于右任君演说，叙述复旦前次艰难缔造之历史，并言复旦命名，即含有光复祖国之意。今幸达此目的，益当勉力学问，以发扬祖国之光。终言董事会亟当扩充，其拳拳之意，溢于言外。

又次教员沈步洲君演说，以爱公学、爱教师、爱同学为劝勉，而就公德心及学问各方面切实发挥，淋漓尽致。

又次来宾邵仲辉君演说，引中山先生在京演词："昔为破坏时代，今为建设时代，破坏需学问少，建设需学问多"数语，推阐其义，并自述前此求学困难失败之状况及前清学校腐败诸弊，以证此后求建设学问之不可不刻苦奋勉，时时以新民国为念，语亦深切动人。

又次由庶务长叶藻庭君报告捐款及拨借校舍诸君之热心，表示感谢之意，分盼来宾此后益尽力辅助云。礼毕摄影散会。（原刊《民立报》1912年9月9日，第10页）

1913年初，学校成立首届校董会，孙中山及蔡元培、于右任、王宠惠、陈其美等民国政要出任校董，负责为学校募集资金。

到1916年，私立复旦公学共培养大学预科毕业生15人，中学毕业生150人，其中著名的有张志让、孙越崎、恽震等。复旦公学的规模虽小，但是教学认真，成绩很好。1915年大学预科毕业生张荐，经美国耶鲁大学特许，插入该校本科二年级学习，当时报纸誉为留学界的"异彩"；1916年有3名毕业生赴美留学深造。

现代教育的先驱者

1914年以后，马相伯历任政治会议、约法会议议员，参政院参政，平政院平政等职。在这期间，马相伯致力于文化学术事业，他与章太炎、梁启超等发起创办“函夏考文苑”。“函夏”一词，出于《汉书·扬雄传》，指全中国；“考文苑”，类似研究院、科学院，是国家最高研究机构。目的在网罗全国著名学者，编纂词典、校勘古籍、奖励优秀著作、表扬高尚德行，惜未办成。

马相伯与天主教爱国人士英敛之一起，联名上书罗马教皇，建议在中国创办大学。他又赞助英敛之在北京香山创办辅仁学社（辅仁大学前身）。

1915年7月，马相伯任“宪法起草委员会”委员。当时的大总统袁世凯亲自祭天祭礼，提倡“尊孔读经”，企图复辟封建帝制。袁氏党徒并欲在宪法中规定孔教为国教，为袁世凯称帝制造舆论。马相伯坚决反对，著有《一国元首应兼主祭主事否》、《宪法草案大二毛子问答录》、《保持约法上人民自由权》等文，并为全国各区教会代拟五篇请愿书，以“信仰自由”为根本，驳斥立孔教为国教之荒谬无理，并批驳所谓“以孔子之道为修身大本”的主张。

袁世凯称帝复辟之前，派他最亲信的儿子袁克定，征求严复、马相伯的意见。可惜严复受了欺骗、诱惑，成为“筹安会六君子”之一，这是严复一生最大的污点；对比之下，马相伯虽也深受胁迫，心知“非口舌能争”，却毅然实行消极抵制。马老愤于袁世凯窃国称帝，辞去袁氏总统府里的高级顾问等要职，回到上海创办《天民报》，亲自撰文抨击袁贼“帝制自为”的丑恶行径。

1918年，马相伯发表《民国民照心镜》一书，系统阐述民主共和的原则，提倡人民自主、地方自治，猛烈抨击袁世凯称帝，认为“天下之大盗，莫大于君主”，断言“百复辟，百自亡”。马相伯与章太炎等革命元勋一起，表现了“富贵不能淫、贫贱不能移、威武不能屈”的崇高气节，至今仍是我们知识阶层的表率。

1919年，马相伯已届80高龄，年老体弱，“厌闻时事”。此后，他虽在名义上担任过中国科学社董事、江苏省财产交代核算委员会会长、《天民报》总主笔等，但这些职务，有的属临时性质，有的为挂名闲差。垂暮之年，主要在家中整理旧稿、从事译作，唯对教育独立和宗教自主的事业关心不已。

马相伯是个虔诚的天主教徒，可是他对某些外国传教士利用特权进行侵略活动的行径，十分愤慨。他认为“中国人并不反对天主教，而是反对外国的殖民政策”。他希望中国人自己充当司牧，自己传教。他主张外国来华的传教士应“改为中国籍”。马相伯是天主教信徒中反对帝国主义的精神领袖。

马相伯再次倾产捐资震旦大学后，法国天主教表面上承认他是创办人，奉为董事长，但不让他过问校务。马相伯对法国教会的一些做法非常反感，他说：“震旦请洋教习，月俸有六百金，合银圆八九百者，聘华教习，虽五十元亦吝之。”对于这种民族歧视、不平等待遇，表示愤慨。

1928 年在震旦大学成立 25 周年的庆祝会上，马相伯指出：“震旦学院成立较复旦、大同大学为早，而成绩落后于复旦和大同，希望努力赶上。”

历史表明：有外国财阀和宗教势力撑腰的“震旦大学”，虽然经费充裕、校舍精致，在“银子”、“房子”等物质条件上，比民办“复旦大学”的经济实力不知雄厚多少倍；但是历经艰险、奋发图强的“复旦”，则在“出人才、出成果”等方面，远远超过“震旦”。同为马相伯老前辈创立的两所高等学府，它们的不同发展道路，值得后人深思！

马相伯离校后的复旦公学

《民立报》1913 年继续报道私立复旦公学的情况：

> 复旦公学昨由董事会长王亮畴（按：即王宠惠）先生召集第二次董事会议于环球中国学生会。到会者于右任、陈英士、曹成父、虞和甫、郭健霄诸君暨校长李登辉先生。当议决三事：（一）修改校章，由校长起草送交董事会长核定后，再请各董事会决。一面登报招考新生，定于3月1日（旧历正月二十四日）开学。（二）认筹经费于开学前编定预算，不足之数由各董事共同担任，务求学科完美，不因经费竭蹶，致有因陋就简之弊。（三）董事会中推举财政主任一人，凡校中出入总

项均由主任负有全责，每月按照预算定额，由校长签字交会计员具领。其余又议定教科分配等事不具录。（原载《民立报》1913 年 1 月 24 日）

复旦公学招生（广告）

本公学现议定办法，按照教育部定章，定 3 月 1 日（即阴历正月二十四日）赓续开学。先设大学预科一级，中学四级，添招新班。以国文通顺，有相当之学力者，均可分别插入。学费：每半年寄宿生 60 圆，通学生 30 圆，入学前预缴，新生即日起先行报名，定于 2 月 16 日、21 日、25 日（阴历正月十一、十六、二十日）在本校考试。预缴试验费 2 圆，录取者于学费内扣算，不取者发还，旧生留校者另有函通告各生家属。新旧生于入学前一律填具志愿书。开学定 3 月 1 日（阴历正月二十四日），校址在徐家汇李公祠内。特此通告。

董事会长王宠惠、校长李登辉同启。

（原载《民立报》1913 年 1 月 26 日、27 日、28 日、29 日、31 日）

现将 1913 年制订的《复旦公学章程》中有关办学宗旨及应缴学费的规定抄录如下——

纲领及宗旨

（一）本公学以研求学术、造就专科人才为宗旨。

（二）本公学业经呈教育部照大学办理，先设大学预备科及中学科。

（三）大学预备科，学程三年，毕业后入大学。中学科，学程四年，毕业后入大学预备科。

入学应缴费

（一）每年缴费：膳宿生年 120 圆，通学生年 60 圆，在校午膳者年 80 圆。

（二）书籍纸笔操衣及上课必需品，由各学生自备，由校购备者各生照原价购取。

（三）每学期缴纳运动费 1 圆，入校时预缴。

（四）学费于每学期到校时，向本校会计处缴足领取收条，持赴监学处验明，始准入学舍居住，其未行缴清者不得入校。

（五）凡中途自行退学及犯规、休学者，各费概不退还。

复旦公学很受美国大学制度影响，在教学上有着显著的特色，表现在不断创立新学科，努力培养学生独立工作能力，提倡“学术独立、思想自由”的学术风气等方面。

复旦公学复校后，规模有所扩大：1913 年夏，学生人数 177 名；1914 年夏增加到 307 名，1915 年夏稳定在 303 名。招生名额扩大的同时，收费也适当增加：1912 年每学期学费（不含膳食费）24 银圆，到 1915 年为 40 银圆。

私立复旦大学初具规模

1917 年 9 月，复旦公学改为私立复旦大学，学制四年。适应社会需要，设立新系科。当时复旦大学除在文、理两科内设立本科外，还设立了商科，学生人数经常处于全校之冠，培养了不少银行金融、对外贸易、工商管理、会计等方面的人才。

复旦大学新任校长为李登辉（1873—1947 年），他在任 24 年中，倡导“团结、服务、牺牲”的复旦精神，殚精竭虑治校治学，使复旦发展成为一所颇具影响的大学。

复旦大学继承了“公学”时期的优良传统。1919 年，邵力子任《民国日报》主编，5 月 5 日晚，他收到北京关于五四运动的专电后，立即打电话到徐家汇李公祠复旦大学，告知北京学生游行示威及被捕情况。5 月 6 日上午 8 点 30 分，他又赶到复旦大学，亲自敲钟集合同学，详细报告北京情况，并且说：“我们学校里面的同学，对于国家观念，是比较完备的，今儿……再不表示表示我们刚毅果敢的精神，那不辜负了学校平日的训诲，你们自己又怎样对得起你们自己的良心呢?”在邵力子的教育和李登辉校长的积极支持下，复旦学生成为上海五四运动的支柱。

1918 年，李登辉亲赴南洋募捐，共募得 15 万银圆，在江湾镇购地 70 亩。1920 年开工建筑新校舍，1922 年春，复旦大学由徐家汇迁入江湾新址（即今日复旦大学所在地），自此，复旦大学进入新时期，扩展为文、理、法、商4个学院，16个系科；1923年，金通尹教授倡议在理科设立土木工程系，内分为道路、桥梁、建筑等。（金通尹原系复旦公学理科毕业生，后入北洋大学，毕业后回校任教。）

邵力子曾担任复旦国文部主任，1924年他提出将国文部改为中国文学科，担负起培养整理旧文学、创造新文学人才的任务，1925年复旦中国文学科正式成立。

20年代订立的《复旦大学章程》关于学生缴费的规定如下——

(1) 膳宿学生每年应共缴洋166银圆，内分学费80圆，电灯、膳费60圆，宿费20圆，运动费4圆，阅书费2圆，以上各费分两学期缴纳，入校前一律缴清。

(2) 凡膳宿生不论在校进膳与否，其膳宿等费，须照章缴纳，不准扣除。

(3) 缴费之法，膳宿生第一学期缴93圆，第二学期缴73圆。通学生第一学期缴53圆，第二学期缴33圆。通学生在校午膳者，每学期加缴午膳费10圆，凡在第二学期时入校者，应缴全年学膳宿等费之半。

(4) 理科学生须预存本校洋10圆，以备偿还损坏试验器具之用，如届毕业或离校时，查无损坏，即行给还。

(5) 新生除学费外，必须购冬夏制服各一套，其价约12圆。

(6) 书籍纸笔操衣及上课必需品，概由学生自备或向本校商店购取。

(7) 学生缴费未清者，不得入校住宿。如遇事故，缴费未清不得不分期缴纳者须得校长特许，方可入校。唯该生须签约为凭，准入校后一月内付清，过期不付即行除名。

(8) 凡中途无故退学及犯规开除者，其所缴各费概不退还。

30年代复旦大学的新发展

复旦的大学部迁到江湾以后，学生人数增加更快。1922年大学部学生第一学期为316人；1925年增为790人；到1929年发展成具有文、理、法、商4个学院、17个系的综合性大学。1930年学生增至1215人；1935年更增至1550人。在短短10多年间，学生人数增至5倍。学校原有设施，不能适应发展的需要，不得不逐年添造新校舍。从1923年起到1935年，复旦大学陆继建筑了第二至第五宿舍、女生宿舍、科学馆、体育馆、饭厅、卫生院、土木实习工场和印刷所，还收购了燕园，使复旦校园扩展到100多亩，房屋10余幢，建筑面积近1万平方米。

新建筑物，除第二宿舍和科学馆（名子彬院，今600号楼）为富商郭子彬捐助外，其余均由校董、师生、校友零星募集而来，或在学校经常费用中支出。例如体育馆，即在1926年由学生自治会倡议，每位同学出钱7圆，不足之处由学校筹足，于1928年建成。

江湾校舍从无到有的逐步扩展，不仅依靠复旦大学师生的共同努力，而且校领导精打细算，竭力贯彻节约和效率的原则。

在教职员待遇方面，比国立大学低得多。当时国立大学校长如北京大学蔡元培、清华大学梅贻琦等，月薪皆为600银圆，而复旦大学校长李登辉的月薪才200银圆；国立大学专任教授的月薪为300—400圆之间。而复旦专任教授的月薪亦为200银圆，但一年只由预算中付给11个月的薪水；另1个月的薪水，以开办暑期学校的收入补足。此外别无任何津贴。职员方面，各科处主任月薪为100圆，一般职员月薪为40—60圆。学校对于增聘职员十分慎重。在事务日益繁忙的情况下，宁可提高原有职员的月薪，也不另添新人。

聘用教职员采取少而精的原则。1921年，复旦学生（包括中学部）为432人，教职员为34人，学生与教职员之比为100:7.8；1924年，复旦学生为841人，教职员为58人，学生与教职员之比为100:6.8；而当时清华大学则为100:67，这说明复旦使用人力很节约。

复旦大学还有严格的财务管理制度作保证。大宗开支，凡超出300圆以上者，都需要学校行政院讨论通过。

虽然这样处处开源节流、量入为出，但因逐年要扩展校园、增建校舍、添置设备，经济仍然困难。往往“寅吃卯粮”，在学期结束时，向银行贷款，到新学期开学收到学费后，再行归还。以1932年度为例，当年经常费收入为186098.97圆，支出为210674.60圆，收支相抵不敷24575.63圆。但是在支出中因偿付旧欠债息25643.44圆，实际并无新的亏损。外界评论说：“复旦办学成绩了不得，经济情况不得了。”

从南洋公学到交通大学

清末维新派几千举人的“公车上书”中，特别强调创办新式学堂的重要性。“办学—启蒙—救亡”，是维新派的行动纲领。轰动一时的梁启超名著《变法通议》里面，一大半内容讨论新式教育问题。他的一句名言“强国以议院为本，议院以学校为本”，受到了朝野各界的重视。

办学热潮中应运而生的“南洋公学”

开办新式学校是维新派再三提出的要求，也是主张“中学为体、西学为用”的洋务派张之洞等人所能接受的。它比“开设议院”拥有广泛得多的社会基础。所以，在维新变法运动中，我国新兴地区开办了不少新式学校。如：天津中西学堂、南京储才学堂、京师通艺学堂、杭州中西书院、绍兴中西学堂、长沙时务学堂等等。在这股开办新学的热潮中，南洋公学诞生于上海，它就是后来上海交通大学的前身。

南洋公学的创办人为盛宣怀。1895 年，他主管天津海关道，就奏准设立天津中西学堂（后来正式改名为北洋大学堂），这是中国人自行创办高等教育的开始。

1896 年春，盛宣怀又在上海“禀明两江督臣刘坤一筹款议建南洋公学，如津学之制而损益之”（引自光绪廿二年盛宣怀《请设学堂片》，上海交大历史档案 3－3 卷），也就是效法天津中西学堂；办学经费由轮船招商局和上海电报局每年筹措10万两。不久奉旨允许，并被委任作督办。盛宣怀于是着手南洋公学的筹创工作。他提出对我国旧式“书院”加以改革，“自强首在储才、储才必先兴学。”（引自盛宣怀《南洋高等商务学堂移交商部接管折》，上海交大历史档案3－3卷）

盛宣怀的办学方针，贯彻了洋务派的“中学为体，西学为用”。在课程方面，除了聘请国学名家教授传统的古文、经史以外，还聘请洋教员来教数理化和外语。在教务方面，除了聘请中国专家张焕纶做教务长外，又聘了美国人福开森（J. C. Ferguson）为学校的监督（洋教务长，这是因为清朝末年新办的学堂都设“监督”即督学这一官职而定的）。盛宣怀是办洋务的忙人，学校的具体管理聘请了同乡好友何梅生做总理（校长）。他又不愿意放弃权力，自任南洋公学“督办”（这是清朝末年身份特别高的临时机构主管的官名）。因而，他也就成了这所学校的最高领导者了。

“公学”这一名称是由盛宣怀参照国外惯例而定的。经费由盛宣怀主管的轮船招商局、上海电报局两家捐助，每年10万两银子，这也是向外国学来的。当时西欧一些国家学校的经费就是半由商人资助（公助）、半由官方付给（官捐），统称“公学”。

当时我国海岸线的划分，黄海、渤海称为“北洋”，而长江口以南（东海在内）直到福建广东台湾称为“南洋”，所以盛宣怀在上海新办的学堂称为“南洋公学”。

南洋公学的学生食宿一律公费，师范生加给津贴，兼课的师范生还拿薪金。所以清寒子弟很多愿来报考“南洋公学”。

南洋公学师范院的来由

南洋公学作为新式学堂诞生后，首先遇到的困难就是严重缺乏师资。在私塾遍布、科举风行之时，人们心目中的教育还是“四书五经八股文”，走科举仕途，得荣华富贵。教师也还是遵从孔夫子圣位的私塾老先生。对分班集体听课、有秩序地安排课程、讲西文西艺的事，既感到十分新鲜而又等待观望。

南洋公学首先设师范院，意在造就师资，推广新式教育。盛宣怀强调：“师范、小学尤为学堂一事先务中之先务”（引自光绪廿二年盛宣怀《筹建南洋公学及达成馆舍片》，上海交大历史档案3－3卷）除了聘请部分外国教师外，主要靠自己培养教师。光绪二十三年春正月（1897年2月），他张榜招贤，选拔师资；同时举行了第一次公开的招生考试。招生广告上用“不取修缮”、“咨送出洋”、“择优奖赏”、“优予出身”为诱导，向私塾竞争人才。因为不收钱、包食宿、送出国、还给官做，一时吸引了许多读书人。据回忆，各省前来应考的达数千人之多，其中多数是清寒子弟，也有一部分人是不满科举的有志之士。所招学生均为“成材之士”，年龄在20岁至35岁之间；仅录取40名师范生，可谓“百里挑一”。其中许多人已是秀才、举人、廪贡生。

光绪二十三年三月七日（1897年4月8日，又一说为在此前一天），南洋公学师范院正式开学了。这是我国教育史上第一所新式的师范学院。

校址设在当时尚属偏僻的上海西郊徐家汇北部；新建校舍尚未落成，乃借校门对面民房上课。到1899年夏，校舍落成后才正式迁入。南洋公学首任总理何嗣焜，字梅生，乃是盛宣怀同乡江苏武进人。首任总教习为张焕纶。盛宣怀作为督办，对南洋公学只抓要事，如审批重大规划、章规及重要报告，余事均放手让何、张处理。大抵学校行政、建置校舍等事由何嗣焜负责，教学事务由张焕纶负责。

南洋公学计划中设有四院，创办之初，仅开师范院一班。第一批新生于国学素具根底，有些人已是秀才、举人，所以他们入学后一般不再修国学课。师范院新生的中文程度很好，但对于西文西艺几乎一窍不通，录取入学后仍不断考核，评定等第，实行淘汰制，不合格者除名。

学生不仅不交学费，且享受数量不等的伙食费和奖学金。师范生课程有外语、数学、物理、化学、生物、地理等，学生毕业后或留校任教，或出洋留学，或从事其他职业。师范院学生日后有成就者颇不乏人，著名的有章宗祥、钮永建、孟森、雷奋等。

南洋公学师范院，开创了中国现代师范教育。

外院、中院、上院、特班

南洋公学自1897年秋设立“外院”，相当于小学，招收120名学生，年龄在10岁至18岁之间，由师范院中优秀者担任教习。由于这些学生年龄悬殊，水平参差不齐，他们入学试读两月后，经过考核，按程度不同分编为4个班级，相当于4个年级。第一班毕业后可递升到中院第四班。反对袁世凯复辟帝制的风云人物蔡锷，曾在外院肄业数月。外院课程主要为国文、算术两种。由于当时中国尚无合乎时代要求的教科书，于是由师范生次第编写或翻译，有些教科书一度风行全国，如师范生朱树人所编《蒙学课本》，为全国各地小学所采用，被后人称为“第一本国文教科书”。

1898年春又设立“中院”，相当于中学，也分4班，毕业后可升入上院。中院课程有国文、外文、数学、史地、博物、理化、法制、经济等。

上院相当于大学，其课程从1901年才开始。

师范院、外院、中院的学生都在学校寄宿。由于外院学生年幼，学校特聘美国人福开森博士为“监院”，另选若干名师范生协助。在这位洋监院的管理下，学校纪律极严。学生遇到师长，必垂手站立，鞠躬行礼。早晚均有人巡查，随时随地有师范生手执两尺多长的竹片监视其旁；上课时亦有人在窗外查看，见有不认真者，一一记下，课后罚以面壁，或打手心以表示儆戒。学生就寝，有两名师范生值宿，半夜还要查铺。

学校很重视学生体魄的锻炼，有体育课和军训。并于1899年举行了第一次运动会，这在上海轰动一时，不仅市区，就是远郊乃至苏州都有人专程前来一睹盛况。

此外，南洋公学还在1899年秋开设了译书院，聘请张元济为主任。严复翻译的《原富》，就是首先由这里出版的。译书院又附设“东文学堂”，就是日文进修班，招生40人，专学日文翻译。

1900年庚子义和团事变，北洋大学堂的一些学生因避战乱，从天津乘船来上海，转入南洋公学就读。于是又添设铁路班，这时南洋公学开始设立工程科系，这也是多年后改组为“交通大学”的滥觞。

1901年“南洋公学”又创办“特班”，相当于现在的“研究生班”，目的是培养高级人才。聘请翰林院编修蔡元培为总教习。黄炎培、李叔同、邵力子等，均为“特班”学生。

墨水瓶事件

被称为中国学生运动史上“一声霹雳”的“墨水瓶事件”，就发生在南洋公学。

千年封建统治下，我国“读书人”受着私塾、科举、仕途的枷锁束缚，“两耳不闻窗外事，一心只读圣贤书”，为求功名、谋富贵，耗尽青春年华。

自从开办新式学堂以后，学生们通过学习西文西艺，阅读国外传来的书刊报章，逐步接触了西方进步思想，萌发了反对封建专制压迫、要求自由民主的思潮。

南洋公学在当时是一所颇有名气的新式学堂，但并没有摆脱掉旧的封建传统教育的羁绊。从私塾到新式学堂，管理上发生了很大变化，但仍旧习惯于用旧的专制、苛刻的礼教来束缚学生；同时，旧派教师对学生中萌发的新思想也不理解，常产生对立情绪。

当时公学第五班文科教习郭某思想守旧，要求学生“忠君爱国”、宣扬清朝的“圣祖武功”，训斥禁止学生阅读新书报和议论时政。1902 年 11 月 5 日五班上课时，郭教习发现师座上有一只墨水瓶（空的），认为这是学生有意捉弄他，便严词追查。五班学生均回答“不知道”。郭教习就恐吓坐在前排的学生贝某、伍某，限他们三日内告发，否则加罪。10 日郭教习盘问学生杨某，经再三威胁，杨某诬告这个墨水瓶是伍正钧放置。郭以此向公学总理汪凤藻（1851—1918 年）报告。13 日，汪凤藻应郭教习的要求，公告开除无辜学生伍正钧等三人，从而引起了五班学生的反对。经过与校方申辩、力争，仍然没有变化，全班学生随即决定集体退学以示抗议。

临行前，他们分头去各个班级告别，说明原因，表示反对这种专制压迫。这一行动得到了全校学生的同情。15 日早晨，汪凤藻以“学生私自聚众演说、大干禁例”的罪名，不问青红皂白，宣布开除五班全体学生。全校大哗，引起强烈公愤。学生们当即自行推出代表，请求校方收回成命。汪凤藻不允，大发脾气，决定“以此示儆”。在此情况下，更加引起了学生的反抗，全校学生经议论，决定全体退学来表示抗议，明确提出反对专制手段。

至此，汪凤藻感到十分为难，请出了受学生尊敬的特班主任蔡元培先生来调解。经蔡先生耐心说服，学生方同意暂缓行动。蔡元培当晚前去拜见公学督办盛宣怀，而盛却以“别有要事”辞而不见。几经交涉，直到 16 日早晨，仍无成效。全体学生决定打好行装，集体在大操场等候最后的答复。上午 10 点钟左右，不见回音。于是，全体学生以班级为顺序，高呼“祖国万岁”的口号，秩序井然地走出了南洋公学。

素有民主思想的蔡元培先生也愤而辞职，跟随学生一起离校。蔡先生把学生带到“中国教育会”，请求帮助。在章炳麟等人支持下，当即成立了“爱国学社”，使退学者得以继续学业。

这次学潮，南洋公学200余名学生（除了几个老师外）全体退学，尽室皆空。郭教习逃回老家，汪凤藻辞职离校，由刘树屏继任。校方请人多方劝说、家长动员，少数同学又返回学校。但退学不归者仍有145名。这是对封建专制的一次打击。社会进步舆论对此给予了支持和极高的评价。《新民丛报》、《苏报》等报刊专门发文支持南洋公学同学的正义斗争。退学者里面，大部分追随马相伯、蔡元培诸先生创办“震旦公学”（复旦大学的前身）；此外不少同学出国留学，如胡敦复考取江苏省官费留美，秦汾（景阳）转入北洋大学堂然后留英，胡仁源、卫国垣、张铸（剑心）也留学英国。

交通大学与商务印书馆的亲缘

商务印书馆现在是国内外著名的出版社了。但是它的源头却在仅有百余名学生的“南洋公学”里。

“南洋公学”建校章程规定：要在学校里建立一所译书院，将东西各国出版的新书有选择地翻译、出版、发行，供学生和国内人士阅读。公学在给清朝皇帝的上书中，也反复地论证翻译出版外国书籍是“成才之助”，“周知四国之为”，强调“兴学之要在译书”等等，积极动议成立译书院。

1898年，这个动议被清政府批准了。1899年南洋公学就在上海虹口正式成立了译书院，聘请张元济先生为主任。初建时规模极小，只有几个人，翻译点兵书和教材，出版条件是靠手刻木印。

张元济先生受聘主持译书院工作不久，公学总理（校长）何嗣焜去世。张元济接任了南洋公学第二任总理，兼管译书院。译书院逐步扩大，还聘请了外国人做译员，开办了“东文学堂”，自己培养翻译人才。不几年就译出了大量国外的军政书籍和教科书，并向全国发行。同时组织翻译出版了一些西方民主革命思想的书籍，如著名的亚当·斯密的《原富》一书，经严复翻译后，全套几十本都是由译书院首先刻印发行的。较早地在我国传播自由民主思想，使南洋公学这所小译书院也闻名全国。

1903年，公学经费紧缩，译书院宣布停办。张元济先生将停办的译书院与当时夏瑞芳先生主持的商务书局合并，正式成立了“商务印书馆”，逐步发展成为我国当时最大的出版社。张元济在商务印书馆工作了几十年，培养出了大批人才。

抗日战争时期，上海沦陷，张元济秉民族大义，隐居以卖文鬻字为生。国民党横行时，他集七十以上高龄著名老人陈叔通、唐文治等致函吴国桢、宣铁吾，反对镇压学生。新中国成立后，张元济担任第一届全国人大代表，从事文史研究工作，有多本著述。1959年他在上海逝世，但人们一谈到“南洋”，一想到“商务”，就念念不忘张元济先生巨大的贡献。

南洋公学和交通大学教职员待遇

到1902年，南洋公学每月薪水总额达到2368两白银，是很丰厚的。

外国教员（洋员）的薪水明显地高于中国教员。例如公学总理何嗣焜月薪100两白银（合今人民币1万元），而洋“监院”美国人福开森月薪为350两白银（合今人民币3.5万元）。师范生做兼职教员者，除免费食宿以外，每月另给津贴40两白银（合今人民币4000元）

盛宣怀从1896年冬到1905年春，担任“南洋公学”督办。此后南洋公学由清廷商部接管，改为“商部高等实业学堂”；1906年春又改为“邮传部上海高等实业学堂”。

1911—1912年间一度改名为“南洋大学堂”。辛亥革命后归属中华民国交通部，此后的体制又几度分合、调整，1921年开始称为“交通大学上海学校”，1922—1927年改称为“交通部南洋大学”，1928—1937年又称为“铁道部交通大学上海本部”，1937年直接称为“交通大学”。当时的工科院校中，北有天津北洋大学、南有上海交通大学，两校质量堪称首屈一指。

1921年交通大学教职员月薪表

校长　400—800银圆　　　　大学教授　200—800银圆

大学主任　300—600银圆　　　　大学副主任　200—300银圆

秘书 70—300 银圆
专任科长 100 银圆
附属中学教员 60—240 银圆
中学主任 60—120 银圆
附属小学主任 60—120 银圆
事务员 30—150 银圆
学监 50—150 银圆
校医 50—150 银圆
书记 20—50 银圆

1922 年交通大学的学宿膳费和毕业生待遇

1922 年 10 月校方统计，当时交通大学（名为交通部南洋大学）设置电机科、机械科和铁路管理科三个科（系），在校学生共 893 名，其中大学各年级 400 余名，中学 300 余名，附属小学 100 余名。教职员 139 人。附属工厂有机械厂、金工厂、木工厂、电机厂、打铁厂、翻砂厂等，工匠师 32 名，校役（工友）78 人。物理、化学两个实验室，全国领先。

学宿膳费，每人每年共计 117 银圆，为各大学中最低廉者。

常年经费预算为 26 万银圆；实际上经常不到位，每月平均只有 1.5 万至 2 万圆。

按照当时北京政府交通部的规定，交通大学毕业生都由交通部统一分配到下属的铁路、电信等部门实习，每年还发给 50 银圆津贴；实习期满，大多被本部门录用，所以叫做“铁饭碗”。交通大学毕业后的“此种权利，非普通各校所得而享”。（引自凌鸿勋《交通大学十年忆旧》一文）

“交通大学”校名的由来

1920 年冬，新任交通总长叶恭绰，为了提高和发展交通教育，一上台就着手改组部属学校。他采纳钟秉峰校友的建议，提请北洋政府通过，将原有交通部下属的四所学校：上海工业专门学校、北京铁路学校、北京邮电学校、唐山工业专门学校合并为一所——交通大学。据老校友回忆，交通大学这个校名，是在 1920 年冬，最先由电机工种第一届毕业生、1911 级校友、当时在交通部任职的钟秉峰提出的。

1921 年春，正式启用“交通大学”校名。它包括三个部分：交通大学上海学校、交通大学唐山学校、交通大学北京学校。交通总长叶恭绰兼任校长。

1922年夏，北洋政府改组，叶恭绰总长下台。随之交通大学也重新改为两所学校，即：交通大学上海学校改为交通部南洋大学；交通大学唐山学校改为交通部唐山大学，交通大学北京学校为交通部唐山大学北京分校（一年后又独立为北京交通大学）。

1927年北伐战争以后，国民党建都南京。上海、唐山、北京三校先后由南京国民政府交通部接管，并分别改名为交通部第一、二、三交通大学。

1928年秋，交通部推行合并计划，重新以“交通大学”总其名，以上海作为交通大学本部。在上海市设电机工程、机械工程、交通管理三学院。改京校为交通大学北平管理学院分院，改唐校为交通大学唐山土木工程学院。

抗日战争时期，三地校址分别几经迁移，学校名称也几次改换，但仍然属于交通大学一个学校。

直到抗战胜利后，1946年起，三校先后独立。在上海的仍称“国立交通大学”；在唐山的改称“国立唐山工程学院”；在北平的改称“国立北平铁道管理学院”。

由此看来，当时定名交通大学，有三个意思：一是隶属关系，交大从1906年改属邮传部起，到1937年秋改属教育部前，都归于交通部门；二是学科设置，学校从1907年冬设置第一个工程学科，即铁路专科起，几十年来主要是交通方面的专业学科；三是毕业生的出路，学生毕业后，大多服务于交通部门。

目前，由于历史渊源而沿用“交通大学”这一校名的学校，在全国有五所，分别为：上海交大、西安交大、西南交大、北方交大和新竹交大。

交通部商船学校的校园生活

最初是南洋公学附设的“商船科”。光绪廿九年（1903年）南洋公学改归属“商部”，宣统元年（1909年）增设“商船科”，有三届毕业生。每学期结束，都要举办给奖典礼，以现洋（银圆）作为奖励。凡是学业成绩在80分以上的，奖给银洋10圆；成绩80分以下的，奖金依次减少。奖金用红纸包好，点名发给。

据老前辈回忆，当时上海物价稳定，生活费不高，每月伙食仅用4—5

块银圆就足够了。

南洋公学附设的“商船科”，1914 年因为经费无着落而停办。

国民政府首任交通部长王伯群（1885—1944）卓有远见，急于培植商船人才，嘱校友杨志雄筹备重办商船学校。前提还是“银子”和“房子”两大问题。先与当时最大的民营公司“三北轮船公司”总经理兼航业公会主席虞洽卿协商，同意征收船舶吨钞费 15% 作为商船学校经费。于民国十八年（1929 年）正式设立“交通部吴淞商船专科学校”，开设驾驶、轮机二班。

至于“房子”，校址在吴淞炮台湾，濒临黄浦江、长江转角处，有一浅水浴场。校本部前有大操场，后有实习工厂和校舍，左为教职员宿舍，右为网球场、篮球场、游泳池，最后为图书馆，大操场右旁为花园。

学生入学公费待遇，免学宿、讲义等费。书籍费由公家补贴一部分。

膳费每月 6 圆，六人一桌。早餐馒头稀饭；午饭和晚饭都很有营养，六菜一汤。

制服费自理。考取后一次交 100 圆，包括：（1）白色合领帆布制服两套，全副铜扣。（2）黑色哔叽开领制服一套，全副铜扣。（3）常青呢冬季大衣一件。（4）黑呢制帽一顶，白帽套三个；帽徽同海军的，即为两边嘉禾，中为铁锚，上绣青天白日。在邮传部高等商船学堂时，帽徽上绣小金龙一条，民国后改为金星一颗，由学堂发给。（5）皮鞋，无缝，黑白各一双。（6）袜子，黑白色各两双。（7）衬衫四件，白色无领，另发白色单硬领六条。（8）领带领结，黑色各两件。（9）手套、围巾，白色；裤带黑色。（10）袖扣、领扣各一件。（11）军服，草绿色全套，连绑腿。（12）运动服全套，跑鞋一双。

在校生活，晨六时闻起身号起身，出外跑步早操，七时洗脸毕至走廊排队，鱼贯进入膳堂，由值日队长下令开始进食，不得大声谈话。训育老师，居中一桌。秩序井然。

八时上课，下午四时散课，以船上钟声报时。下课后必须换穿运动服在大操场等场地运动，课室寝室均不得停留。晚上各在寝室自修两小时，训育老师随时点名。九时入寝。

寝室设六个床铺，每人一个书桌，一个衣橱，衣帽照规定悬放。有床单、蚊帐。内务每日检查批分；优秀者有奖旗悬挂，以资激励。

教员均为一时俊彦。如张今法讲授轮机学、王桂荪讲授造船学，均留学英国，毕业于格拉斯哥大学。数学老师任孟闲，留学日本，抗战时担任湖南蓝田师范学院院长；陈荩民留学法国，曾为五四运动健将，八位被捕入狱学生之一，后来担任暨南大学理学院院长。

最受同学们怀念的是训育主任孙亢曾，“身教胜于言教”。尤其在冬季，有的同学早操起身迟，他就一个一个掀被，督促同学迅速去操场。迎着寒冷刺骨的海风，带领同学们一起做体操。孙亢曾后来去英国留学深造，归国后担任台湾师范大学校长。

上海交通大学教员月薪

我从上海交通大学档案资料中，找到 1929—1931 年教授与讲师的月薪表，摘录如下：

职　　称	姓名	1929 年	1930 年	1931 年
铁道（及管理）学院院长	钟伟成	408.33	408.33	433.33
经济学讲师	曹理顺	150	120	120
电机工程学院院长兼教授	张廷金	433.33	433.33	450
教授	胡端行	350	383.33	390
土木工程学院院长兼教授	李谦石	408.33	408.33	433.33
副教授		330	350	360
数学系主任兼教授	胡敦复	—	360	383.33
讲师	汤彦颐		140	140
物理学系主任兼教授	裘维裕	360	383.33	433.33
化学系主任兼教授	徐名材	360	383.33	408.33
国学系主任兼教授	陈柱尊		330	350
外国文学系主任兼教授	唐庆诒	360	360	365
法文讲师		210	210	210
教授兼研究员	陈石英	370	383	383
副教授兼研究员	杜光祖	350	360	360

续表

职　　称	姓名	1929 年	1930 年	1931 年
专任讲师	张寰镜	210	210	220
一般助教		80	90	100

电报员——工读生

20 世纪 20—30 年代上海交通大学有一种“工读生”，就是半工半读，课余以工作赚取生活补贴，维持学业。譬如，上海电报局有 3 位报务员先后在交通大学当“工读生”。

通报时间是从周一至周六，下午 7 时至 9 时计两小时；待遇是除了免缴学杂费外，每月支领生活费 20 银圆（按当时交通部电报局的职业报务员年资浅的，每月薪水不过 60 至 80 银圆，视工作忙闲而定），一年以 10 个月计。

当时物价尚低，校内膳堂包饭一个月为 6 银圆，如在校外小饭馆进食，每餐小洋 2 角（每 1 银圆兑小洋 12 角），早上吃一碗肉丝烂糊面为 1 角，一日三餐共计 5 角，一个月要 12 银圆，比之校内包饭要贵出一倍多。……

每天晚上工作两小时，对一个大学生来说，是很大的损失，当时工学院裘维裕、马就云诸教授，授课十分严格，每次指定若干页，只讲概要，不作详尽解释，但允许学生随时发问。教授住在校园内，即使放假日子也欢迎学生登门求教。如学生不发问，则在下一次上课时老师要发问了。

每晚别人在自修，工读生却必须工作；周末、假日别人在娱乐，工读生则必须抓紧自修。在这四年里，立誓不看小说、不上电影院，更不要说上戏院、歌厅、跳舞场了。如此四年，也就养成了习惯，书本中自有乐趣，并不以此为苦。

在校 4 年，3 人为一组；若有女生，往往在同一组里配备两个男生。为什么呢？因为一二年级有打铁、翻砂、木工、金工实习，及物理、化学实验；三四年级有电机、动力机、电信机等实验。3 人配合进行。在一年级上打铁课时，一人执大铁钳、二人举铁锤，但女同学往往握不住铁钳，也举不起铁锤，只好邀请工友来帮忙了。

4年之中有3个暑假，假期中学校没有工作。电报工读生就往交通部上海电信局，担任临时（两个月）报务员。在北门报房值机，时常轮到值大夜班，从晚上10时工作到次晨6时，下班时天色黎明，烧饼油条店已经开市，工读生吃一碗豆浆及烧饼之后，再回宿舍休息。

交通大学的衣食住行

20世纪30年代交大学生有一篇谈“校风”的文章写道：

> 求学的范围，非常广泛。我们所要学的是些什么呢？念书固然是“学”，而人格的训练、团体生活习惯的养成，都可以说是包括在“学”的里面。“衣食住行”之在学校里，看起来似乎是无关紧要，但实际上它的影响却很大。一个人的“衣食住行”可以表现出这个人的风格和习惯。一个学校的“衣食住行”也可以表现示出这个学校的精神。

国立交通大学的衣食住行，倾向偏于一律。如衣，学生都发给制服，重要场合穿着一律。食，则有包饭的膳堂，三餐伙食一律。住，全在宿舍里，住房和床铺基本一律。行，全按规矩走学校的马路，出入校门检查一律。但是就在这些规定的形式下，“大同”之外的“相异”却不小。譬如说：大家虽然都住的是宿舍，而有些人的房间布置得非常幽雅，有些人的房间脏得同学们均呼之谓狗窝；诸如此类，假如把校园里的衣食住行都仔细分析起来，那简直可以写一本书。这里只能叙述一下轮廓。

衣

交大同学衣着朴素的令名，一直在上海市保持着。这是交大很可以引为自慰甚至自豪的。当然，交大不能说没有少数男生西装笔挺洋气十足，个别女生的花旗袍穿得赛似蝴蝶飞；但就大多数而言，跟上海其他私立院校作比较，还算得上朴素。

学校当局在每一学期开始时，必定是三令五申地命大家一律穿制服。因为穿了制服可使交大精神充分地表现出来。但为了一般同学的经济状况起见，每两年做一套制服。一年级的同学因为有军训的缘故，终日常穿制服；

年级越高，规规矩矩穿制服的就越少了。原因很多，譬如，大批包工赶出来的制服很难做到人人合体；料子又不够结实，难保四年不坏；其实最大的毛病还在上海学生都没有穿制服的习惯，尤其是大学生觉得穿着制服往大光明戏院跑似乎有点难为情；冬天又没有大衣，如果命令一律做大氅，又非同学经济力量所能及。这些都是不能严格做到人人穿制服的原因。

学校当局对于高班同学的制服问题似乎宽容一点，但这并不是学校当局怕高班，而是他们很明白四年内同学的制服难保完整；所以在大典礼之日，低年级同学都穿戴得整整齐齐，而毕业班同学往往不是少了帽子，就是以西装裤代替制服裤。

至于端正问题就更难谈得到：制服下面鞋子的种类，是层出不穷；领口的风纪扣和第一二个钮扣不扣起来更是司空见惯，好像这样才足以表示“派头”。

然而在检阅的时候，老远的看着交大学生队伍简直是清一色的制服，无怪乎上海人都赞颂交大的军训操练！

新入学的一年级学生，平时以穿长衫的居多数，尤其他们以为刚刚进来，读书尚且不暇，更何遑乎讲究服装呢？再者新生总不免带三分羞，为免去人家的注目起见，总是布长衫一件，下身也以普通布长裤为多。有一部分从北方来的同学还脱不了北方风味儿，上身穿长衫，底下西装裤一条，皮鞋擦得挺亮，布鞋也有，上面虽油其头但未粉其面，两手往裤袋里一插那简直是真够味。平常上课时候，大家对于衣服问题都以马虎的为多。至于丝绸长衫，平常只有个别学生穿着，而星期六下午换上一件连皱纹都没有的高领长袖、摩登大褂的人也不在少数。

星期五下半天在上海各大学里一般的情形都很热闹。皮鞋擦得赛过镜子，西装由茶房一套套的拿去烫，衬衣领带早已预备妥当。这种情形在交大并非没有，不过不那么厉害。这样干的人屈指数来，多准备着去看电影、会朋友了……这一派西装有称之为“礼拜六派”者；那些只有一套夏天西装的学生，均称之为“荷花大少”（大少爷简称）。总之，一天到晚穿西装者在交大只占少数，因为同学们都觉得无必要，一方面不经济，一方面也太惹人注目，“礼拜六派”西装倒占绝对优势。西服革履者以应届毕业班占多数，这也许是毕业前社会交际较繁的缘故吧。

运动员因为学校有运动衣发给，所以有些都穿着运动衣上课；在街上走时也穿着运动衣，尤其令同学们羡慕不已。

女同学在交大虽占少数，但在穿衣一方面也显然不同。谁都知道女学生每年平均费用总比男生多。脂粉费固占重要之地位，而绸衣、丝袜也颇不弱。一般有钱的阔小姐为表示其阔，穿起绫罗绸缎，固有装腔之嫌；而交大有些有钱的小姐们故意假朴素，外面罩上一件布大褂，好像她们是已经非常俭朴了，其实里面却都是绸衣服；其余丝光袜，高跟皮鞋，电烫之发，仍是一样。

食

老“南洋”比较讲究吃，向来是闻名学界。30年代，好吃的遗风还在滋长。

早上起得早的同学，包饭的多半喝粥。膳堂里包饭的价钱，早上一餐只合到3分钱，所以粥是隔夜剩米饭煮的，小菜不过马虎凑六样：如花生米、油氽黄豆之类。那些起来迟的包饭同学，因为八时后就不开早饭的缘故，也只好不吃了。

膳堂里早晨卖烧饼、油条的生意也不错。至于一般不愿吃膳堂早饭的，如系有钱的则喝牛奶、豆浆，吃饼干、面条等等，其次的吃面包等类——学校里也以这般人为多。还有人根本就不吃早饭，但为数颇少。一般起得迟的人时常来不及在第一课前吃，就把面包用纸袋装好，第一课下课后，就在课堂上干嚼起来；还有些不带面包上课堂的人在第一课下课时，飞步奔向消费社把包子、糕饼、牛肉干……拿起来胡乱一吃。

1932年以后，交大强迫收费，命令一二年级同学一律在校内膳堂包饭，三四年级可在外自由用餐。学校是一片好心，一方面可使学生生活纪律化，同时也可以让学生少在吃饭上浪费金钱，是一举两得的办法。

校外饭馆可以分成两种，一种是西菜，价钱比较贵，一块银圆只有三张半或四张饭票（合每餐2角5分至3角钱），每月花费15银圆，所以吃西餐的多半是家境比较好的子弟。而这三家西餐馆也常常是团体聚餐的所在。讲到味儿也算不到十分鲜美，可是它总带点洋味，所以去吃的人也还不少。

其次就是中餐馆，内又分川菜、本地菜，以及新开的广东菜馆，这些馆子多半是卖一块银圆六张饭票或者稍多一点（合每餐1角5分钱），菜肴较校内饭厅已高一等，因价廉物美，每月花费9银圆，所以吃的人较多。

交大同学爱吃零食的风气是从“南洋公学”遗传下来的。下午课后消费社陆续不断有人来买东西吃，糖果啦、水果啦、牛肉干、西点之类常为同学们一扫而光，消费社的主要买卖也就靠在这上头。

晚饭后，水果摊的生意可就大为兴隆。瞧吧！六点钟后徐家汇一带全在交大势力之下。同学们左手拿着香蕉，右手持着甘蔗、橘子，嘴里一面嚼着一面谈着，脚底下是八字步晃着，逍遥劲比庄子还来得足。

吃了晚饭后还不能说“吃”的问题就停止了。图书馆关闭时，九点钟以后，馄饨摊和面食店满满围着交大同学。但是比较从前老“南洋”一晚上所消耗的点心小吃，已经大大地逊色。

女同学对于吃的问题没有男同学看得那么严重，据说她们早饭常不吃，午晚饭每人只吃一小碗饭，而六个人只合用四盘子菜，这意思并不在省钱，是恐怕吃多了不够窈窕。但她们也常常打发娘姨出来买水果、点心、馄饨……

住

学校里对于住总算分配得很公平，年级越高住的房间亦愈好。一年级新生进来，谁注册早谁住好房间；后来者赶不上，只好住“新中院”。二年级的西宿舍、三四年级的执信西斋，全是抽签决定。

中院三层楼也还不错，五人一个大房间，电灯也有三盏之多。最差的是新中院的新生，房间里白天光线不足，晚上电灯也不够亮。从前中院一带没有抽水马桶设置，30年代才装了新式卫生设备。

女生宿舍是靠近后门旁的一座。房间有限，假如报到的女生多，大家就得挤点。在清洁运动的时候，她们房间都装饰得很漂亮，摆饰也一律，好像穿制服。大多数比男同学洁净些。30年代中，毕业班女同学预备公演话剧来募捐扩建女生宿舍。

男宿舍的整洁程度比较差。能够铺床的固占大多数，而常不叠被的也大有人在。幽默大王某同学谓：一月他只整顿床褥两次，一为本校之清洁运动，是由校役替他铺的床，再一次是日本人来参观，他说，不铺床中国人看还无关紧要，日本人看了可就更瞧不起中国了。同学们闻之都说他真能爱国。宿舍里的厕所、洗脸室，有工人打扫。同学们因为无碍居住问题之大体，所以置之不理。

行

30年代交大校园里翻修了两条柏油马路，行的问题没那么严重。学校里虽然仍有些崎岖不平的石子路，可是皮鞋、高跟鞋总算可以多穿一个月。

但是到了下雨天，饭堂、西宿舍、新宿舍门前的路，还是泥泞不堪。

交通大学实行“门证制度”，学校一方面容易管理。对于用门证多、常出入的同学，要加以薄惩。可是门证实行后不多时便似乎松懈下来。一来因为同学常因急事出门而忘了带门证，管理人没法阻挡；同时一天到晚出出进进的人不知多少，学校要整理起这些门证，似乎也不容易。

上海私立大学的“四大金刚”

近代西方各国，私立大学林立，名牌众多，如美国的哈佛、耶鲁、哥伦比亚，英国的牛津、剑桥，皆由私人捐献基金创立，并组织校董会负责经营，这是众所周知的。旧中国为什么会出现私立大学？而在上海地区为什么私立大学特别集中？这些问题，要从社会政治经济背景中寻找答案。

旧中国的私立大学有一半是西方基督教、天主教徒在中国筹集经费创立的教会学校，如美国基督教会开办的燕京、圣约翰，法国天主教会开办的震旦、辅仁，德国人开办的同济，等等。

其他由中国人自己（民间）创办的私立大学，特别在上海，乃出于下列两种情况：（1）脱离（或反抗）原有学校，另起炉灶创立新校；例如，复旦大学是从原有的震旦学院独立出来的；大夏大学是从原有的福建厦门大学分化出来的；光华大学是从原有的圣约翰大学分化出来的。（2）有政治理想或学术造就的人士捐款筹办学校，扩大影响，培养人才；例如立达学园捐款，于1912年3月创立大同学院。此外还有早期的中国公学、上海大学、南国学院等。

那么，为什么在上海有这么多私立大学能够生存、发展甚至与国立大学竞争、抗衡呢？那是因为：（1）旧社会偏重学历、资格，各地求学的知识青年进了上海的大学得到文凭，对以后求职有利；（2）私立大学招生录取标准较低，可收容报考国立大学落第的学生；（3）私立大学收取的学费，介于国立大学与西洋化贵族化的教会大学之间，尚能为当时我国中产阶级所承担；（4）20—30年代国立大学受政潮影响，经常呈现混乱局面，私立大学一般较为安定，对师生不无吸引力。上述各种因素，不是每个学校全都具备的，但列举出来，可以说明20世纪前半叶的上海，具有滋生私立大学的土壤和气候。

按照国民政府规定：私立大专学校的设立，一、须经教育部审批，并以校董会为代表，担负学校管理的全部责任；二、校董会必须具备资产（包括校舍）、资金或其他固定的经济来源作为教育经费的保证，呈请教育部核实，方得立案；三、校董会立案之后，才能申请批准设立大专学校，一年之后方得呈请开办。

这就是说，私立学校董事会，首先须有符合规定的开办费。至于大学筹办后呈请“立案”时，对教育经费方面的规定更加严格。那就是董事会掌握的资产或基金的利息、房地租和其他确定收入，须足够维持每年的经常费用；而且学费收入还不能计算在经常费收入范围之内。

在上海20多所私立大学中，有号称“四大金刚”的名牌大学，就是复旦、大同、光华、大夏四校。其中“复旦大学”在40年代抗战期间转为国立，迄今幸存，并成为世界闻名的高等学府。而“光华”与“大夏”两校，则构成今日实力雄厚的“华东师范大学”的前身。“大同”则在50年代合并入其他院校，原址改为“大同中学”。

复旦大学的历史和经济生活状况，本书前面已经论述。本章则追寻另外“三大金刚”已消逝的旧踪。

大同大学

初创时期——“立达学园”和“大同学院”

大同大学是上海最早创办的一所私立大学。

辛亥革命后，在北京清华学堂执教的归国留学生和学者胡敦复、平海澜、朱香晚、吴在渊、叶上之、郁少华、张季元、顾养吾、顾珊臣、华绾言、曹惠群等11人，因不满原清华学堂采用“全盘西化”的办学方式，他们相约回到上海，组织立达学园，名称取自古训“己欲立而立人，己欲达而达人”。

立达学园由发起人捐款，于1912年3月19日创立大同学院，以“研究学术、明体达用”为宗旨，以《礼运》篇的“大同”理想取名。

学校设董事会，成员有马相伯、蔡孑民（元培）、吴稚晖、汪精卫、杨杏佛、徐新六、胡适之等人。董事会聘请第一任校长胡敦复（1912—1927年），第二任曹惠群（1927—1945年），第三任胡刚复（1946—1948年），第四任平海澜（1949—1952年）。

大同学院创办时校舍先赁屋于南市肇周路南阳里，办预科及普通科；半年后迁至南市丰记码头。1913年购置沪杭车站北面、南车站路土地9亩，自建一座教室楼和一座宿舍楼，于1914年迁入。

初期学校经费非常困难，除收学费外，还须依靠募集捐补助。教职员虽然有定额薪金，但因热爱教育事业，仅领取生活费，以多余薪金作为办学经费，有的教职员根本不拿薪金，甚至以在他校兼课的收入补贴大同经费。

大同学院创办时，只设普通科与预科，第一批招收学生八九十人，其中大多数为不满原清华学校的奴化教育，随教师来上海的。当时全院共有教职员10余人，课程设有国文、数学、物理、化学、英文等，学生根据自己的文化程度选读。1914年，普通科第一届毕业生中，有张志让、马颂武、倪若水、卫炯华等8人。

1916年设英文专修科和数理专修科，并招收女生，实行男女同校，开风气之先。但上课时男女生分坐，平日亦无接触。熟悉大同校史者说，第一学期只有女生一人，由校长的夫人陪同上课。

从“学院”到“大学”

1921年起，增设大学文科和理科，1922年又增设商科和教育科。同年9月，教育部实施新学制，大同学院取得立案，改称大同大学，当时，有学生二三百人。1928年起，又增设测绘专修科，并设附属中学，主任由平海澜担任。

1929年9月，根据教育部公布的大学章程，大学部各科改称文学院、理学院、商学院。1937年7月，又增设工学院。

1933年清华大学公费留美考试，全国有32所大专学校的183名学生报考，共录取25名，其中大同大学报考者4名，被录取2名（天学蔺、顾功叙），占高校录取名额第4位（清华大学第一，交通大学第二，金陵大学第三），而且其他大学被录取的学生中，亦有两位学生曾在大同大学肄业。这也说明当时大同大学的教学质量比较好。

大同大学创办以来，重视教职员的质量，学校行政人员较少，办事人员不多，在私立大学中，教职员与学生人数的比例是最低的。1947年度有教员105人，职员38人，学生2254人，教员与学生人数的比例为1∶21，职员与学生人数的比例为1∶59，学生人数在上海七个私立大学中占第二位，而教职员的比例最少。

胡敦复是美国留学生，不但教授数学，而且担任哲学、文学评论、欧洲史、德文等课程，讲课时深受学生欢迎。曹惠群是英国留学生，既教化学，又教英文和世界通史。胡刚复是美国留学生，著名的物理学家，在物理教学方面有“南胡（刚复）北颜（任光）”之称，亦擅长教授数学。平海澜系日本留学生，亲自教授英文、历史、地理等课程，著有《英汉模范字典》。他们都是内行，善于领导教学，胡敦复、胡刚复课余和假日还经常在物理实验室进行科研，曹惠群则经常在化学实验室搞科研。

校舍和实验室、图书馆

在当时同类私立大学中，大同大学的校舍最差，但购置实验设备和增添图书资料花了较多的财力。据1947年统计，全校物理实验室5个，有物理仪器2300多件；化学实验室4个，有化学仪器820多组，其他用品1万多件；电机、机器实习室4个，有电机、电信工具200多件，测量仪器500件，机器26部，还有两个实习工厂。图书馆有中文书、外文书、中外杂志3万余册，特别是外文书和外文杂志在当时大学中是比较完备的。

大同大学创办后，对学生功课要求严格，但对学生的体育不重视。后经师生募捐集款近2万圆，于1931年建成7000多平方米的体育馆，使学生的体育活动逐步开展。

1937年抗战前夕，南车站路的校址面积已发展到110余亩，建有教室、实验室、体育馆、宿舍、饭厅等房屋17座，并决定募款6万元，兴建一大规模的图书馆，因“八一三”淞沪战争爆发而未建成。后日军侵入南市，校舍被占，约有7/10的建筑物被陆续拆毁，仪器、图书大量流失。

上海沦陷后，大同大学师生迁至租界继续上课。1937年8月借用位育小学，1938年2月借用比德小学，8月迁入律师公会大厦，不久，又借用光华中学作为校舍。1939年，由浙江兴业银行和新华银行贷款，在新闸路重建大学校舍，同时添设附中二院。抗日战争胜利后，收回南车站路劫余校舍，作为附中一院校址。到1947年度第一学期，大同大学有教职员工143人，学生2254人（两所附中的学生数尚不计算在内）。

1952年上海大专院校调整时，（1）大同大学工学院机械系、电机工程系并入交通大学；（2）土木系并入同济大学；（3）文学院、理学院并入复旦大学和华东师范大学；（4）商学院和其他学校的有关院系合并为上海财经学院；（5）理学院的化学系和其他学校的化学工程系合并成立华东化工学院；（6）附中一院改为大同中学；（7）附中二院改为五四中学。

上海私立大同大学从1912年创办到1952年院系调整后合并，经历40余年。

大夏大学

大夏大学的创建，同1924年春夏之交的厦门大学学潮有关。由于学潮，300多位师生激于义愤，于1924年6月集体离开了福建厦门大学，并组织代表团到上海，请求前厦大教授欧元怀、王毓祥、傅式说、余泽兰、李拔峨、林天兰、吴毓腾、吕子芳、周学章等9人，筹备重建新校。由王伯群先生捐款2000银圆作为基金，成立董事会筹款办学。诸教授暂借小沙渡（今成都南路）美仁里24号为临时筹备处。起初自称“大厦大学”，后来定名为“大夏大学”，意为光大华夏。

艰苦创业

王伯群（1885—1944年）被推选为大夏大学董事会主席。他主张大夏大学应“本学术研究之自由与独立、涵育革命与民主精神”。（引自《民国人物传》第7卷《王伯群传记》）

大夏大学临时筹备处，设在上海弄堂内的一楼一底房屋的楼上，大门口还贴有“请走后门”字条，因楼下系房东卧室，为方便起见，筹备处必须由后门出入。1924年7月7日，厦门大学去职教授同离校学生团总代表，通告大夏大学筹备处成立。欧元怀、王毓祥、傅式说被推为执行干事，即租定宜昌路115号打油厂为临时校舍。并决议照原有学生科别，设文、理、教育、商、预五科。校本部门前矗立着书法家曾熙题的校牌，既高又大，与校舍虽不相称，却有些气派。当时有人嘲弄说：大夏的“夏”，按古文“夏者大也”，那么校名是大、大、大，而校舍却小、小、小。1924年9月20日，大夏大学在上海槟榔路潘家花园举行开学典礼，22日正式上课，报到学生190人，以后陆续增至229人，基本上是由福建厦门大学转来的学生。建校时，王伯群先生提出三条校训：一曰“三苦精神”（即教授苦教、学生苦学、职员苦干），二曰“师生合作”，三曰“自强不息”。（注：又一说法为“读书救国”，此处根据《大夏周报》第24卷第14期所载）

厦门大学转来的学生，清寒的占大多数。他们在厦门大学原为免费生，教育科学生且获有免费供膳待遇；今来新校，每学期要缴学费银洋40圆，膳宿自理。至于离校教授原来月薪皆在200圆以上，新校则不过150圆左右，教课钟点周为十数小时，甚至兼职不兼薪。然而在建校初期，校务公开，大家一条心，一股劲，没有怨言，遇有问题即由师生协商解决。学校请不起很多职员，所有刻印讲义、管理图书、仪器采购、庶务等工作，大部分由学生分任，多数尽义务。

学生的生活衣着，在上海各大学中也较朴素，对功课则勤奋认真，马君武教化学，周昌寿教物理，夏元瑮教现代物理，沈璇、何衍睿教数学，邵力子教新闻学，郭沫若教文学概论，田汉教戏剧概论，何炳松教西洋史，李石岑教人生哲学，朱经农教文化史，程汀帆教教育行政，均受学生欢迎。马君武住吴淞杨行镇，间或因火车误点迟到，学生们都齐集课堂等待。朱经农的课排在夜晚，有一天下大雪，朱因道阻迟到半小时，学生齐集等候，济济一堂。教授们对学生的好风尚，怀有好印象，故薪金虽薄，亦乐于执教。

开学两个月，不设校长，设置“校务行政委员会”，由八位教授组成，遇有涉及学生重大事宜，则由学生会派代表一人列席。

不久，由校董事会推选马君武博士为校长，马校长于1924年11月24日正式就职，仍兼化学课程。他完全尽义务，从未支过薪金或车马费。1929年夏，马君武率领欧元怀、王毓祥与华侨学生杨麟书、林清在等，前往马来西亚为学校募捐。

1926年冬，王伯群担任大夏大学校长；1927年春，大夏大学改“委员制”，王伯群担任委员长。1928年6月国民政府任命王伯群兼任交通部第一交通大学校长。

校址的屡次迁移

大夏大学建校27年中，校址屡迁。从借用弄堂房屋为临时校舍，到租地自建暂时校舍，再到购置大片土地进行总体布置，建筑永久校舍，是一个漫长的艰难缔造过程。在抗日战争时期，学校搬迁西南，为了逃避战火，使弦歌不辍，亦数易校址。

创办第一年借用的小沙渡路201号临时校舍，于1925年五卅运动中被帝国主义者逼迁。幸亏在惨案发生前几个月，学校已在胶州路301号租了一块空地并决定自建新校舍。这是一座砖木结构的方形三层大楼，第一层为礼堂、图书室、实验室、办公室，第二层有教室14间，第三层为男生宿舍，有寝室52间，可容寄宿生240多人。大楼建筑费为4万两银子，由学校和地主各付一半，约定10年后房产无代价给予地主，并在拥有使用权的10年期间，按月付给地主垫出建筑费的息金。新校舍于1925年5月开工，9月初落成。校舍旁有空地约20亩，学校租为操场。对门有花园洋房，租为教职员宿舍，并在空地上建筑临时教室数间。后门毗邻潘家花园，环境幽静，讲学条件良好。如此新布置的校址，比前一年的弄堂大学强得多。

学校原先计划在此处办学至少10年。但三年之后即1928年，学生已达600多人，房舍不敷应用，特别是理科实验室和图书阅览室过于狭小，必须迁地为良。于是自1929年3月起陆续在中山北路梵王渡购置基地200余亩，另加荣宗敬捐赠的一条校河（丽娃栗妲河），全部基地面积达280亩。1930年1月起在此兴建校舍，同年9月第一期建筑竣工，学校整体迁入，胶州路等处校舍则拨归附属大夏中学使用。

1937年“八一三”淞沪抗战前，大学部学生已达1500多人。全面抗战爆发后，先迁移到江西庐山，1938年再迁移到贵州贵阳。

在内迁“大后方”时，有段插曲值得记述。原来上海私立大学中有号称“四大金刚”的复旦、大同、光华、大夏四校。这四校领导人于“八一三”战役后协议联合内迁，开办联合大学。但联大筹备人员到南京时，大同退出；途经九江时，光华也声明退出。只剩复旦、大夏两校在庐山、贵阳两地成立了联合大学第一部和第二部。两部行政领导人由两校交叉安排，庐山联大成立于1937年11月，由钱新之任校长，吴南轩任副校长（原复旦），吴泽霖任教务长（原大夏）。贵阳联大成立于1938年1月，由王伯群任校长，欧元怀任副校长（原大夏），章益任教务长（原复旦），后来由熊子容（原复旦）继任。这个难产的宁馨儿，未及两学期，两校负责人就在贵州桐梓集议，决定各自恢复原校名，分别在重庆、贵阳设立。

贵阳时期的大夏大学

大夏大学起初借用贵阳讲武堂临时上课。

1939年贵州省政府拨给贵阳花溪公地，连同当地人士捐赠的土地，共

1000亩。1940年8月，新校舍开工建筑，次年春季第一期建筑落成，计有教室12间，宿舍28间，先由附属中学迁入使用。

王伯群与贵州省主席吴鼎昌筹划在花溪成立“农村改进区”，由大夏大学和贵阳县政府总理其事，“努力于各项生产建设”。譬如，贵州的食盐历来依靠四川，食盐价格猛涨。王伯群为培养盐务人才，受重庆财政部盐务局委托，1942年在大夏大学附设盐务专修班；两届共培养毕业生400多名，分布国内各盐务机构任职。

1944年12月，因日本侵略军大举进攻贵州、占领独山等县，大夏大学又被迫迁往川黔交界的赤水县城。当时为了避免敌机轰炸，取道经茅台前进，篙舟逆流而上，水急滩险，备尝艰苦。历时三个月，人员和全部图书仪器方安全抵达。赤水没有电灯，大夏师生安装无线电收音机，用干电池作电源，每日凭收音记录新闻报道，发行《大夏快讯》，受到附近居民欢迎，邻近县份逐日派人到赤水领取《大夏快讯》赶回翻印。

1944年12月20日，大夏大学校长王伯群因胃溃疡复发而不幸病逝。大夏大学自从1924年创办到1944年，在20年间培养了4000多名学生。

1945年6月1日，举行21周年校庆，举办图书仪器展览会、科学实验表演、体育运动会，观众非常踊跃，机关、学校都放假，校庆变成了“县庆”。1946年大夏大学离赤水县返归上海前，在校本部（即文庙原址）立碑纪念，柬请赤水县各界参加立碑揭幕典礼。

抗战胜利后的大夏大学

1946年秋季，大夏大学回返上海原址。

中山北路新校园第一期建筑包括教学大楼一座，取名群贤堂；男生宿舍两座，名群策斋、群力斋；女生宿舍一座，名群英斋；还有教职员宿舍12幢及学生浴室、饭厅等。群贤堂有大中型教室28间，可供2000人同时上课。男女生宿舍三座，各可容700人。“一·二八”事变后，还曾在新校园陆续建筑理科实验室、图书馆、体育馆、医疗室、附属中学校舍及东西大楼教职员宿舍等。抗战初期，这些建筑物大半毁于炮火。1946年复员回上海后，添建礼堂及员生宿舍，附中校舍也归大学部使用。改制时移交全部建筑，总面积为18000平方米。这就是后来“华东师范大学”的校园基础。

1951年夏季，华东教育部决定将大夏与光华两大学合并为“华东师范大学”。

大夏大学原有的院系调整如下：（1）主要的八大系——中文系、英文系、历史社会系、数理系、化学系、教育系、教育心理系、社会教育系并入华东师范大学；（2）土木工程系并入同济大学；（3）政治、法律、经济、会计、银行、工商管理等系大部分并入复旦大学，小部分并入上海财经学院；（4）附设大夏中学也和光华附中合并成立华东师大附中。华东师范大学校址在大夏原址，附中在光华原址。这样，结束了大夏大学27年的历史。1951年7月18日宣布改制。

光华大学

“五卅惨案”的产物

1925年5月30日，上海发生震惊中外的“五卅惨案”。接着全市展开了罢工罢市罢课的反帝爱国斗争。位于沪西梵王渡路的圣约翰大学几百名师生也举行罢课，并上书教授会；当时教授会成员共40人。6月1日，美籍校长卜舫济召集教授会，教授钱基博恳切陈词，呼呈校长支持学生的爱国行动，孟宪承教授任翻译，声泪俱下；卜舫济则坚决不许学生罢课，申言学生如罢课，就必须立即出校。由于双方相持不下，乃用无记名投票表决，以31票对19票通过了“学生罢课，照常住院”的议案。但卜舫济仍宣称：“校长有自由处分校事之权，绝不为教授会的决议案所束缚。”6月2日晨，卜舫济召集教员、学生代表举行联席会议，议决罢课七天，如届期尚未平息，则提前放暑假。罢课期间，学生须照章严守秩序。学生并要求从次日开始，于校内下半旗志哀，卜舫济表示同意。

6月3日早晨6时，童子军升旗，将国旗（五色共和旗）下半旗，然后圣约翰大学学生会在礼堂集会，会毕，全体赴旗杆前志哀，可是中国旗竟被卜舫济偷偷拿去。众皆惊愕，推代表向卜舫济质询，卜舫济推翻前议，强词夺理，坚持不准下半旗。代表见无理可喻，即向童子军团部取得五色国旗，把国旗放在礼堂讲坛上，大家脱帽行三鞠躬礼。

正待唱国歌时，卜舫济闯了进来，登坛宣布解散集会，并下令学生即速出校，不许逗留作政治活动。全体学生极为悲愤，大学暨附中学生550余人宣誓永远离开圣约翰，然后整队鱼贯而出。中国籍教员孟宪承、钱基博、伍叔傥、何仲英、蔡观明、洪北平、顾荩丞、林轶西、张振镛、蒋湘青、吴邦伟、薛迪靖、于星海、朱荫璋、金秋涛、周子彦、陶士玮等17人，支持学生的正义行动，亦声明辞职，即日脱离圣约翰大学。这就是“六三事件”，后来光华大学把6月3日定为校庆日。

当时圣约翰大学二年级学生周有光回顾说：

> 圣约翰大学的华籍师生集体离校，出来自办光华大学。为什么叫做“光华”？是来自古诗歌“日月光华，旦复旦兮！”同学们挥泪走出校门时候的心情是：“吾爱吾师，吾尤爱祖国”！在同学们的心上，这是一个历史的伤痕。当时人心激昂，在历史剧变中，无可避免地造成了这个历史的伤痕。

近600名爱国师生组成了学会，推张祖培同学为会长，决心另办学校。他们首先获得学生家长的同情和支持，学生张悦联的父亲张寿镛愿负筹划经费及主办责任，另一位学生王华照的父亲王省三（名丰镐，前清及北洋政府时期曾办欧洲各国外交），热心捐助大西路基地90余亩作为校址（即现在东华大学校址），随即成立新校筹备委员会，定校名为光华大学。

草创时期的光华大学十分简陋，暂时租借霞飞路（今淮海中路）534号为临时校舍，宿舍分为四处。大学部464名学生，中学部562名。由张寿镛任校长，朱经农为教务长，严恩椿为文科主任，容启兆为理科主任，何德奎为商科主任，杨才清为工科主任，陆士寅为附属中学主任。后来朱经农改任副校长，由容启兆为教务长，并请孟宪承为总务长。

草创时期最难解决的是师资问题。原来圣约翰大学的教授，除中文教师外，几乎全是外国人。这些外籍教授不愿离开圣约翰大学，因此光华必须另起炉灶，聘请文、理、工、商各科专业教师。许多不计报酬的博学之士纷纷来光华大学任教。

26届光华学士

“六三”离校的学生中有9位是应届毕业生，他们出于爱国义愤，不愿领取圣约翰大学毕业证书，而要获得当时草创的光华大学毕业证书。这9位同学被称为光华大学“特届毕业生”。

经过张寿镛校长的苦心筹划，并取得社会人士的热情支持，尤其是上海金融工商界的踊跃捐款，新校舍于1926年1月5日兴工建造，同年9月1

日落成。第二学年就在新校址开学。起初限于财力物力，只有两幢教学大楼、两座宿舍，另盖一排二三十间夏不蔽暑、冬不庇寒的草棚作为临时教室，还因陋就简利用饭厅作礼堂。但师生员工的精神十分饱满，社会上热心教育的人士也不辞劳苦大力协助。校友周有光回忆道：“我们在简陋的饭厅里可以听到鲁迅、林语堂的演讲；在草棚里可以听到胡适之、钱基博、吕思勉、蒋竹庄、吴梅、胡刚复、朱公谨、颜任光、廖茂如、潘光旦、章乃器、王造时、罗隆基、薛迪靖、金井羊、杨荫溥、安绍芸、何炳松等教授的讲学；在休息室里可以看到张歆海和徐志摩在谈诗，李石岑在谈人生哲学。老师诲人不倦，学生发奋学习，蔚成良好的学风。这是光华这棵幼苗成长时期的写照。”

光华大学的校训原为“知行合一”，1930年改为“格至诚正”。

从1925年6月3日到抗战前的13年间，光华大学一切从头做起，物资设备图书仪器都是从无到有，校舍的建造也逐渐初具规模。基地不够，又承何家角乡绅杨秋荪等捐助，并向周围征得部分土地。

图书馆于1925年12初创设时，仅有60平方米一间房屋，由学生自愿担任管理员。到1937年初，已有两间阅览室，可容百人就座，办公室、书库、储藏室一应俱全，有中西书籍近3万册。理学院的实验场所及仪器设备，亦日益扩充。

教师队伍，初期为40余人，尔后增加到89人。先后担任文学院院长的有：张东荪、钱基博、王造时、张歆海等；先后担任理学院院长的有：颜任光、容启兆等；先后担任商学院院长的有金井羊、薛迪靖、谢霖等；先后担任副校长的有：朱经农、颜任光、廖世承、朱公谨、容启兆等。这段时期，大学部在校学生亦从初期的400余人增加到800余人（从1929年起招收女生），其中文学院人数最多，商学院次之，理学院较少。文学院设中文、英文、历史、教育、政治、社会六系；理学院设物理、化学、生物、数学、土木工程五系；商学院设经济、会计、银行、工商管理四系。又以教育系同学为主，创办光华大学实验中学（后改称光实中学）及光华大学实验小学（后改称光实小学）。

战火中离合、聚散

1937年“八一三”淞沪抗战爆发后，光华大学进入最困难的时期。11月2日，大西路的光华大学暨附属中学校舍被日本侵略军焚毁，图书、仪器损失惨重，只得在租界另外寻找校舍复课。当时大学教职员 89 人，学生 500 人左右。

同时，校董会决议在成都设立光华大学分部，由谢霖教授任副校长，薛迪靖为附中主任，于 1938 年 3 月 1 日正式开学。光华大学成都分校，于抗战胜利后结束，由四川省人士改办为成华大学。

1941 年 12 月太平洋战争爆发，日军进占租界。张寿镛校长为避免学校向敌伪登记，将原来的文学院对外改称诚正文学社，由蒋维乔教授主持；理、商学院改称致理商学社，由容启兆和薛迪靖负责，这样表示非正式学校，避免了敌伪文化控制与奴化教育，保持了光华大学的纯洁性。这时组织力求简单，教工待遇菲薄，往往需多处兼课、兼职才能维持生活，但师生们以摆脱敌伪控制为荣，艰苦地度过了这难熬的三年半，迎来了抗战胜利。可是辛勤办学的张寿镛校长于日本投降前 27 天在沪病逝，没有见到胜利的喜悦，实为憾事。

抗战胜利后，光华大学校董会推朱公谨主持复校工作，仍在证券大楼上课。

1945 年 10 月，校董会改组，翁文灏任董事长，聘朱经农为校长（由朱公谨代），朱公谨、廖世承为副校长，廖兼附中校长（由张芝联代）。

1946 年秋，光华大学暨附中迁至欧阳路上课，其时学生达 1700 余人，创建校以来最高纪录。纺织界巨子荣德生捐建德生堂，作为宿舍大楼；翁文灏捐建图书馆；学校又修建游泳池。恢复物理、化学、生物实验室；原来的学科设置全部恢复。添设的法律系后并入华东政法学院，土木专修科后并入同济大学，铁路工程专修科后成为华东工业专科学校，并为保险公司培训保险专业人员。

光华大学在 26 年艰苦奋斗的历史中，先后入学者 1 万多名，获得光华毕业证书（文、理、商三种学士学位）者 2400 余人。

1951 年 7 月进行院系调整，华东教育部主持将光华大学、大夏大学两校的主体（原有的文学院、理学院等）合并重组为“华东师范大学”，以大夏大学原有的校园为校址；而在光华大学校园设置了“华东师大附中”。

我国历史上的大学生费用

学术界公认，我国的大学教育是在20—30年代逐步走向规范化、现代化的。关于高教体制、校史沿革、学科发展等方面的研究成果很多，但是尚未见到当时大学生所负担费用（学宿杂费、校园生活费）的专题文章。这方面资料稀少、零散，且很不完整，某些当事人的回忆录又往往诸说纷纭、不够准确。那么史实究竟如何呢？值得下一番考证工夫。

本文首次发掘、调查整理了一些确凿的历史记载，将北京（1928—1949年间一度改称北平）和上海过去各种类型大学的费用作一统计归纳和介绍。先提供两个历史背景：

（1）我国高校规模和大学生人数不断扩大

1930年我国共有高等学校85所，其中大学及独立学院58所，专科学校25所；在校学生仅37000多人，应届毕业生4583人。

1936年，我国共有高等学校108所，其中大学及独立学院78所，专科学校30所；在校学生42000人，应届毕业生9154人。

高校的地理分布极不均衡，甚至是畸形发展的：正规大学中有46所（大约半数）集中在东部沿海的北平、天津和上海，大学生总数约有2/3在以上三大城市；其他则星星点点散布于一些通商口岸和省会要津。

（2）我国20世纪前半叶是“银圆时代”

20世纪30年代前期，我国通行的货币还是“银圆”和“铜元”，至于纸币即“钞票”仅作为银圆的兑换券。货币交易结算单位仍然是银两，也就是“银本位”制。

那么当时1银圆的实际购买力又如何呢？我在《文化人的经济生活》专题研究中得出结论：30年代1圆“标准银圆”对于日用品的购买力，约相当于1995年的30元人民币。

这个结论几年来经过反复论证，得到许多学者认同。举一个最通俗的例子：1930年的1银圆，大约可以购买5—7斤上等猪肉，平均为6斤猪肉。但各地物价有所差别。在上海市场每斤猪肉2角银圆，在北平市场上则可便宜到1角5分。这具体说明了当时上海市物价和生活费用比北平市略高些。

30年代北平各高校的学宿费

根据30年代初新晨报社出版的《北平各大学的状况》手册中所列招生简章（注：1928—1949年间北京市一度改称北平市），又根据1932—1936年的北平高等教育史料，参照1935—1936年出版的《北平旅行指南》等书加以核实校订，当时北平各高等院校的学费如下——

（1）国立北京大学：学生约1400多人，每年学费20银圆，分秋、春两期缴纳。免宿费。此外每年体育费2银圆。每年共收22圆。膳食自理。学生食堂包伙每月6圆左右。

（2）国立清华大学：学生1200人，每学期学费10银圆，体育费1圆，每年共22银圆，不另收住宿费。膳食自理。学生食堂包伙每月7圆。

（3）国立师范大学：学生1300多人，全免学费，食宿自理。

（4）国立北平大学：学生1634人，每学期学费10银圆，体育费1圆，每年共22银圆。新生入学时缴纳制服费10圆，保证金10圆。膳食自理。学生食堂包伙每月6圆。

（5）北平各专门学院：工学院学生285人，农学院学生223人，医学院学生125人，法商学院学生514人；以上学费皆每年20银圆，体育费2银圆；皆分秋、春两期缴纳。

（6）国立北平艺术专科学校：学生173人，每学期学费20银圆；杂费、制服费17银圆。

（7）交通大学北平铁道管理学院：学生170人，每学期学费20银圆，宿费10银圆，此外每年讲义费8圆，体育费2圆；存储费10圆，冬夏季制服费30圆；每年共收110银圆。膳食自理。学生食堂包伙每月6—7圆。由于当时交通大学的总部设在上海市，而北平和唐山所设立者为分部。这三处所收学杂费标准是基本一致的。

（8）私立朝阳学院（前称朝阳大学）：学生1347人。每年学杂费约75银圆。

（9）私立铁道学院（前称铁路大学）：学生255人。每年学杂费约58银圆。

（10）私立中法大学（预科）：学生200余人。预科学费每年30银圆，食宿费自理。

（11）私立燕京大学（美国教会支持）：学生800人。每年学费110银圆，宿费每年40银圆，又体育费医疗费等项12圆；以上每年共162圆。膳食自理。学生食堂包伙每月7—8圆。

（12）私立辅仁大学（天主教会支持）：本科生学费待查；研究生第一年学费70银圆，宿费80圆，科学实验费10圆，以上共计160圆。

（13）私立财政商业专门学校：学生397人，每年学费96圆。

（14）私立北平协和医学院：医科113人，每年学费100圆，分3期缴纳；宿舍费30圆（暑期住宿加5圆）；租用显微镜每年租金5圆，仪器保证金10圆。以上共计145圆。解剖器械及听诊器等自备，费用在200银圆以上。

其他还有一些较小的学院和专科学校，共26所高校，费用情况类似，兹不赘述。

可见，在1931—1936年的北平，公办大学如国立北京大学、清华大学、北平各专门学院（工、农、医、法、商学院），以及国立北平艺术专科学校等,学费比较低廉,每年缴纳22银圆。而私立大学的学杂费每年为58—96银圆;相当于国立大学的3—4倍。收费最高的是教会主办的燕京大学、辅仁大学、协和医学院等,每年约160银圆,还不包括膳食、衣物和日常零用钱。

30年代北平大学生的基本开支

一般说来，大学生的开支包括以下几个部分：

（1）入学时必须缴纳的学费、住宿费及杂费，这是必不可少的；

（2）膳食费，在学生食堂包伙，或者自理膳食，这就有一个最低的基本线，又有一个自己调节的幅度，可省可奢；

（3）基本日用，如服装、文具、交通费等，有些是必须的，有些是可有可无的；

（4）其他生活费用，如娱乐、医药、交际、旅游等等，这就因人而异了。

本文主要讨论前三项，着重前两项，也就是大学生的基本开支。

1929年有一篇纪实的短文，名曰《北大学生生活费用》，引录如下：

> 北大学生的衣食住行，大抵崇尚俭朴。服装一项，灰蓝布大褂，约占三分之二；著西服者，至多不过十之二三。实在奢华之风未成。伙食该校一斋三斋设有厨房，包饭三餐每月六圆六，一餐二圆三；此外马神庙一带，小饭馆林立栉比，包饭时交钱者，每月八圆；先交三月以上者，每月六圆；零吃较贵，何所适从，听吃者自便。大抵全体学生包饭者，达三分之二，间亦有自作饭者。住的方面，各斋（宿舍）寝室自习室不分，电灯电话炉火俱全，每年收宿费三十圆，分两期之一强。……要之求学于北大住宿舍者，每年二百五十圆已够用。

关于当年北平师范大学和北平大学第二师范学院（原女子高等师范大学）的学生生活费用，则有如下介绍：

> 该校在过去完全是公费，学生只要自备些衣服被帐等，便可享受四年的高等师范教育。年来因为经费的困难，便渐渐地把一切的优待取消了。到了民十二（1923年）师大成立的那一年，连膳宿各费，概即自备。所与其他各校不同的地方，就是不征学费。现时所征之费，分为下列几项：1. 保证金：二十圆于第一年入校时缴纳，毕业后发还；2. 宿费：每年二十五圆，电灯火炉等费在内；3. 讲义费：每年八圆依照所领讲义之多寡计算；4. 体育费：每年二圆。此外为膳费，由学生与厨房自行缴纳，与学校无关；现时膳费，每月七圆，年约八十余圆。至于专修科学生，尚须缴纳钢琴费……其他则为书籍、衣服，及零星等费。总计全年，约须两百圆之谱。近来该校学生正积极做公费运动，揆诸世界各国优待师范生之公例，教育当局对于此种运动，自应同情。盖在政府方面所费不多，在学生方面，则受惠甚大。

还有一篇短文《为经济压迫的大学生说几句话》，提起1928年正式改组国立清华大学以后的一些情况，其中说："现在求学，真不容易！即以学费一项而论，已非一般人家所能担负。家境比较清贫的学生，对于清华只能望洋兴叹！"好在清华、北大、交大等都实行奖学金制度，当时叫做"公费"、"半公费"，学习成绩优秀、符合条件的大学生，可以申请减免学杂费，甚至领取生活补贴，借以保障完成学业。

被称为"贵族学校"如燕京、辅仁、协和的校园生活费、膳食费都比较高，例如包伙每月7—10圆。怪不得当时有"北大老、师大穷，燕京清华可通融"的顺口溜；20—30年代许多文章认为：北大、北师大多平民意识，而燕京、辅仁、协和则是培育高等华人的温房。

根据我所掌握的历史资料，考证的结果又请教30年代在北平市上过大学的一些老前辈加以核实，得知当时北京国立大学如北京大学、交通大学、北平师范大学以及北平工、农、医、商等学院的大学生们，每一年的基本开支底线为200银圆，一般情况为250—300银圆。私立大学的学生费用每年约300—350银圆；而作为教会学校的燕京大学、辅仁大学、协和医学院等，每一年大学生的生活费用约为350—500银圆。

历史见证人的回忆

以上史料记载，可以跟老前辈邓云乡先生的回忆相参证。他是身临其境的历史见证人，他在《文化古城旧事》一书中写道——

> (20—30年代、1937年以前) 外地人在北京读高中，一年要200圆；同样用这些钱，也可以读大学。如上北京大学、北平大学、清华大学，这些国立大学，住宿费都不要钱，学费只10圆一学期；伙食费清华每月7圆，北大、平大只要6圆。不少课不要买书，发讲义。真正用功的学生，节约一些，每月十来圆就可以过去了。在城里的还可作家庭教师、中学兼课、写文章赚稿费、作校对等等，自己赚钱开支大学费用，不用向家中要钱了。如果上师范大学，那连饭费也可省下。
>
> 再有这几所国立大学的学生，如果老家在灾区、国难区（当时已沦陷了的东北）等地，平均分数可以保持在75分以上，就可以请领全

公费或者半公费。这份儿“公费”，除去伙食费而外，还有余钱可以买些牙膏、肥皂、文具纸张以及看一两场电影。

再有某些省、县，专为本省、县考中国立大学的一些学生提供助学金，有时指定学科、学系，毕业后回原籍工作。这项助学金一般为每年100圆或150圆。

如果读私立大学，那自然费钱得多。燕京大学、协和医学院学费都很贵。

我查阅到1934年修订的《燕京大学本科教务通则》中关于纳费的规定：“本大学生，每学期须于注册时，依照下列费用表纳费——

本科正式生学费	55圆
特别生附习生学费每学分	5圆（学生以学分为缴学费标准者，每学期至少需缴学费15圆）
宿舍费（电、炉、水等）	20圆
医术费（药费另计）	2圆
体育费	2圆
杂费	2圆

这就是说，30年代燕京大学本科正式生的学费每学期银洋81圆，每年162圆。协和医学院更多，每学期200—300圆。不过燕京各种名目的奖学金很多，只要成绩好，经济困难，缴不起学费，总是好想办法的。所以考入燕京大学的，阔学生自然很多，穷学生也不少，不少都成为名学者，在此不一一举例了。在燕京读书（不管本市、外地的学生），若是没有任何奖学金，因学校在城外，都要住宿，一年总得400—500圆。

另外读理、工、医科的学生，买书的钱也很多。因为当时理、工、医科所用的书，不少都是英文原版书，每本都是几元美金，折合成银圆或法币，是相当可观的。后来龙门书店翻印外国书，定价便宜，才给穷学生解决了难题。读“艺专”学画用的颜料、纸张也很贵。

至于进入朝阳学院、中国学院等私立大学，学费虽较燕京等校便宜些，但一年费用也得300圆。至于花花公子和傻大少一类的学生，以上学为名，那费用就没法统计了。

教会学校和私立学校的办学经费，其来源不外三方面：（1）教会经费；（2）学生学费；（3）私人捐赠。其间差异较大。第一种是教会经费充足，而学费又十分昂贵的学校，如著名的燕京大学、协和医学院等学校，都从美国募捐了大量资金，由大资本家作后盾，在基建和经常开支上，经费都十分充足。如协和医学院的基建费用高达500万美元，仅燕京哈佛学社每年经费就有5万—6万美金。当时1元美金可换银圆3圆。1万美金以黄金及物价折算，差不多相当于现在的20万美元。这两个学校的经费均以美金换算，自较国立各大学更为充裕。以燕京大学和清华大学相比，燕京年预算并不少于清华，而它的学生却少得多，而学费又贵得多。清华每学期学费10圆，体育医药费每年12圆，宿费每年40圆。相比之下，相差8倍了。但学费的收入，对于燕京大学说来，却远远不够它庞大的开支，只能占其预算的12%而已。赵紫宸在《燕京大学的宗教学院》一文中说："一个教授的薪金一年就是法币四千余圆"，"洪煨莲薪水，每月360圆"。这样的数字，在30年代足等于40两黄金的购买价。而还不是最高的，高的可到500圆。

经费足、学费贵的燕京等校，足以保证教学水平。经费不足的私立大学，甚或几乎无经费可言，主要靠收学费来开支。在这种情况下，能广招学生，而且有人上门，便是广开财路。如朝阳学院1400人，中国学院1700多人，这都是招生多的私立大学，大都靠学费维持日常开支。当时这类学校大都没有理工科，仪器设备开支几乎等于零。水电开支也很少，都没有卫生设备，都是老式厕所。行政费用只是些粉笔、纸张、零星房屋修缮，开支少。教授、教师及职员的薪水，相对也比国立大学、教会大学低。

私立大学扩充招生的办法，一是降低入学要求，也就是录取分数低；二是学杂费比之燕京大学等贵族化学校也低不少，一般每学期40多圆；三是班级大，一班70人左右；多时可上百人，等于现在说的上大课。

外省学生到北平报考大学，若考不上国立名牌，也付不起教会大学的高昂学费，但总要找一个读书的地方，这样私立大学就不愁没有生源了。在学校和学生两方面都是不得已的。如此，学生程度就参差不齐了。有不少好学之士，在这类私立大学里面，也可学有所成甚至获得硕果；而毋庸讳言，有些人只为了读一张文凭，将来进入社会混个资格，可以领到相应的薪水，或面子上好看。但私立大学无固定经费，无钱可赔，就难免滥收学生了。

30年代北平大学区的经费

北伐之后，南京政府成立，李石曾北上筹办“北平大学区”，关于经费问题，他以其政治影响，在南京同当时财政部长宋子文说妥：指定天津海关和长芦盐署按月划拨30万圆，作为北平大学区各国立院校的经费。当年国库收入，除田赋而外，海关、盐务都是收益大户，天津海关、长芦盐署每月要向南京政府解款，这样就近划拨，等于“截留”。但名义上还是政府教育经费，由教育部拨给，预决算也由教育部审核。此款后来增至35万圆一月。《胡适书信集》载有1931年12月22日蒋梦麟给胡适、傅斯年信中说：“北平的教育，非通盘筹算是不易办好的……这种学校每月用35万来维持。”

蒋梦麟所说“35万”是具体而真实的。因他是“平津高等教育基金委员会”首席委员。其他委员是周作民、白鹏飞、杨立奎、吴鼎昌、张嘉璈、李达、李煜瀛、李蒸、王秀储、常耀奎，共11人。

当时由这笔钱支付经费的学校，有北大、师大等规模大小不同的高等院校共9所，学生总数大约为7000人，每月平均每人50圆，全年为600圆，如再将学生学费计算在内，则每个大学生每月培养费用为52圆，折合黄金为半盎司多。

但这经费并非按各校人数平均分配，因之具体到各所学校，就苦乐不均，平均数大不一样了。《胡适书信集》载有1927年1月3日任鸿隽写给胡适的信道：

> 我现在举一个实例，来证明北京教育界的病根，并不完全在“穷”一个字。某国立大学，学生不过106人，但它去年实际领到的款项却有10.8万元（它的预算大约30万），平均起来，一个学生也摊到一千块钱，我不信一个学生用一千块钱，还不能办一个像样的学校，但这是北京学校现在的情形。

这还是北洋政府末期的情况，所说学校，可能是“北京医科大学”或“北京女子大学”，这些当时都是人数较少而经费较多的学校，其时金价不过60圆一盎司，一个学生一年千圆经费，可折合黄金17盎司。以现在数目计算，那是相当可观了。人数少、经费多的国立院校，年培养经费也可能接近此数。至于人数多、开支大而经费又有限的学校，自然就穷了，其中最穷的是师范大学，因为北大等校，学生学费虽少，每学期还要交10圆。当时10块银圆，足够一个人两个月的伙食费，为数也不少，而师大则一文学费也不收，反而要支付学生伙食费，一进一出，差额更大。因此说“师大穷”，也是确实的了。

参照系——北平市民的生活水准

老前辈邓云乡先生回忆说——

30年代前期，北平生活最低标准是多少呢？国以民为本，民以食为天。首先从一客伙食说起。每月只7块银圆的伙食。那会儿7块银圆，差不多60多斤猪肉的价钱。清华大学的伙食标准是比较高的，要像北京大学、师范大学，乃至一般中学，那就更便宜了。

志成中学教员餐厅，当时叫厨房、饭厅。两个圆桌，白台布，五六大盘菜肴。什么坛子肉、红烧鸡块、雪菜肉丝、佛手肉丝、烧茄子等等，热腾腾香喷喷的招人馋，每桌两大盘冒着热气的雪白的荷叶卷，这样的伙食标准多少钱一个月呢？是5块5角一月。

西城二龙坑一带，是学校集中的地方，各胡同中，不少专供外地学生寄宿的公寓。最便宜的是“8块钱房饭”。即每月8银圆，包括房钱和饭钱。即一间“四白到底”的小房间，一般大约9平方米。简单家具，一副铺板、一个小书架、一个两屉或三屉桌、两个方凳。伙食是早饭粥、馒头、咸菜，中、晚均一菜一汤，米饭、馒头，而且送到房中吃。一般肉丝炒绿豆芽、肉丝炒菠菜、肉丝炒雪里蕻等，汤是豆腐汤、蛋花汤。

当时不少客居北平的人，不少都是两顿都在小饭馆中吃。一般小饭馆炒菜不过几吊钱或一两毛（角）钱。民国廿五年（1936年）《北平旅行指南》刊载西长安街小食堂菜价云：“新生活冷荤、炒菜、汤菜，菜价5分起码，2角为度。”刊载八面槽华利食堂西餐价格云：“一菜一汤，每份4角。”从以上资料可见，当时顿顿在饭馆吃，所费亦十分有限。至于饭摊上、肩挑贸易的平民化食品，那就更便宜了。当时《实报》刊有平民食品风俗漫画及打油诗，其“卖馄饨”写道：

“一碗铜元5大枚，薄皮大馅亦豪哉。街头风雨凄凉夜，小贩肩挑缓缓来。”

这是风味隽永的普通食品，每碗只卖5大枚。再加3大枚，便可在馄饨里加一枚荷包蛋。一角可换23大枚。差不多可以买三碗馄饨，三枚荷包蛋。一般饭量吃不了。这馄饨味道如何呢？梁实秋《雅舍谈吃》是这样写的：

儿时，里巷中到午后常听见有担贩大声吆喝：“馄饨——开锅！”这种馄饨挑子上的馄饨别有风味，物美价廉。那一锅汤是骨头煮的，煮得久，所以是浑浑的、浓浓的。馄饨的皮子薄、馅极少，勉强可吃出其中一点点肉。但是佐料不少，葱花、芫荽、虾皮、冬菜、酱油、醋、麻油，最后洒上竹节筒里装的胡椒粉，这样的馄饨在别处是吃不到的。谁有工夫去熬那么一大锅骨头汤？

如一碗馄饨、3个芝麻酱烧饼当一顿饭，那只合11大枚，也不过5分钱。如此最低伙食标准可以降到3块银圆。平均每人每月3银圆伙食费用，在自己家中起伙，那还用不到吃粗粮，如遇能干的小媳妇，吃得可能还不坏，油汪汪的炸酱面、香喷喷的葱花饼、热腾腾的菜包子……这笔细账如何算呢？以四口之家计，一月吃上一袋半面粉（注：每袋面粉22公斤，即44斤，一袋半面粉合66斤），40斤米，或一袋面粉、60斤米，总之100来斤的米、面粮食大约花费7银圆就够了。菜钱每天平均不过5分—6分钱。当时猪、羊肉不过50枚一斤，买10大枚肉，给你片老大一块，用荷叶一托，鲜红的肉，雪白的膘，碧绿的荷叶，在你掌心中，简直是一幅重彩的画。两大枚黄酱，可盛半碗，一大枚黄瓜、一大枚绿豆芽作菜码儿，全部不过14大枚。两元1000斤煤球，每月烧上300斤，不过6角。1角钱一斤花生油、1角5一斤小磨香油。一月吃上5斤油不过6角钱。因此四口之家，每月12银圆伙食，足可维持小康水平。自然不能吃大鱼大肉，但也用不着啃窝窝头。（那时一般中下水平人家，平时买肉很少整斤地买。一般都是8大枚、10大枚地买。猪肉杠片肉也都是一刀准，买五大枚的都肯卖。片一刀，挂在勾子秤上一称，正好两头平，真绝！）

住三间厢房，5—6块银圆房钱，便可租不算太坏的房子。这样四口之家，吃、住两项，18银圆便可解决。如每月有25圆到30圆的固定收入，省吃俭用，便可维持这样的小日子。如月收入不足20块银圆，维持四口之家，就更苦了，难免要吃粗粮、啃窝头、捡煤核儿。

以上是给最低生活标准的家庭算个细账。不过当时在北京固然有不少纯靠月薪收入生活的文化人，也有不少房无一间、地无一垄，只身度日、靠卖力气养家的穷苦人民。有的有手艺，有的没有手艺，这有无手艺大有差别。但另外也还有不少小有产者，或者有点积蓄，比如有个千把块银圆，存在银行或可靠的钱庄字号里，金融稳定，不会贬值，月一分利，不算大利钱，每月便可收入10银圆，补贴日常生活。自己再有个事由，每月再赚个20—30银圆，这样日子就过得不错。或者祖传有所房子，小四合院，自己住北房、东房，把西厢房、南屋租出者，每月也可得12块银圆的房钱，也可以大大补贴生活了。如果有两所四合院，家中有四五口人，自己住上五间北屋、三间西屋，宽宽敞敞，剩下的全可租给房客，这样就叫“吃瓦片”，靠房租就可维持生活了。总之当时金融稳定，钱值钱，由辛亥民国元年，直到七七事变，金价除第一次世界大战时降到最低点：一两低到过十八换外（即一两黄金折合18两白银），其他则在50到70换之间（均指“关银”，即海关以白银两数结算），30年代前期银价高、铜价低，民国元年每银圆换铜元135文，民国二十五年每元换铜元460文。其间是逐年增长的。金价每两一百零几圆，进出不超过5圆贴水。所以民国元年（1912年）如有100银圆存款，每年一分起息，存到民国廿五年（1936年），不但未贬值，以铜元计，不算利息，只本钱就增加4倍。金融稳定，人们生活就安定，没有恐慌感。

当时最大的恐慌，就是日本帝国主义的侵略。“华北之大，摆不下一张书桌”，侵略者的魔爪，步步逼来，七七事变的无情炮火，终于响了。烧杀抢掠，多少善良的人死于敌人的炮火下，日本侵略者的罪行，是说不胜说的。即使侥幸未死，苟且偷生于乱世，也从此坠入通货膨胀的深渊，长期挣扎在饥饿线上了。不要说月入300多块银圆，正月里厂甸买旧书、夏季每天来今雨轩坐茶座的教授生涯不可想象；就是每天家里给1毛钱饭钱，中午吃3枚小铜元一个面饺的中小学生活，也是远古的“神话”了。30年代前期在北京当过教授的知名人士，海内外健在者也还不少。如北京俞平伯先生、冯友兰先生，台北的成舍我先生、钱宾四先生……以及众多的那时在北京上过中学、大学，如今七八十岁的文化人，在他们白发苍苍的脑海中，有多少关于那时的经济生活的回忆呢？

引文结尾，为了唤起具体的回忆，就手头现有的史料，抄一些当年实际价格：

会贤公寓，地址西河沿路南，电话南局864，房饭每月13圆起码。

清华园浴室，地址八面槽，电话东局149、1211，洗澡池盆两便，1角至7角。

宝泉澡堂，地址米市大街，电话东局1322，洗澡平民化每位5分，理发1角。

中山公园游览券价目：（一）普通券，一人用，每券铜元20枚。（二）定期券，一人用四个月，每券洋6圆……（合每天5分；其他略。只这一张普通券，就等于五个芝麻酱大烧饼。折合现在2—3元）。

颐和园，游览入门券每张1圆，排殿游览券每张5角，玉泉山入门券5角。（当时1圆可买一百个鸡蛋。按此比例，现在颐和园门票30元一张。）

玉泉酿酒公司：东总布胡同17号。汽水每打12瓶8角，啤酒每打4圆。井陉煤矿驻平办事处，宣外东城根，烟煤每吨8圆。

得利面包房，崇内大街路东，创办于光绪二十八年，专制英俄美法式面包、糖甜小面包。起码7分一磅。（90年代初上海经常卖的小面包，六枚一袋，2元。只有十两秤七两，不足一磅。较得利面包房的价格上涨30倍。）

裕华成记，崇外上头条，香油每百斤17圆。

半个多世纪以前原来如此！以上资料均引自1936年马芷庠编辑、张恨水审定的《北平旅行指南》，这是历史的真实。（引自邓云乡《文化古城旧事》，中华书局，1995年出版）

30年代上海市各大学的学宿费

20世纪30年代的上海，是当时东方第一大都市、第一大海港，亚洲经济贸易和金融中心，号称“世界第三大城市”（仅次于纽约和伦敦），当时国际地位远远高于香港、东京、新加坡等，生活水平也相当高；但是带有强烈的半殖民地色彩，贫富悬殊。物价、生活费都比北平高。因此，上海市大学生的求学经济负担也比北平重。一般工人和小市民的经济条件是很难支持他们的子女上大学的。

我查阅1933—1935年的上海市高等教育史料，参照1934—1935年出版的《上海市指南》等书加以核实校订，当时上海市各大学及高等院校的学费如下——

（1）国立交通大学：每学期学费20银圆，宿费10圆，存储费10圆，体育费3圆，洗衣费2圆5角，医药费2圆；此外学生会费1圆。代收半年膳食费32圆。以上共80圆5角。每年学生须缴费共161圆，包括基本伙食费。

（2）国立同济大学：医学院、工学院、理学院每学期学费30银圆，宿费10圆，体育费2圆，图书费1圆；每年共收费86银圆，此外制服费15圆；工学院另收备用金20圆。膳食费自理，每月6—8圆。附设高级中学，每学期学费20银圆，宿费10圆，体育费2圆，图书费1圆；每年共收费66银圆，不包括伙食费。

（3）国立暨南大学：大学部每学期学费30银圆，宿费10圆，杂费13圆；以上共53圆，每年收费106圆。膳食衣物自理，学生食堂包伙每学期40圆。附设高中部每学期学杂费39圆；初中部每学期学杂费36圆。师资专修及师范科不收学费。

（4）国立上海商学院：每学期学费10银圆，宿费12圆，讲义费4圆，共26圆；每年学杂费共52银圆。新生入学时缴纳制服费15圆，膳食费约每月8圆。

（5）国立上海医学院：学杂费与商学院同。

（6）国立中山大学医学院：每年学费40银圆，宿费20圆，杂费20圆，实习衣及器械费10银圆，医学费2圆，显微镜租金1圆，体育费2圆；保证金40圆。此外每年膳食包伙费75圆。

（7）国立中山大学农学院：每学期膳食费、杂费、制服费共约66银圆；附设水产学校，不收学宿费。

（8）私立复旦大学：文学院、理学院、商学院及研究院，每年学费100圆，宿费30圆，图书费6圆，体育费4圆，医药费4圆，其他杂费8圆。共计152圆。预科附设中学部学费减半。膳食自理。

（9）私立光华大学：每学期学费50圆，杂费10圆，建筑费10圆，图书费5圆，运动费3圆，每年学杂费共156银圆。膳食费每学期40圆。

（10）私立大同大学：大学文、理、商本科及英文、数理、测绘专修科学费每学期60圆；预科学费每学期40圆；宿费10圆，运动费5圆，仆役费1圆，每年学杂费112—152圆。此外新生入学费5圆。每学期膳食费全膳28圆，半膳14圆。

（11）私立大夏大学：文、理、商、法各学院及师范专修科每学期学费45银圆，宿费20圆，书报费3圆，体育费2圆，校园建设费5圆，医疗费等杂费7圆；以上每年共约166圆。膳食自理。

（12）私立东吴大学法学院：每学期学费55银圆，宿费30圆，图书馆费3圆，学生会费1圆，以上每年学宿费共计178圆。此外新生入学注册费4圆；毕业前一个月缴纳毕业费15圆。

（13）私立圣约翰大学（教会学校）：每年学费110圆，宿费40圆。

（14）私立沪江大学（教会学校）：每年学费100圆，宿费20圆；体育费6圆，洗衣费6圆，图书馆10圆，储存费4圆，杂费男生24圆，女生30圆。以上共约170圆。膳食费每月8—10圆。

可见，1931—1936年的上海市，公办大学如国立交通大学、同济大学、暨南大学以及上海医学院、商学院等，学费比当时的北平高。而私立大学的学宿杂费也比北平高出很多，几乎跟教会学校相当，每年为150—170银圆。但上海市教会大学的学宿费跟北平的燕京、辅仁、协和等校差不多。

30年代上海大学生的生活费用

当时上海市大学设置的特点，是私立大学多，国立大学少。上海国立大学的代表是交通大学，还有国立暨南大学、同济大学等，但它们的学费都明显地高于北大、清华，相差两三倍。因为上海的生活水平很高，各项开支也大；而国家经费补贴相对说来比较少，所以上海国立大学的收费比较多，并不比私立大学便宜多少。

私立大学所谓“四大金刚”：复旦、大夏和光华（今华东师大的前身）以及大同大学等，最为著名。上海市私立大学所收取的费用，在全国说来是有代表性的。

30年代在上海读大学，校园生活费每年需300—400银圆。当时1圆法币大约合1995年人民币30元，合2009年60元，也就是说，30年代上海大学生每年的费用，相当于2009年人民币18000—24000元。

1936年4月在广州出版的《南针》杂志，为华南的应届高中毕业生以及准备升学考试的青年知识分子介绍了上海市国立大学的费用情况。它指明，到上海读大学的用费，每年300—400圆（银圆或法币）当可应付。

以上海的国立大学——交通大学为例。

交通大学一年级新生因为刚刚入学，第一学期缴费比较多，包括：

A. 学宿杂费

学费20圆，住宿费10圆，医药费2圆，参观费（及图书馆费）5圆，洗衣费3圆3角，学生会费1圆，级会费1圆，学会或社团费1圆［注：按照学生所在的学院，分为工程学会费、管理学会费、科学社费或其他会社费，每人只缴一种］；以上43圆3角，是各年级学生都一律要缴纳的。

B. 衣食费用

膳费（包伙费）32圆，合每月7圆；大学一、二年级规定在校内学生食堂用餐，必须缴纳膳费；大学三四年级可以自由用餐，各人自己解决伙食问题。

制服费35圆，大学一年级上学期缴纳一次，到大学三年级上学期再缴纳一次；也就是两年置备一套。

学生自己购置的衣服、鞋袜、手巾等生活用品，大约还需要20圆。

C. 其他费用

体育费15圆（新生入学时一次交付，以后每学期只交3圆）；

存储费10圆，是预存的“押金”，以备万一损坏公物后赔偿损失的，到一学期结束时核算，逾者补足；毕业时退还10圆；

钥匙费1圆（新生入学时一次交付，以后不用再交）；

文书费（教科书、参考书籍、簿册、纸笔、文具等）大约共需24圆，如果买旧书更便宜；学校印制的讲义费，则从存储费中扣除。

以上，大学第一学期共计费用180圆左右；到第二学期可以少交60圆左右。一学年大约300圆法币就基本上够用了。

此外，如果家庭经济宽裕一些，每学期可准备零用钱大约40圆法币，但如果没有特别嗜好，这一项费用是可以俭省的。又，家在广东的同学，如果每学期放假要回老家一次，那么还需要往返轮船票和旅行费大约40圆法币。

《南针》杂志还补充了三条说明——

（一）国立上海交通大学还设立了“公费生”、“免费生”和“贷费生”。公费生每学年津贴200圆法币；免费生每学期免去学费20圆；贷费生就是贷款上学，由学校方面斟酌具体情况而商定。

（二）上海纺织学院学生，待遇跟交通大学其他学院如工程学院、管理学院等相同。

（三）在广州报考，跟在上海、北平、汉口各地报考是一样的。投考者不要以为赶到上海应试会占便宜，而且在广州应试（得失且勿论）可节约一笔轮船费和旅行费。

参照系——上海市民的生活水准

20—30年代在上海使用银圆和国币（国家指定的几大银行发行的纸币）。十几年间，银圆币值基本上是坚挺的，日用品物价基本上是稳定的，没有出现后来40年代法币和金圆券的通货膨胀和物价飞涨的情况。

根据《中国劳动问题》（光华书局，1927年版）记载，上海一个典型市民五口之家（相当于4个“等成年人”的消费）的生活水平，以每月200银圆为中上等之分界线；每月66银圆为一般市民经济状况，每月100银圆以上至200银圆为中等生活；每月30银圆为贫民的下等生活分界线。

一家月收入66银圆，也就是每年800银圆，每个“等成人”每月16圆6角7分。这样水平的家庭，在上海工人里面占少数，而在普通知识阶层和职员中占多数。

根据1925—1926年上海市的物价情况，这样的市民家庭生活水平如下：

（1）食品类

每年用于基本食品（一日三餐）消费352银圆，占总支出的44%，平均每个“等成人”88银圆，每月7圆3角3分。

早餐：豆浆和早点大饼油条包子等，每天5分，共1圆5角；

中晚餐：32斤大米，每斤7分，共2圆2角；6斤猪肉（或鲜鱼），每斤1角8分，共1圆8分；3斤鸡蛋，每斤2角2分，共6角6分；10斤豆腐，每斤（4块）3分，共3角；20斤蔬菜，每斤平均5分，共1圆；2斤植物油，每斤1角6分，共3角2分；1斤白糖，每斤1角1分；1斤半酱油，每斤8分，共1角2分；半斤食盐，每斤4分，共2分；等等。

(2) 住房

每年用于房租60银圆，占总支出的7.5%，月租金5圆，一般只能住平民地段石库门弄堂楼房的两间屋子（市中心繁华区和租界一带房租很贵，可比北京市贵好几倍），平均每间居住2人；有马桶，有自用厨房；没有浴室。

(3) 穿着

每年用于衣服、鞋帽84银圆，占总支出的10.5%，平均每个“等成人”21银圆。一般自己买布找裁缝做服装。细布每尺1角钱，呢料（或士林布）每尺1角5分。做一套普通服装大约用16—20尺布，加上裁缝工钱总共3—5块钱就可以了。

成衣和鞋帽的价格，在大百货商店和小作坊是不同的。差价还不少。

例如一双皮鞋，在上海市虹口的皮鞋作坊中实售价5圆，在著名的大百货商店里标价可达14圆。

(4) 燃料、水电

每年用于燃料、水电费39银圆，占总支出的4.9%，燃料通常用于烹调（煤球炉子）、取暖。有一些家庭无电灯者用于照明（煤油灯），但是电灯和自来水在上海愈来愈普及，后来盖的弄堂楼房一般都有水电设备。

煤球每担1角4分；煤油每斤7分，火柴一包（10盒）8分，等等。

(5) 杂项

每年用于杂项265银圆，占总支出的33.1%，包括嗜好费、洗衣费、交通费、教育费、娱乐费、卫生费等等。

茶叶（普通）每斤2角3分；香烟（普通）每条10包3角5分；白酒每斤1角4分；黄酒每斤5分；肥皂每块4—5分；等等。

上海市的交通费，据1924年《小说世界》所载，电车从东新桥到小西门3分钱。据周瘦鹃著文：“黄歇浦畔之有电车，殆十余年矣。初行于租界，华界继起亦有年。风驰电掣，瞬息数里，人坐其中，几疑列子作御风行也。且为价甚廉，自2铜元起，至多不过10余铜元。”（引自《紫兰花片》1923年）

民国以后1银圆可换铜元100多枚，1921年在上海市1银圆可换154枚，所以2铜元大致等于1分半钱。

电影票：每张1—2角。京剧或话剧票：每张6角—1圆。

高雅娱乐：上海市名园之一“愚园”的入场券2角。（据《旧上海30

年见闻录》)

西洋化的游乐场，如法租界顾家花园的游艺会，入场券1圆；可观赏歌舞班“蝴蝶社”等演出；又跳舞场门券1圆，这种“门券”可充西餐的“吃资”，如饮冰汽水每瓶2角。(据1926年《红玫瑰》第4卷第24期)休假日如果包一辆小汽车出游，从静安寺到吴淞海边，单去5圆，来回要9圆。(据1923年8月郭沫若《月蚀》)

这样的生活可称为“小康”水平，包括普通职员和中学教师、半数小学教师等。与贫民家庭相比，日常生活费大致为两倍。这也就是当时上海一般知识阶层的经济状况。

上海20—30年代下层贫民家庭状况

根据1928年上海230户下层家庭状况的调查统计资料，当年一个五口人的贫苦劳动者之家平均年收入约国币400圆。这五口人（夫妇两人加三个子女，或一对老人、儿子媳妇加一个孙儿）组成一个“典型家庭”，是当年上海百万下层贫民的标准情况。

五口人的日用消费，包括大人和小孩，在统计学上折合起来相当于4个大人，称为“等成人”（与4个成年人相等的意思）。这样的典型贫民家庭一般都有两个人做工，每年总收入约国币400圆，详见下面的讨论。

他们生活的日常开支主要有下列几方面：

(1) 基本食物

每年花费在食品上的开支平均为218.5圆（每个等成人每月伙食费仅4圆6角），约占收入的55%，即一半略多。

(2) 基本衣着

花费在衣物鞋帽上的开支为36.7圆，约占收入的9%，其中购买成衣4.3圆、鞋帽9.3圆。

(3) 居住条件

每年房租平均为28圆，占收入的7%，居住一间半房子约30平方米（或说一大间、一小间）。

(4) 燃料、水电

每年花费24圆左右，占收入的6%，大多数家庭使用木柴和煤球烧炉子做饭，也有用煤油炉的。少数家庭（大约1/10）有电灯，其余9/10用煤油灯。

（5）杂项

其他属于文教、嗜好、卫生等支出，为92.8圆，占收入的23.2%，如子女教育费、交通费、烟酒费、娱乐费、医药费，等等。下层工人家庭很多文盲，只有少数能读报看书。

这样的五口（四个“等成人”）之家平均消费量，每年大米1248斤，面粉310斤；豆油75斤，猪肉51斤或牛肉72斤，青菜850斤；鲜鱼58斤；衣物用布176尺，可做10套单衣裤加10双布鞋，也就是平均每年每人两套单衣裤加两双布鞋……

根据《上海市统计·上海零售物价表（1928—1931年）》，上述生活水平，可折合为：

吃饭：每个“等成人”每月粮食32斤半（大米和面粉），每斤6—7分钱；1—1.5斤猪肉或牛肉，每斤2角—3角钱；1斤半鲜鱼，每斤1角6分钱；18斤蔬菜，每斤2—3分钱，1.6斤豆油，每斤2角钱。

穿衣：每个“等成人”每年衣物用布44尺，每尺布1角5分钱……

全家衣物总值116圆，其中衣服价值73圆，每家仅有棉袄2件，棉裤2条，棉袍子2件，夹袄2件；人均2条短衫、2条单裤、1件棉衣。仅仅少数人家备有蚊帐和枕头。

这样的生活是相当贫苦的。

根据国民政府工商部对工人生活的调查统计，1928—1929年上海产业工人中的男工月工资最高为50圆，最低为8圆，一般为15.8圆；女工月工资最高为24圆，最低为7圆，一般为12.5圆；但此外还有奖金、津贴等附加收入。上海工人家庭一般为4—5口人，通常一家有两人同时做工，一般每月工资收入为28—32圆，年工资为336—384圆；加上奖金和津贴，还能多几十圆，一家总收入达到每年400圆左右。

又据1927—1929年间上海社会调查所、南京市社会局、金陵大学对上海、北平、安徽等地各类家庭消费情况的调查资料，南京和上海的工人、店员家庭平均每年消费390—475圆，每月33—40圆。北平的车夫、手工业者每年消费200多圆；而以安徽的农户消费水平最低，每年仅185圆，每月15圆。上述统计数字稍有差别，但是出入不大，仍可得出基本一致的结论。

根据1930年左右对上海工人生活水平的调查，当时贫苦家庭（四五口人）全家每年总收入仅为416银圆左右。又据南京国民政府工商局1931年统计，当时中国城市下层一个五口（四个“等成人”）之家的月均生活费为27.2圆。也就是说，这样的家庭仅能维持收支平衡，少有积蓄。经济生活相当紧张，这样的工人子女要想上大学，几乎是白日做梦。

抵制国民党的“党义”和训导制

所谓“党义”必修

在国民党专制下，学校课程有所变动，譬如“党义”列为大学一年级必修课了。中央大学就是由校长罗家伦先生亲自讲授“党义”；虽然只有一个学分，学生们的负担却是很重的。党义课点名最严，但仍有许多同学在下课前五分钟才赶去补到。

1938年10月的第一次全国高等师范教育会议通过议案：“规定中国古籍及精神讲诂书籍若干种为修养读物，师范学院学生在导师指导下，每人每学期至少须阅读两种并作笔记。”（见《教育通讯》第34期）于是乎孔孟之道的“四书”也列为大学国文系必修学程，每星期3课时，按3学分计算。

钱穆先生在《四十年之北大》一文中说道：

“由政府来统制全国教育，并非坏事。……但私人意见，仍望政府能采取较宽的自由主义。……否则这种统制将成为空洞无物。”（原载《益世报》1939年2月）“学术研究自由，这决不是某些教授和学生的无病呻吟，这乃是当前大学教育中的一个严重问题啊！”（引自《关于大后方的大学教育》，原载《中国青年》第2卷第9期，1940年7月5日出版）

1939年1月，国立师范学院在湖南蓝田正式开学。招收200多名学生，宿膳费一概免缴。共设有7系，毕业期限是5年。这所“湖南蓝田国立师范学院”，就是钱钟书小说《围城》中的那个学校的蓝本。

第一学年全校学生必修科目是“党义”，包括的教材很广，有三民主义、建国大纲、孙文学说、民权初步、实业计划、国民党历届宣言、唯生论、民生史观、国民党史、抗战建国纲领10大类。学生除必须读完这10大类的参考书以外，还要做“读书笔记”。

国立师范的院长讲演和文章、日常谈话里，总离不开“本党”二字。“党义”教授由公民训育系主任兼职，他曾是上海市政府的中等教育专员，抗战后做过战干团的政治教官。所谓“党义”开宗明义第一课就说：“为什么师范学院的学生都要上党义课呢？因为你们过去只学得断片的党义知识，将来你们出去都是为人师表，所以必须坚定对于本党（国民党）的信仰。”《公民训育系之设立宗旨及其教学目标》中说：“今后教育之实施，必须以训育为重心，训育之成功，亦即为全部教育之成功。”（载《国师季刊》创刊号）第一年该系只有7个学生。这位“本党”主任经常找学生个别谈话。有一次将7个学生全都找去，很郑重地告诉他们，将来中学校的训育主任和公民教员必须是“本党”党员，于是单刀直入地要他们集体入党。据说当时这7个学生都没有应允，后来只有一个战区的学生，因为某种关系，才勉强加入“本党”。这位主任为此事当然很不高兴。有一次月考出了一个很大的题目：“各述对国民党的意见及今后对国民党应有之态度”，考试的结果，一位全校作文最好的同学，因为在卷子上发了一些牢骚，没有及格，该主任还叫了该同学去大大训斥了一顿，并且勒令重读“党义”一年。第二年训育系有两个学生和院方打了几场大官司，才允许他俩转系。

专制科举时代的“四书”，又被规定为国文系必修课程，每周3小时。“因《大学》、《中庸》、《论语》、《孟子》四书实为吾国人伦、道德之根源，一切社会秩序，直接间接无不受其支配，而先总理三民主义，以民族主义开宗明义，尤斤斤于中国固有道德之培养成长，而揭大学之诚正修齐，以发其风，而端其本，至少国文系之师范学生，不可不身体力行，深明斯旨。”这是系主任钱基博先生（钱钟书的父亲）在“国文系课程研究”中特别强调的。

钱钟书在小说《围城》中将这所学院刻画得淋漓尽致。

所谓“训导制”

抗战期间的“训导制”实为中国教育界之一大怪。以“国立师范学院”为例，全院有一个训导主任（或名主任导师），另外聘请许多教授为训导师，每一个训导师管理学生5至15人。训导些什么事呢？《训导概况》上写得很清楚：“各导师应充分利用个别谈话机会，及随时随地观察学生以注意其思想与礼貌，为训导之中心工作。”“大学生之性情思想及一切行为，有赖于训导之处，不唯不比中小学生少，或犹过之。抗战以还，教育行政当局特别注意训导，制定青年训练大纲，颁发导师制纲要，训令各级学校奉行。”“凡在集会中有人第一次称呼总理（孙中山）或最高领袖（蒋介石）时，应全体起立致敬。”“学生经导师多方劝告，并经家长协训，而认为无效时，当即以退训处分，由院重新分配于另一导师，如仍无效，则由院长致最后警告于该生，促其改善，设再不俊，即令退学。”吃饭、穿衣、走路，一切的生活行动，《训导规则》中无不一条一条定好范围，每个学生的学期成绩单，都载有导师的操行评语。学生毕业后，教育部根据导师写的证明书和成绩单介绍学生的职业。

国立师范的院长廖世承先生第一次“纪念周”就对学生说过：“害怕，是人生的大敌，先生害怕学生就管不住学生，学生害怕考试，考时就心慌。”有次一个同学在校内碰到他的导师忘记敬礼，衣领又没扣好，被这位导师骂得狗血淋头，当场痛哭起来。学生的成绩又大部受导师的“印象分数”的限制，比如你的功课本来能及格，但导师对你的印象如果不好，便没有及格的希望了。这位挨了骂的学生，后来他那门功课就只好再补考一次。导师找学生个别谈话，据院方的解释，这是牛津大学的风气，为了模仿得更像一些，有些导师也常找学生聚餐。刚开学不久，全院师生是“共食一堂”的。一个月6块钱的学生伙食相当差，教授兼训导们一方面要表示和学生共艰苦，“过战时生活”，但另一方面又要无薄于肚皮，于是湖南蓝田的饭馆生意就大大兴盛起来，并逐步都市化了。吃风一涨，学生也就更了解了所谓“牛津”的风气。一学期总有这么两三回师长聚餐的机会。

国立师范学院英文系有个学生，读了半年，感想很多又无人可告，于是写了一篇很长的英文作文发泄了一下，内中有些对“院方”不恭之处。英文教授把这篇作文交给了院长。院长一怒之下，将他开除，捆起行李“滚蛋”！

国立师范学院的女生很少，一个个比男生更拘谨。在这古香古色的学院内，男女同学之间，唯恐不合于“礼”。国文系某教授在一次纪念周上讲演，特别讲“礼”，后来又写成文章，有如此妙句：“余友曾因婚姻之不适意，亦狂呼‘礼教杀人’，余乃告曰：苟汝父母不以‘礼’相毕合，则无待礼教杀汝，汝早无生命矣！”（根据《国立师范学院的教育和学生》一文，原载《中国青年》第2卷第5期，1940年3月出版）

国民党三青团进入各大学

1938年，为了使全国大学生都有一个“中心思想”，各大学校长都被任命为三民主义青年团中央监察会的委员，同时各个大学都开始成立三青团中央直属分团部，或者国民党直属区党部了。于是许多大学校长都成为各该校分团部的直接领导人。“上有好者，下必效焉”。三青团和国民党因此在各校迅速地发展起来。譬如四川大学程天放先生制定的登记表很快发出了几百张，领导的党义研究会（会员必须是党员）也很快有了200多名会员；同时，团员和党员在学校内也很快成为一种特权阶级，他们可以“任意钳制”所有校内的学生组织，用“警察的方式”（《大公报》社评语）去干涉他们认为不顺眼的团体和个人；并且学校中一切团体（从学生会到各系系会）的负责人必须由团员和党员充当。

中央大学和重庆大学毕业的三青团员，虽然教授反对，但仍大批留任助教。四川大学有这样的怪事：法学院毕业的三青团员当了农学院助教。而朝阳大学的三青团更可以左右学校的行政。至于学校的公费免费，团员和党员们当然更该有优先权。1939年重庆遭到日军飞机大轰炸时，各校学生踊跃参加救护宣传工作。罗家伦校长召集全校学生讲话，只说道：“三青团员都去参加救护！”当时即有学生反问：“难道只有三青团员才参加吗？”这一反问弄得罗校长面红耳赤、哑口无言。其他如“情报暗探工作”、“金钱的奖励”等等，这已是十多年来大家所熟悉的“家常便饭”，不过如今更甚罢了。

中央大学的600名新生，一个月以内，每个学生在经过了训导师和军事教官的个别谈话后，三青团员因此增加不少。全校2000多学生全部实行军事管理，政府特地派来一连教官，每个教官管20个学生，书籍、信件、日记，一切东西均要按时检查。

四川大学的办法也并不比中央大学“落后”，全校学生一律被编成小组，组长由学校指定，对同学有监督权，并且制定一种表格给学生填：“你经常和什么人接近？你为什么和他接近？”“你最佩服谁？你最爱谁？”（包括学生与教授）……以此让同学汇报坦白，达到控制思想之目的。马寅初先生在中央大学讲演时，痛骂国民党训导制之反动，束缚学生思想与人格之独立发展。关于“训导制”实行以来的另外许多“功绩”，《大公报》另外一篇社评《新政与新人》作了这样一个总结：

> 少数无聊教员，平常学问人格都有问题，则借“导师制”的美名与学生酒食征逐，于是教员博得学生好感，而地位稳固，学生也以得教员交结而不愁学分不够，这样将给学校造成一片颓风，且以彼此厮混之故，益增派别斗争波澜。

教育部1938年10月向全国各级学校颁发了“注重精神训练”的训令（见《教育通讯》第28期），其中一项云：“专科以上各校学生，特由本部颁发青年守则，仰即转印分发并随时由各该校主持训育人员，严加考核，务须每生均能熟读背诵。”什么是青年守则呢？“青年守则即党员守则”（原训令）。自此，早晨升旗时，军事教官必定领导学生大呼“党员守则”。

建立党团只是加强“党化教育”的一面；另一面呢，被认为“思想不正确”或“思想危险”的学生，在校内的行动，甚至看一本书、与人接谈等，都要受到重重干涉和监视；并且毕业以后，哪怕是本系教授保荐，也常为学校当局所阻难，他们的职业没有任何保障。1939年中央大学经济系一个毕业生被介绍到南开中学教书，后来罗校长硬通知张伯苓先生不收聘他。许多大学教育当局常常发表许多谬论。（引自《关于大后方的大学教育》一文，原载《中国青年》第2卷第9期，1940年7月5日出版）

教授们的悲哀——失去了“人”的自由

1938年全国教育会议之后，一方面各大学都要成立党与团，要“加强学校与党务之联系”（此语见朱家骅《告全国教育学术团体书》），另一方面当然要有“人”来主持与推进了。“识时务者为俊杰”，某些善于处世的人欣然加入。有些非俊杰者，也不得已被迫加入。然而中国很多的大学教授，受欧美民主思想的影响是很深的，欲全部大学教授都填一张表，到底不大可能，于是高等学府就涌进了一批办党若干年、从政十余载的党棍和政客了，他们声称负着“党国使命”，要进入校园来“训练青年”和“纠正错误分歧的思想”。这类以“训练青年”为专业的先生，像四川大学、中央大学以及新创立的几个师范学院等，数量很可观。也许因为他们与“不学无术”、“秘密侦探的方法”关系太密切，所以竟不大受学生的欢迎。

大多数的教授们，不甘心吃“党饭”受“闲气”，也看不惯这些“训练青年”的新贵们的行当。他们不敢正视血淋淋的现实，专心治学又感觉物质环境太差，于是一天天陷入生活的苦闷，只好“做一天和尚撞一天钟”了。也有些人就干脆“借酒浇愁”，如在昆明西南联大，所谓 Big game（“大玩意儿”——麻将）Small game（“小玩意儿”——扑克）便在很多教师中盛行起来。此外还有经营副业的，有一些教授为生计所迫，开设文具和玩具商店，甚至开饭馆。四川北碚生意最好的原德福饭馆、美的西餐室、滋美中菜馆的老板都是教员。

某教授写信给他弟弟道：“这四川真是闷人，前线在拼死活，这儿却一些不紧张。旁的人混得安心，我却总不安心，这心上总有些惭愧……现在不是一个图安逸与舒服的时代，既打定做实际工作，就不能徘徊。该走那一条路就走那一条路，绝不可骑墙。”（原载《战时青年》第2卷第5期，1940年）

像这样关心抗战、爱护青年、尊重个人气节和学术研究自由的教授，在大学内也渐渐难于立足。三青团员曾在教室内检查马宗融教授的私信，章靳以等也接过不少的恐吓信，伍蠡甫主编《中央日报》副刊的一个月，就有人说他是共产党。中央大学教育学院院长、著名的心理学家艾伟，因为不能追随学校当局“以党治校”的各种方法，被迫离职了。……另外许多官场

的红人，神不知鬼不觉的，忽然一变而为教育家和学者，寄迹于学府之间。（引自《大后方的学生》，1940 年 3 月）

国民参政会第五次大会所通过的提案“保障讲学自由，以便学术开展，而促进社会进步”，这是针对如何提高和培养师资人格、倡导思想自由这个问题而向政府提出的正面抗议。如果没有蔡元培先生“兼容并包”的精神，历史便不会给我们留下一个自由的北大，也不会有过去大学教育中相对的民主传统。“大后方”的大学教授和学生们，同样地也失去了“人”的自由！（引自《关于大后方的大学教育》，1940 年 7 月）

两个犄角——东北大学和四川大学

东北教育从无到有

清朝末年民国初年，东北地区的文化水平很落后，老百姓多数为文盲。

1905 年在沈阳创建了奉天师范学堂（今辽宁当时称为奉天），1909 年更名为奉天两级师范学校，1918 年更名为沈阳高等师范学校。1910 年创建了奉天省立第一农科高级中学。1920 年奉天公立外国语专门学校更名为奉天公立国文专修学校，后来又更名为公立文学专门学校。

周恩来曾经对张学良说："其实我是在东北长大的，家叔把我从江苏淮安带到铁岭读书。当时我读书的地方是银冈书院。"

1916 年奉天全省中小学校 5326 所，中小学生为 225902 人；到 1926 年，全省学校增加到 9576 所，学生 623028 人，都比 10 年前增加了一倍左右。

奉天省长王永江责令每个县每年选送一名优秀学生公派留学，期满归国后，向他们发放贷款，让他们引进国外设备，依靠先进技术夺回日商垄断的市场。

张学良也特别重视东北的教育，他在奉天兴办同泽中学、同泽女中，在家乡兴办海城同泽中学，在东三省各地试点兴办新民小学，等等。

东北高等学府之首——东北大学

1922年春，张作霖命奉天省长兼财政厅长王永江筹办东北大学。第一次奉直战败后，1923年5月，张作霖宣布“东北三省独立”。几乎同时，1923年4月26日，东北大学正式成立。由原沈阳高等师范学校改办为东北大学的理工科，原文学专门学校改办为东北大学文法科。文法科设中国文学系、英文学系、俄文学系、法律学系、政治学系；理工科设数学系、物理系、化学系、土木工学系、机械学系。经费充裕，教职人员待遇优厚，超过国内各公立私立大学。如留美归国的英语文学专家吴宓，1924年就到东北大学英语系教授英国文学史、修辞及作文，并在国学系教英文。

此后，东北大学成为东北地区的最高学府。所需经费，初拟奉天、吉林、黑龙江三省按成摊款（奉天六成、吉林三成、黑龙江一成），后以吉林拟自行创办大学，不愿摊成，遂由奉天一省独担大学经费。除开办费外，第一年即拨款近44万银圆，以后逐年增加，至1927年共拨经费260万银圆。校址暂设在沈阳高师旧址内，第一期学生480余人。

王永江兼任校长，亲笔题写了“知行合一”的校训，拟定了《东北大学组织大纲》，计划设立文科、法科、理科、工科、农科、商科六科，每科又设若干系。当时奉天省财政收入近70%用于军费。而奉天省长兼财政厅长王永江拿出财政收入的5%用于教育，实为难得；他还把教育的普及情况作为考核地方官员政绩的条件之一。

1927年11月1日，王永江去世，终年56岁。1928年，张学良兼任校长，东北大学逐渐发展成为全国一流大学。1929年，奉天省立第一农科高级中学并入东北大学，改建为东北大学农学院。

张学良将父亲遗产1000万银圆，作为振兴东北教育之用，而重点投入东北大学。他先后又捐助300万银圆，修建了汉卿南楼、汉卿北楼、图书馆、实验室，及当时远东最完善的可容纳数万人的罗马式体育场，1929年第十四届华北运动会在此召开。东北大学的实习工厂铺有铁路，可以维修机车及大型机器，农学院有试验田300多亩，及大型机械耕作设备。

当年国内兵荒马乱，北平、南京均不安定，北平各校经常欠薪、减薪。相对来说，东北较为安定一些。常年办学经费，东北大学居全国之首，为

150 万银圆（清华大学每年 120 万银圆，北京大学每年 90 万银圆）。还重金聘请国内外著名专家教授任教。东北大学教授平均月薪 360 银圆（天津南开大学 240 银圆，北京大学、清华大学 300 银圆），关内许多知名学者联袂出关到东北大学任教。

1929 年，全校教职员达 234 人，学生达 2300 人。1931 年“九一八”事变前夕，东北大学有 387 人毕业。

东北大学创办之后，黑龙江省于 1926 年成立了哈尔滨工业大学、哈尔滨医学专科学校，1927 年交通部在锦县设立交通大学，吉林省于 1929 年成立了吉林大学。至此，东北三省的高等教育初具规模。

不幸，1931 年日军发动“九一八”事变，严重破坏了东北的教育事业。

1931 年“九一八”事变后，东北大学师生流亡到北平，成为第一所“流亡大学”。1933 年，冯庸大学并入东北大学。1937 年，东北大学更名国立东北大学。（东北解放后，1949 年 3 月，东北大学一分为三，分别并入东北工学院、东北师范大学和东北农学院）

著名学者在东北大学的教学生活

东北大学以重金向关内聘请教授，以理工学院的师资力量较强。

马宗芗原为奉天文学专门学校教师，1923 年主持建立东北大学国文系，担任主任教授。

吴宓从美国留学归国后，1924 年 8 月初应聘到东北大学。他每周任课 13 小时，教英语系英国文学史 3 小时，修辞及作文 6 小时，国文系英文读本 4 小时，月薪 320 圆币，依现市价，在官银号可合现银（大洋）约 240 圆。在校内，他有住室两间，粉墙砖地，与南京的西式楼房迥异。他与另外两位同事合用一仆，用洋油炉做饭，费用由三人均摊。由于这里天气冷，生活费高昂，吴宓便没有带家眷。第二年离职南下。

化学家庄长恭，1919 年赴美国留学，1924 年在芝加哥大学化学系毕业，获博士学位。回国后，1924—1931 年任东北大学教授，化学系主任。“九一八”事变后被迫离开东北，出国进修，1931—1932 年任德国哥廷根大学、明兴大学客座教授。

原北京大学教授冯祖荀，1926 年 8 月应聘到东北大学任数学系主任、教授。

原北京大学教授林损，1927 年应张学良邀请赴东北大学任教。张学良 7 岁从师名儒，读“四书”“五经”，对儒家文化推崇备至。林损授课时出口成章，旁征博引，“衍百家之说，析以片言；证古今之学，归于至当”。张学良对他钦佩至极。张虽政务繁忙，仍时常邀林探讨学问，两人情谊甚笃。1928 年皇姑屯事变后，林损离开东北大学，辗转南下任教，这期间，林损和张学良一直有书信往来，保持联系。

原北京师范大学教授黄侃，1927 年秋后到东北大学，任教时间也不长，1928 年南下，转到中央大学。

1928 年刘仙洲受聘为东北大学教授，成立了机械工学系，刘仙洲为主任，主讲机械原理、热机学、经验计划等课程。“九一八”事变后，刘仙洲不愿做亡国奴，随即到唐山，受聘为唐山交通大学教授。

陈雪屏在美国哥伦比亚大学心理研究所进修（1926—1929 年），1930 年返国，在东北大学担任教育心理系主任。1931 年“九一八”事变发生后陈雪屏返回北平，于北京师范大学教育系任职。

张学良出任东北大学校长后，更新聘了一些大学者前来东北大学执教。

第四任东北大学校长宁恩承回忆：“1930 年我在东北大学校长任内，张学良聘伯苓（按：张伯苓，宁恩承的老师）先生为东北大学委员会委员（校董）。其他委员为罗文干、汤尔和、章士钊、王树翰、臧士毅、金静庵、萧纯锦、王卓然等诸贤。真正具有办大学经验、能出谋划策者是伯苓先生。当时国内兵荒马乱，北京、南京均不安定，北京各校教授欠薪、减薪；而东北安定已久，教育经费充足，东北大学教授月薪 360 银圆，天津南开大学 240 银圆，北大清华 300 银圆。重赏之下必有勇夫，关内许多名人学者联袂出关不是无因的。”（引自《百年回首》）

当时东北大学教师阵容很强，皆全国知名学者——

文法学院有：章士钊（院长）、邱昌渭、吴柳隅、李正刚。

理工学院有：冯祖荀（数学系主任）、刘仙洲（机械工学系主任）、梁思成（建筑系主任）、林徽因、庄长恭（化学系主任）、王董豪、张豫生。

教育学院有：陈雪屏（教育心理系主任）、郝更生、高梓、吴蕴瑞、宋君复。

1930 年，章士钊欧游归来，应张学良之邀，到沈阳东北大学讲学，受聘为东北大学文法学院教授，次年任院长，月薪 800 银圆，为教授中最高者。在校内供给独院的眷属住宅，可谓优礼厚币。“九一八”事变后，章士钊回到上海，为杜月笙宾客，不久正式挂牌当律师。

《静晤室日记》1930 年 5 月 20 日记云：“章行严来辽讲学，东北大学所邀也。今晚宁君恩承邀饮大陆春，余往作陪。往者喜读行严之文，凡《甲寅杂志》之作，每细心读之，以谓今日言论有二大家：一梁任公，一即行严也。行严之文清言娓娓，以懿美胜，于任公之外，别树一帜，并世作者殊罕其俦。恩承谓行严长于文笔，而短于思想，可谓搔着痒处。如所撰《五常解》，可谓奇觚不中，毫无理致，而文笔固雅洁可诵也。”（引自《静晤室日记》第 4 册）

可叹 1931 年“九一八”事变后，这些教授名家都被迫离开了东北。好端端一个东北大学毁于一旦。

中国第一个建筑学系仅存在三年

梁思成、林徽因闻名天下，是一对多才多艺的情侣。他们曾在东北大学工作三年，并创建了中国第一个建筑学系。

“九一八”事变后，日本帝国主义占领了沈阳，摧毁了东北大学。校舍成为侵略军的兵营，体育场成为日军的马厩，东北最高学府遭受到奇耻大辱。

中国第一个建筑学系，仅存在三年就夭折了。但这个只办了三年的建筑学系，培养了一批卓有成就的建筑学者，如刘致平、刘鸿典、张溥、赵正之、陈绎勤等。

1931 年 9 月，梁思成从沈阳回到北平参加中国营造学社。（1945 年抗战胜利后，梁思成又筹办了清华大学建筑学系。1947 年梁思成参加联合国大厦的设计工作。1948 年梁思成当选为中央研究院院士。1950 年梁思成与林徽因等共同设计了中华人民共和国国徽。1955 年 4 月 1 日林徽因逝世。同年，梁思成、刘崇乐、傅鹰、蔡方荫等在东北大学任教的几位教授，都当选为中国科学院院士）

“九一八”事变，东北大学与冯庸大学遭到严重破坏，高等教育由此中断。不愿做亡国奴的东北大学与冯庸大学的大批师生集体逃亡到关内，颠沛流离 14 年之久仍坚持办校，成为世界罕见的“流亡大学”。

西南地区的高等学府

西南地区近代教育，以1896年创建的“四川中西学堂”为发端。它开始引入“西文西艺”的教学，是西南历史最悠久的高等学府，跟北洋公学、南洋公学属于同时期的近代新式高校。

同治年间，张之洞主持四川学政，认为原有的锦江书院（1704年创办）以“八股文”为敲门砖，不符合时代要求，1875年张之洞又创办尊经书院，鼓励学生专攻经史，从学问的根本入手。此外，根据“中学为体，西学为用”的方针，计划开设天文、地理、算学、格致等课程，但未能实现。锦江书院和尊经书院同为清代有名的省级大书院，培养的学生有：戊戌变法六君子中的两位四川人杨锐、刘光第，清代唯一的川籍状元骆成骧，为变法维新提供“托古改制”理论依据的经学大师廖平、宋育仁，四川辛亥革命领袖人物吴玉章、张澜、罗纶、彭家珍，五四时期“只手打孔家店老英雄”吴虞，以及蜀学宿儒吴之英、张森楷、颜楷、徐子休、邵从恩等。

清政府推行新政时，于1902年颁布《钦定学堂章程》，下诏“兴学堂”，川督奎俊奉旨将四川中西学堂和尊经书院、锦江书院合并，按照京师大学堂模式成立四川通省大学堂。不久，清政府规定“大学堂”是全国最高学府，该校又改名四川省城高等学堂，这就是四川大学的前身。

四川师范学堂1905年创办以及五大专门学堂即四川法政学堂（1905年）、通省农政学堂（1906年）、藏文学堂（1906年）、四川工业学堂（1908年）、四川存古学堂（1910年）都在辛亥革命前创办。

辛亥革命后，于1912年召开中央临时教育会议。为了防止大学过滥，决定全国只设立三所大学校——北京大学、北洋大学和山西大学，取消其他各省的高等学堂。四川高等学堂改称四川高等学校，四川师范学堂改称四川高等师范学校，五大专门学堂分别改称四川公立法政、农业、外国语、工业、国学专门学校。如巴金就是四川外国语专门学校的学生。

1916年，四川高等学校与四川高等师范学校合并为国立成都高等师范学校，成为全国六大高师（北京、南京、沈阳、武昌、广东、成都）之一。

1919年，任鸿隽留学归国，曾向省长杨庶堪建议，仿效美国州立大学模式，创办四川大学。但由于政局动荡，该议案未能实现。1922年，全川教育会议在成都召开，任鸿隽再次提出，要求在全省教育专款的肉税项目中，每年拨出50万银圆作为筹办四川大学的经费。但是全国肉税被各防区军阀分割，筹办四川大学的资金还是被搁浅。这一年吴玉章担任成都高师校长。“他办成都高师，首先是为了培养革命人才，‘推进新思潮的扩展’，以启发学生‘走俄国人的路’，力图以马克思主义教育师生。”（参见：《四川大学史稿》第95页）

1924年暑假，成都高师招收第一批大学预科学生143人。1926年该校中的原四川高等学校部分又独立组建为国立成都大学，设文、理、法3个学院11个系；聘张澜为成都大学校长，并在四川善后会议上使用“盐余”税款解决经费问题。

成都大学虽然成立了，但因为与成都高师共处一校，引发不少纠纷，学生之间也冲突不断。1926年，参加四川中学校长会议的众多校长联名致函省长公署，要求将成都高等师范学校升级为师范大学，没有成功。1927年刚诞生的南京国民政府批准成立国立成都师范大学，设文、理、教育3个学院11个系、两个专修科。但由于经费和师资都缺乏，到1930年几乎陷于停顿状态。公立四川大学成立后，五大专门学校不仅没有融为一体，而且人均经费仅仅是成都大学的1/7左右。（1930年《全国高等学校统计》，转引自《四川大学史稿》第140页）在这种情况下，该校人事变动频繁、专任教师太少、图书设备缺乏问题，就很难解决。

1931年5月，四川省政府主席刘文辉在训令中指出：三所大学自“成立以来，数载于兹，别户分门，叠床架屋”，应该予以整顿。10月，刘文辉召集会议，宣布由他担任委员长的四川省政府整理大学委员会成立，并提出合并三所大学的具体安排。经过一番讨价还价，各方面矛盾得以化解，直到1931年11月9日，三所大学完成交接任务，包括4院11系的国立四川大学才正式成立，成为当时全国13所国立大学之一，在办学规模上位居前列。

四川大学的改革措施及其成效

四川大学成立后，校务由省政府整理大学委员会代行。1932年2月，经张澜推荐，国民政府任命王兆荣为该校首任校长。王上任后，为提高教育质量和学术水平做了不懈努力，但因经费等问题不易解决，使他心力交瘁，最终于1935年8月辞职。随后，国民政府任命任鸿隽为四川大学校长，并要求他尽快到校处理校务。9月初，任鸿隽飞抵成都正式上任。同年12月，他把家搬到成都，只把读中学的大女儿任以都留在北平。

早在1928年国民政府就任命任鸿隽为四川省政府委员兼教育厅厅长，但是他没有到任。1931年，他回四川考察成都大学，希望四川的文化能与世界潮流并驾齐驱。这次出任四川大学校长，用他的话来说，是因为国难当头，“乃不得不奉命驰驱”（《科学救国之梦——任鸿隽文存》第687页）。当时的四川在蒋介石的策划和刘湘的经营下，为了阻止红军西进或北上，取消了原来的防区制，并决定军费由中央直接划拨，从而使学校经费有了保证。因此，任鸿隽在1935年5月向记者说：“‘国立四川大学在西南方面极为重要，彻底整顿，数年来即有此计划，亦实有此必要。唯以往四川政局不定，整顿计划殊难实现。’现在，防区制打破，整顿川大计划乃趋于实现。”对于任鸿隽的到来，当地舆论也好评如潮，认为任鸿隽是我国学术界少有的人才，他入主川大，是四川教育界的福音，也会给四川文化带来转机。

上任后，他明确提出四川大学的两大目标和三大使命。两大目标是实现“现代化”和“国立化”，三大使命是“输入世界知识、建设西南文化中心、担负民族复兴责任”。这一切都是为了“把川大办成一座规模宏大、师资设备齐全、有国内第一流学术水平的综合大学”。与此同时，他还把学费从20银圆降到12银圆，以减轻学生负担。因此当时报纸认为，新校长“是深得从前蔡孑民先生办北大时的遗风”（《四川大学史稿》第178—180页）。

与梅贻琦等人一样，任鸿隽也认为大学的好坏不在于有没有大楼，而在于有没有大师。因此，他一上任就把聘请著名学者当做头等大事。他认为原来的教师队伍有两个问题：一是川籍教授太多，有近亲繁殖的危害；二是有些教授思想陈旧，方法不当。因此，他宣布重新发放聘书，没有得到聘书的可以另谋出路。与此同时，他四处聘请著名学者前来任教。

1936年9月，任鸿隽在开学典礼上说，经过一年努力，学校在以下三个方面发生了变化：

第一是学生人数大大增加，学生人数由原来的400多人已经增加到600多。新生中外省比例很大，这种做法与国外大学招收外籍学生一样，有利于大家开阔视野，交流思想，增进友谊，也与“国立化”目标完全一致。

第二是新聘一批教授，其中有担任过厦门大学副校长和北京大学教授的著名哲学家张颐，有研究西南民族语言的闻宥，有分别在南开大学、山东大学中文系任教的戴家祥和肖涤非，有刚从英国归来的外文系教授钟作猷、史学教授范祖淹、教育学家张敷荣和刚从美国归来的心理学家刘绍禹，有在中央研究院担任过化学研究所所长的王季梁，有在北大任教多年的光学专家张宗蠡，有在比利时研究法学的刘雅声，有在浙江大学森林系任教的程复新，还有曾在清华大学任教、最近刚从美国归来的体育系教授黄中孚……前后来川大的还有曾经担任中央大学图书馆主任的桂质柏，曾在南开大学中文系任教的刘大杰，著名生物学家钱崇澍等数十人，这些人均为一时之选。据当年曾在这里就读的著名学者王利器回忆："那时的四川大学很注意教师阵容，尽力网罗有真才实学的名家学者来校执教，学校办得很有生气，一时蔚为蜀学中心。"（《四川大学史稿》第183页）

第三是校舍和教学方面有所变化。在校舍方面，任鸿隽经过调查草拟了一个三年计划，要求中央和地方政府每年拨出30万圆，先建一座大型图书馆，再将原校址皇城改建成一个大学城。在这次开学典礼上，任校长说虽然经费等问题还需要进一步商讨，但校舍改建的筹备工作已经就绪，马上就可以动工。1937年4月，任鸿隽再三权衡，最后决定将校址定在望江楼附近。不久，新校舍破土动工，后人称这一决策很有远见（《四川大学史稿》第199页）。在教学方面，任鸿隽认为课程标准必须注意两个原则：一要注意打好基础，"即在第一二年级，必须将中国文、外国文，及普通科学修读完毕，到三四年级时然后学习专门功课，免致好高骛远，一无所成"。二要注重培养学生自学研究的能力。他提出："本学期为免除教学上灌注式的弊病起见，除少数特别情形外，所有讲义决定完全废除。要大学生多读书，多动手记笔记，以养成自动的探讨研求的精神。"（《科学救国之梦——任鸿隽文存》第545页）

任鸿隽非常注重理论联系实际。他说："学政法的，我们可以使他们去研究地方政治，或县政实施；学经济的，可以叫他们去调查商业状况和农村经济；学农的可以叫他们去改良农作物种子；学物理化学的，可以叫他们调查及改良土壤。"（《国立四川大学周刊》第4卷第2期，转引自《四川大学史稿》第187页）在他的主持下，四川大学在这方面进步很大。以农学院为例，该院师生深入田间地头，在开展双季稻栽培试验、引进优良品种、调查柑橘生产和其他农业资源、改进植棉技术和植树造林等方面，都取得了许多显著成绩。更重要的是，这些活动激发了学生的研究兴趣，他们主动成立各种研究会探讨学问，从而大大增强了学术空气，丰富了校园生活。据说

"从1935年到1936年下（半）年，除王兆荣时期已成立的研究会外，新成立的研究会有英文研究会、史学研究会、戏剧研究会、音乐研究会、演说辩论会（分国语和英语）、奖励论文会、法律学会、体育研究会、经济研究会、国学研究会、经济地理研究会、政治学会、数学研究会、物理学会、化学研究会、生物学会、农学研究会、园艺学会、植物病虫害学会、蚕桑学会、农业经济学会、农业教育学会、社会问题研究会、青年问题研究会、妇女问题研究会、青年写作协会川大分会、新闻学会、歌咏戏剧社、绘画研究会等。许多学会的学术活动搞得十分出色，成绩卓著"（《四川大学史稿》，第191页）。这就是任鸿隽"现代化"目标的具体内容。（转引自智效民《胡适和他的朋友们》）

创办重庆大学

1928年，在成都大学任教的重庆籍教授沈懋德、吕子芳、吴芳吉、彭用仪等人，倡议在故乡重庆创建大学，得到各界人士支持。1929年7月，重庆大学促进会在重庆市商会（今道门口附近）召开大会，到会的军、政、学、商著名人士300多人，一致通过筹办重庆大学的建议。会后，彭用仪赴上海考察各大学的组织及设备情况，准备招揽一批知名学者来校讲学，并购买部分中外图书资料。

刚完成统一全川的军阀刘湘主持了筹备工作。预算筹备经费3万银圆，以后学校每年经费还需4万银圆。重庆大学筹备组决定，由刘湘通过征收"猪肉捐"来筹措资金。"天府之国畜牧业以养猪为盛。在猪肉税中增收附加税，每头猪加税1角钱，当时叫厘金。"预计全年总收入15万银圆。

刘湘决定菜园坝作为校址，把原先驻扎的马队撤出，修建、粉刷教室，到上海采购教材，聘请教授。两个月完成了筹备工作。刘湘被推举为首任校长，他给自己签发了校长任命书。

1929年10月12日，重庆大学开学典礼在菜园坝校区举行。预科开学前，重庆大学进行两次招生考试，应考学生100多人，录取文理预科两班学生45人。为鼓励学生踊跃报考重庆大学，学校规定，当期只缴书杂费34银圆，学费12银圆一律免交。即便如此，开学时实际缴费注册的只有20多人。重庆大学又在10月19—20日进行第三次招生考试。第一届共有40名新生。

1930 年初，在沙坪坝购买 900 多亩地作为永久校址。此地“头依浮屠，面临嘉陵，环山带水，风景极佳”。

抗战爆发后，重庆成为陪都，国内大批精英人才会聚山城。重庆大学此后成为全国重点高校之一，马寅初、冯简、李四光、何鲁、吴宓等知名学者都曾在重庆大学任教。

文教重心向西部开拓

据估计，抗战期间我国高级知识分子的 90% 和中级知识分子的 50%，从沦陷区迁移到“大后方”。我国文化科技教育重心明显地向西部开拓。向西部转移的最著名学府是南京中央大学，以及由北大、清华、南开三校组成的“西南联合大学”。

【附录】

20 世纪上半叶中国各地银圆购买力

在阅读清朝末年直到新中国成立前的文艺作品、文献资料时，我们经常遇到“银两、大洋、银圆、银角子、银毫子、铜元”这些现代早已不再使用的货币名称。特别是银圆、大洋等。

银圆（或称为大洋、银洋）是清朝末年和中华民国前期流通的主要货币（通货）。“圆”是白银铸造的扁圆体，而“钞票”则是兑换银圆的凭证，即“兑换券”。以“白银”为基础的货币系统称为“银本位制”。

“银本位币”的购买力

从 19 世纪末到抗日战争以前，我国流通的主要货币一直是银圆；国产四大银币为“龙洋”“袁币”“孙币”和“船洋”。到 20 世纪 40 年代纸币不断贬值，当时从经济学的角度，将不同年月的钞票的购买力作比较时，往往折合为“标准银圆”换算。这时银圆仍然在市面上流通，民间有所谓“大头小头、买进卖出”的谚语。所以，在法币和人民币时代以前，我国的社会经济生活时代可以称为“银圆时代”。

1840 年鸦片战争以后，我国货币使用情况发生了很大的变化，形成了多元货币制度。

我国在国民党中央政府推行“法币政策”以前，一直采用“银本位”，通行银两、银圆、铜币和银圆兑换券。银两与银圆皆作为货币的主体。本文中，对于“银大洋”、“银圆”也就是“银本位”的货币单位，一律写为“圆”；而对于铜元以及后来的纸币、一直到现在人民币的货币单位，则一律写为“元”，以示区别。本文认为这个区别很重要，因为“银圆”的币值在几十年间一直很稳定，而铜元、兑换券和法币、金圆券等纸币的“元”，则因通货膨胀而不断贬值。

那么，各时期银圆的购买力如何呢？我们可以参考历史上的物价来计算。

我们以抗战前一年，或通行法币前夕（1936 年）的 1 银圆折合 1995 年人民币30元，折合2009年人民币60元，作为换算的基准单元。

1900—1926年北京的最低生活费和物价水平

民国七年（1918年）清华学校的外国教员狄登麦（C. G. Dittmer）在北京西郊第一区调查居民195家，其中100家为汉人、95家为满人。从这个调查结果，狄登麦计算北京市郊平均五口的人家，每年至少须收入100银圆，以维持最低生活。

狄登麦文章中说："有了一百圆的生活费，食物虽粗而劣，总可以充饥；房虽不精致，总可以避风雨；此外每年还可以制两身新衣裳，买一点煤免到路上去拣去扒；更可以留余五圆，做零用。拿了这五圆可以在年节，买一点肉吃，常常喝喝茶，若没有病人及医药费，或者可以去近边山上去朝香。"这100银圆就是当时每个五口之家一年的最低生活费。[1]

据史料分析，20年代北京"四口之家，每月12圆伙食费，足可维持小康水平"。又，按照《1918—1980年北京社会状况调查》，20年代初一个四五口人的劳动家庭（父母加两三个孩子，或老少三代）每年伙食费132.4圆，也即每月11圆就可以维持了。当时一个标准家庭的贫困线定为每月收入10圆之下。

又根据孟天培、甘布尔关于1900年至1924年北京物价、工钱及生活程度的调查，1924年的生活费比1918年的生活费（以1913年为计算标准）高出23%以上，1924年底到1926年更涨价，北京市民每家每年最低生活费达到125—150银圆。

这25年之间物价指数的变化如下（以1912年即中华民国初年为100）——

年度	物价指数	银圆比价	合1995年人民币	合2009年人民币
1900年	81	1圆2角3分	61元5角	123元
1901年	68	1圆4角7分	73元	147元
1902年	76	1圆3角1分	65元5角	131元
1903年	84	1圆1角9分	59元5角	119元

① 狄登麦（C. G. Dittmer），哈佛大学出版，《经济学季刊》第33卷第1期。

续表

年度	物价指数	银圆比价	合 1995 年人民币	合 2009 年人民币
1904 年	78	1 圆 2 角 8 分	64 元	128 元
1905 年	75	1 圆 3 角 3 分	66 元 5 角	133 元
1906 年	83	1 圆 2 角 1 分	60 元 5 角	121 元
1907 年	87	1 圆 1 角 5 分	57 元 5 角	115 元
1908 年	89	1 圆 1 角 2 分	56 元	112 元
1909 年	89	1 圆 1 角 2 分	56 元	112 元
1910 年	90	1 圆 1 角 1 分	55 元 5 角	111 元
1911 年	100	1 圆	50 元	100 元
1912 年	100	1 圆	50 元	100 元
1913 年	100	1 圆	50 元	100 元
1914 年	93	1 圆 0 角 8 分	54 元	108 元
1915 年	88	1 圆 1 角 4 分	57 元	114 元
1916 年	96	1 圆 0 角 4 分	52 元	104 元
1917 年	102	9 角 8 分	49 元	98 元
1918 年	97	1 圆 0 角 3 分	51 元 5 角	103 元
1919 年	88	1 圆 1 角 4 分	57 元	114 元
1920 年	114	8 角 8 分	44 元	88 元
1921 年	117	8 角	40 元	80 元
1922 年	113	8 角 8 分	44 元	88 元
1923 年	118	8 角 5 分	42 元 5 角	85 元
1924 年	126	7 角 9 分	39 元 5 角	79 元
1925 年初	144	6 角 9 分	34 元 5 角	69 元
1926 年	133	7 角 5 分	37 元 5 角	75 元

可见，1912—1919 年之间，北京的物价还是比较稳定的。然而到了 20 年代，北京市生活费用不断上升，到 1925—1926 年，上升了 1/3 以上。

这就是说，在 1925—1926 年间北京市的银圆 1 圆，平均购买力只能相当于1912年的7角左右；或1901年银圆购买力的5角左右。

1922年戴乐仁教授及麦龙尔受“华洋义赈会”的委托，调查所得结果，中国华北一个五口之家，最低生活费是每年150银圆（相当于1995年人民币6640元），即每月12圆5角（相当于1995年人民币553元）。

1923年清华学校和燕京大学对北京西郊成府村的抽样调查（共计调查91家），查出这91家的每年实际用度平均为135银圆，即每月10圆2角。①

1924年李景汉及甘布尔对北京市的抽样调查，北京贫民五口之家每月费用平均14圆2角5分，每年平均171银圆（相当于1995年人民币6780元）。②

又，同在1924年陈达在清华学校对人力车夫的调查，平均每个车夫自己每月花费5圆7角3分（相当于1995年人民币227元），计每年68圆7角6分（相当于1995年人民币2726元）。而他养家的生活费每月11圆6角2分，每年平均135圆8角4分。③

根据1927—1929年的调查材料，当时北京的手工业者、木匠、人力车夫等，每个家庭每年消费约200圆，合每月17圆（合1995年人民币600元）左右。

华北天津历年的银圆购买力（以1912年购买力为100）

根据银行学会编印的《民国经济史》、严中平等编的《中国近代经济史统计资料选辑》、王廷谦编的《我国近70年物价史料》和《中国物价史》的数据，以及天津南开大学经济研究所编制的《华北地区批发物价指数表》，又根据《国内主要城市历年来的批发物价指数的比较》，综合计算得到：民国以后华北天津地区历年的银圆购买力（跟1912年标准的1银圆相比）涨落幅度如下——

年度	物价指数	银圆比价	合1995年人民币	合2009年人民币
1912年	100.0	1圆正	50元	100元
1913年	100.0	1圆正	50元	100元

① 陈达：《生活费研究法的讨论》，载《清华学报》第3卷第2期。

② 同上，载《清华学报》第3卷第2期。

③ 引自《晨报副刊》1998—2000号，《中国贫穷问题》1927年7月12—14日。

续表

年度	物价指数	银圆比价	合 1995 年人民币	合 2009 年人民币
1914 年	99.6	1 圆	50 元	99 元 6 角
1915 年	102.4	9 角 7 分 7	48 元 8 角	97 元 7 角
1916 年	110.4	9 角 0 分 6	45 元 3 角	90 元 6 角
1917 年	119.0	8 角 4 分	42 元	84 元
1918 年	122.4	8 角 1 分 7	40 元 8 角	81 元 7 角
1919 年	120.7	8 角 2 分 9	41 元 4 角	82 元 9 角
1920 年	132.4	7 角 5 分 5	37 元 7 角	75 元 5 角
1921 年	132.3	7 角 5 分 6	37 元 8 角	75 元 6 角
1922 年	128.6	7 角 7 分 8	38 元 9 角	77 元 8 角
1923 年	134.5	7 角 4 分 3	37 元 1 角	74 元 3 角
1924 年	139.3	7 角 1 分 8	35 元 9 角	71 元 8 角
1925 年	144.8	6 角 9 分 1	34 元 5 角	69 元 1 角
1926 年	148.9	6 角 7 分 2	33 元 6 角	67 元 2 角
1927 年	153.3	6 角 5 分 2	32 元 6 角	65 元 2 角
1928 年	160.7	6 角 2 分 2	31 元 1 角	62 元 2 角
1929 年	165.3	6 角 0 分 4	30 元 2 角	60 元 4 角
1930 年	172.4	5 角 8 分	29 元	58 元
1931 年	182.4	5 角 4 分 8	27 元 4 角	54 元 8 角
1932 年	168.0	5 角 9 分 5	29 元 7 角	59 元 5 角
1933 年	150.3	6 角 6 分 5	33 元 2 角	66 元 5 角
1934 年	137.4	7 角 2 分 8	36 元 4 角	72 元 8 角
1935 年	142.2	7 角 0 分 3	35 元 1 角	70 元 3 角
1936 年	164.7	6 角 0 分	30 元	60 元

1912—1940 年上海物价水平和 1930 年的基本生活费

中华民国成立以后，在上海使用银圆和国币（国家指定的几大银行发行的纸币）。十几年间，银圆币值基本上是坚挺的，日用品物价基本上是稳定的，没有出现后来40年代法币和金圆券的通货膨胀和物价飞涨的恶性循环。

要深入研究知识阶层的经济状况，必须以当时市民日常生活的实际资料作为参照系。当时上海市的生活水平和一般收入要比内地高得多。

根据1928—1930年上海230户下层家庭状况的调查统计资料，当年一个五口人的贫苦劳动者之家平均年收入约国币400银圆。

民国以后上海市历年的银圆购买力（跟1912年标准的1银圆相比）涨落幅度如下①——

年度	物价指数	银圆比价	合1995年人民币	合2009年人民币
1912年	100.0	1圆整	44元	88元
1913年	106.0	9角4分3	41元5角	83元
1914年	113.6	8角8分0	38元7角	79元4角
1915年	102.9	9角7分2	42元8角	85元6角
1916年	111.6	8角9分6	39元4角	78元8角
1917年	105.5	9角4分8	41元7角	83元4角
1918年	116.2	8角6分	37元8角	75元6角
1919年	116.1	8角6分1	37元	74元
1920年	126.2	7角9分2	34元8角	69元6角
1921年	139.3	7角1分8	31元6角	63元2角
1922年	131.3	7角6分2	33元5角	67元
1923年	135.8	7角3分6	32元4角	64元8角
1924年	130.4	7角6分7	33元7角	67元4角
1925年	132.2	7角5分6	33元3角	66元6角
1926年	133.2	7角5分1	33元	66元
1927年	145.1	6角8分9	30元3角	60元6角

① 根据《上海解放前后物价资料汇编》（上海人民出版社，1958年版）第一章转引银行学会《民国经济史》、杨蔚《物价论》的数据，以及《上海批发物价指数表》（见该《汇编》第91—92页），又根据该书第二章《上海解放前历年来的批发物价指数》表（1）以及附表1、2综合计算而得。

续表

年度	物价指数	银圆比价	合 1995 年人民币	合 2009 年人民币
1928 年	135.4	7 角 3 分 8	32 元 5 角	65 元
1929 年	139.1	7 角 1 分 9	31 元 6 角	63 元 2 角
1930 年	152.9	6 角 5 分 4	28 元 8 角	59 元 6 角
1931 年	168.7	5 角 9 分 3	26 元	52 元
1932 年	149.7	6 角 6 分 8	29 元 4 角	58 元 8 角
1933 年	138.2	7 角 2 分 4	31 元 9 角	63 元 8 角
1934 年	129.3	7 角 7 分 3	34 元	68 元
1935 年	128.3	7 角 7 分 9	34 元 3 角	68 元 6 角
1936 年法币	144.5	6 角 9 分 2	30 元	60 元
1937 年法币	171.9	5 角 8 分 2	25 元 6 角	51 元 2 角
1938 年法币	204.5	4 角 8 分 9	21 元 6 角	43 元 2 角
1939 年法币	326.8	3 角 0 分 6	13 元 5 角	27 元
1940 年法币	692.5	1 角 4 分 4	6 元 4 角	12 元 8 角

如果以上海 1936 年生活费指数和实际工资指数为 100%，那么 1940 年，上海生活费指数上升到 692.5%，即大约比 4 年前增加 6 倍；

又有史料表明：1941 年，上海沦陷区生活费指数上升到 871.9%，而实际工资收入指数下降为 53.6%，大约降到 5 年前的一半。

华南广州历年的银圆购买力（以 1912 年购买力为 100）

民国以后广州市历年的银圆购买力①（跟 1912 年标准的 1 银圆相比）涨落幅度如下——

① 根据银行学会编印《民国经济史》、严中平等编《中国近代经济史统计资料选辑》、王廷谦编《我国近 70 年物价史料》和《中国物价史》的数据，以及原广东省政府秘书处编《广州批发物价指数表》，又根据《国内主要城市历年来的批发物价指数的比较》，综合计算得到。

年度	物价指数	银圆购买力	合 1995 年人民币	合 2009 年人民币
1911—1912 年	98.0	1 圆 2 分	51 元	102 元
1912—1913 年	100.0	1 圆正	50 元	100 元
1913—1914 年	103.6	9 角 6 分 5	48 元 2 角	96 元 4 角
1914—1915 年	111.8	8 角 9 分 4	44 元 7 角	89 元 4 角
1915—1916 年	118.7	8 角 4 分 2	42 元 1 角	84 元 2 角
1916—1917 年	123.2	8 角 1 分 2	40 元 6 角	81 元 2 角
1917—1918 年	129.4	7 角 7 分 3	38 元 6 角	77 元 2 角
1919—1920 年	132.4	7 角 5 分 5	37 元 7 角	75 元 4 角
1921—1922 年	140.5	7 角 1 分 2	35 元 6 角	71 元 2 角
1922—1923 年	146.6	6 角 8 分 2	34 元 1 角	68 元 2 角
1923—1924 年	153.1	6 角 5 分 3	32 元 6 角	65 元 2 角
1924—1925 年	162.0	6 角 1 分 7	30 元 8 角	61 元 6 角
1925—1926 年	173.0	5 角 8 分 1	29 元	58 元
1926—1927 年	171.8	5 角 8 分 2	29 元 1 角	58 元 2 角
1927—1928 年	173.2	5 角 7 分 8	28 元 9 角	57 元 8 角
1928—1929 年	167.2	5 角 9 分 8	29 元 9 角	59 元 8 角
1929—1930 年	167.3	5 角 9 分 8	29 元 9 角	59 元 8 角
1930—1931 年	175.5	5 角 7 分	28 元 5 角	57 元
1931—1932 年	193.1	5 角 1 分 7	25 元 8 角	51 元 6 角
1932—1933 年	195.5	5 角 1 分 2	25 元 6 角	51 元 2 角
1933—1934 年	184.8	5 角 4 分 1	27 元	54 元
1934—1935 年	162.0	6 角 1 分 7	30 元 8 角	61 元 6 角
1935—1936 年	165.4	6 角 0 分	30 元	60 元
1936—1937 年法币	181.1	5 角 5 分 2	27 元 6 角	55 元 2 角
1937—1938 年法币	207.1	4 角 8 分 5	24 元 2 角 5	48 元 5 角

核验：历史上 1 块银圆的实际购买力

20 世纪前半期，我国 1 块银圆（或国币）的实际购买力如何呢？我们可以参考历史上日常生活必需品的物价来计算。但一方面，物价随年月的变迁而变迁，另一方面，物价又随地点的不同而不同。我们只能做一个大概的描述。

当时银圆的购买力如何呢？参考历史上生活必需品及日常饮食的物价计算，得到如下参照值——

以大米、猪肉、白糖、植物油和棉布等衣食用品在上海市场的价格为例①：

1872 年上白米为每旧石（音担）2.7 银圆，计算大米的容量单位 1 旧石 =10 斗 =160 旧斤 =177.7 市斤（许多人通常误认为 1 石 =100 市斤是搞错了），就是说当时每斤上白米价格为 1.5 分银圆。这时期 1 块银圆大约折合 1995 年人民币 100 多元。

1901 年米价为每旧石 4 银圆，也就是每斤 2.2 分钱。这时期的 1 块银圆折合 1995 年人民币 70 元左右。

1911—1919 年米价恒定为每旧石（178 斤）6 银圆，也就是每斤米 3.4 分钱；1 银圆可以买 30 斤上等大米；猪肉每斤平均 1 角 2 分—1 角 3 分钱，1 银圆可以买 8 斤猪肉；棉布每市尺 1 角钱，1 银圆可以买 10 尺棉布；白糖每斤 6 分钱，植物油每斤 7—9 分钱；食盐每斤 1—2 分钱。……这时期“一块钱”折合 1995 年人民币 40—50 元。

1920—1925 年上海大米平均为每市石 9.5 银圆，1 市石 =160 市斤，也就是每斤大米 5 分多钱，1 银圆可以买 18 斤大米；猪肉每斤平均 1 角 4 分—1 角 5 分钱，1 银圆可以买 7 斤猪肉；棉布每市尺大约 1 角 2 分—1 角 4 分钱，1 银圆可以买 8 尺棉布；白糖每斤 1 角钱，植物油每斤 1 角 5 分钱，食盐每斤 2—3 分钱。……这时期“一块钱”折合 1995 年人民币 35—40 元。

1926—1936 年上海大米平均为每市石 10.2 银圆，也就是每市斤大米 6 分多钱；或者说，1 银圆可以买 16 斤大米；猪肉每斤大约 2 角—2 角 3 分钱，1 银圆可以买 4—5 斤猪肉；棉布每市尺 1 角 5 分—1 角 8 分钱，1 银圆可以买 6 尺棉布；白糖每斤 1 角 5 分钱，植物油每斤 2 角钱，食盐每斤 3—5 分钱。……这时期“一块钱”折合 1995 年人民币 30—35 元。

---

① 陈明远：《文化人与钱》，百花出版社，2001 年第 1 版，第 76 页、第 93 页。

当时上海的物价比北京（1928 年至 1949 年称为北平）高出大约 10%—20%，一般说来，南方的物价比北方高些，城市的物价更比乡镇要高得多。

30 年代在北平，一块银圆（大洋）可以请一顿“涮羊肉”；在上海，一块银圆（洋钿）可以请两客西菜套餐。要逛公园，一块银圆可以买 20 张门票；要看演出（戏剧或电影）一块银圆可以买 10 张入场券。至于精神食粮，一份报纸零售 3 分，一块银圆可以订阅整月的报纸；一部《呐喊》售价 7 角，一块银圆可以买一本较厚的书，或者两本较薄的书。①

由此，我们对于清末民初一块银圆（或国币）的价值可以得到一个具体的概念。

历史上猪肉价格的比较资料

2002 年 9 月 8 日陶世龙先生看到我关于《文化人的经济生活》的研究文章，以及《鲁迅一生挣了多少钱》以后，在互联网上提供了以下补充资料：

根据《中国工人阶级历史状况》一书中，记录 1912—1924 年北京市的物价。当时北京的猪肉价格，1913 年是每百斤 11 圆 7 角；1916 年有所上升，每百斤 13 圆 3 角。

那时的 1 斤（老秤）合 596. 82 克，现在 1 斤（新秤）合 500 克。所以老秤 1 斤约合新秤 1 斤 2 两。

北京 1913 年猪肉每百斤（老秤）11 圆 7 角，合每斤（新秤）约 1 角银洋。

1916 年猪肉每百斤（老秤）13 圆 3 角，合每斤（新秤）1 角 1 分银洋。

由此可以计算出——

鲁迅 1913 年 1 月薪俸 220 银圆，可购买猪肉 1122 千克，即今秤 2244 斤。

1916 年 1 月薪俸 300 银圆，可购买猪肉 1346 千克，即今秤 2692 斤。

又，陶先生举出当时李四光为答复鲁迅说他在京师图书馆当副馆长一事所作的说明：这副馆长一职的月薪是 500 银圆，但他只支取一半，还有一半捐给图书馆了；其实不捐也是可以的。所以当时教授的实际收入要比每月 2000 多斤猪肉还要多些。难怪鲁迅在北京居住的 15 年间，能花上相当

① 陈明远：《才・材・财》，河南人民出版社，2004 年第 1 版，第 100—102 页。

26000 斤猪肉的钱去购买图书资料，另外还买了住宅。

现在（按：指 1995 年）北京的猪肉每斤价格是 5 元到 7 元之间。当然，货币购买力不应仅仅以猪肉一项的价格来计算，而应以多项生活用品的综合比价来计算。可见，陈明远估算民国初年（1912 年）的 1 银圆平均购买力约相当于今（按：指 1995 年）人民币 50 元，还是基本上符合实际情况的，甚至是比较保守的数字；因为当时北京市的物价比上海低 10%—20%。

结论

参考历史上生活必需品及日常饮食的物价计算，得到如下参照值——

清末白银和银圆的购买力

1872 年一两白银的购买力，约合 1995 年人民币 140 元，合 2009 年人民币 280 元；一两白银约合 1.4 银圆，所以，一银圆约合 1995 年人民币 100 元，合 2009 年人民币 200 元；一枚铜元约合 1995 年人民币 1 元，合 2009 年人民币 2 元。

1901 年一两白银约合 1995 年人民币 100 元，合 2009 年人民币 200 元；一银圆约合 1995 年 70 元，合 2009 年 140 元；一枚铜元约合 1995 年 7 角，合 2009 年 1 元 4 角。

1911 年一两白银约合 1995 年人民币 70 元，合 2009 年人民币 140 元；一银圆约合 1995 年人民币 50 元，合 2009 年人民币 150 元；一枚铜元约合 1995 年 5 角，合 2009 年人民币 1 元。

清末及民国前期银圆的购买力

由北京（北平）、天津、上海、广州等城市 1912—1938 年的“物价指数”统计表，和“银圆购买力”的数据表，可以得出如下结论：

若以 1936 年标准银圆购买力为基数——折合 1995 年人民币 30 元，合 2009 年人民币 60 元，那么，北京、天津、上海、广州在这一历史时期内，1 银圆的购买力大致合 2009 年人民币——

	北京	天津	上海	广州	平均
1872 年左右	200 元	200 元	200 元	—	200 元
1901 年左右	146 元	146 元	—	—	146 元
1912 年左右	100 元	100 元	88 元	100 元	96 元
1920 年左右	88 元	76 元	70.2 元	76 元	78 元
1926 年左右	76 元	68 元	67 元	60 元	68 元
1930 年左右	—	58 元	58 元	58 元	58 元
1936 年左右	60 元	60 元	60 元	60 元	60 元

这个结果，跟拙作《文化人的经济生活》一书提出的数据基本符合，① 即——

以抗战前一年，或通行法币前夕（1936 年）的 1 银圆折合 1995 年人民币 30 元，折合 2009 年人民币 60 元，作为换算的基准单元。

1911—1919 年“一圆”折合 1995 年人民币 40—50 元，2009 年人民币 80—100 元；

1920—1925 年“一圆”折合 1995 年人民币 35—40 元，2009 年人民币 70—80 元；

1926—1936 年“一圆”折合 1995 年人民币 30 元，2009 年人民币 60 元。

又，当时上海的物价比北京（1928 年至 1949 年称为北平）和内地高出 15%—20%，一般说来，南方的物价比北方高些。也就是说，20 世纪 20—30 年代，在北京（北平）的银圆要比上海、广州更值钱一些。这在上述北京（北平）、天津、上海、广州等城市的“物价指数”统计表和“银圆购买力”的数据表中，也有所反映和验证。

（2008—2010 年修订于上海—北京）

① 陈明远：《文化人的经济生活》，文汇出版社，2005 年第 2 版，第 358 页。

后 记

我做了哪些工作

本书的编写是“知难而进”甚至“自讨苦吃”。黄宗英曾经说过：“不要轻易下笔。别落俗套。要写别人不愿写或写不了，而只有你自己适合写的东西。要写有特色的甚至填补空白的东西!”许多年了，她这番话时常在我耳际心间回绕。

为此，近十几年来，我的大量精力和时间花费在别人不愿做或做不了、而只有我自己心甘情愿做的、繁杂的史料搜集和考证上。

本书搜集和论证了许多第一手原始数据，并参照、引用了许多回忆录和各个校史资料，所以叫做“编著”；而下的工夫要比“创作”更多、更难。但也确实填补了一些空白。

在撰写过程中，我努力做了哪些有特色的工作呢?

首先，我尽可能查找、核对各地各学校的有关档案资料

为此不仅在各地各学校的有关档案馆、资料室查阅史料记载，而且努力搜集整理民间的许多资料。包括清朝末年及民国时期有关教育方面的各种文件、会议记录、报告等，有一些是尚未公开披露的第一手史料，如《京师同文馆学友会报告书》《广方言馆全案》《京师大学堂同学录》《北京师大同学录》《北京高等师范学校一览》《国立北京大学纪念册》《1918—1919北大文科、预科一览》《1918—1919北大法科一览》《1920北京大学三院》《清华周刊》《清华国学研究院记录》《清华大学史料》《国立东南大学教员履历》《哈佛燕京学社》《燕京学报》《震旦学院章程》《震旦大学一览》《复旦大学校友节特刊》《复旦同学会刊》《复旦大学章程》等等内部文献

（由于几十年来许多次浩劫损毁，各档案馆在这方面的史料大都残缺不全）。又如清末《教育世界》《新民丛报》《翻译世界》，民国年间的《北京大学日刊》《教育杂志》《新教育》《中国青年》《中国教育年鉴》《中国近代学制史料》《中国近代教育史参考资料》《中国教会大学史》等。我多次专程前往上海图书馆、徐家汇藏书楼，以及各大学的校史档案馆，不厌其烦地从原件摘抄。特别是在京津沪宁广许多文教界老前辈的帮助指导下，我这十几年以来，掌握了丰富的第一手资料，足以说明这些高校教学科研情况及校园生活的真面目。

其次，我经常访问清末民初以及20世纪前期的许多当事人

多年以来，我借各种机会听取并整理各个时期当时人的回忆口述，从而对几十年前的史实加深了认识。

同时，我阅读了各个时代大量的书籍报刊，做了几百万字的笔记。包括：《万国公报》、《申报》、《苏报》、《时报》、《民立报》，以及20—30年代出版的《北平各大学的状况》《上海高校溯源》《上海一览》等，并参照京津沪宁广等地各种《校史资料》和张伯苓、蒋梦麟、罗家伦、顾维钧、林语堂、沈尹默、梁实秋、舒新城、钱穆、周作人、冯友兰、萧公权、吴大猷、任鸿隽、王道元（画初）、陈诒先、夏丏尊、顾颉刚、谭其骧、邓云乡、张中行、何兆武、杨振宁以及许多老前辈撰写的回忆录，还及时采访了90年代健在的一些历史见证人（有的现已亡故）。

经常遇到这样的情况：对于同一事件或人物，出现了不同的记载或叙述，于是必须加以检验和辨别，以查明真相。

第三，我尽量查找与整理、核实了几十年间各高校教职员待遇、薪金的第一手史料

我多方搜集并核实、整理了《五四前后北京大学教职员的实际收入》，特别是我从北大档案库的杂乱纸堆中发现并整理、分析了《北京大学薪俸存根》几百张散乱的纸片，得到许多从未露面的原始数据；我还反复查阅比较北京（国家）图书馆、清华档案馆等处所藏史料，校订、整理了《1924—1926年度清华大学国学研究院薪俸册》、《1930—1937年度清华大学教职员月薪表》、《复旦大学历年教职员月薪表》、《交通大学历年教职员月薪表》等等。

1998年以后，我在这方面陆续发表的一系列文章，如《五四时期知识阶层的经济生活（个案十例）》和《20—40年代我国教员的薪金状况》等等，曾为国内外许多传媒刊登、转载和学术界引用。

第四，我尽量查找与整理、核实了几十年间各高校大学生的日常费用，特别是学费

我查阅20世纪初以来的《申报》《大公报》等报刊文章、《上海指南》《北平旅行指南》手册中有关当时高等院校的学费、生活费数据，对于20世纪以来我国各高校大学生的日常费用特别是学费，有了清楚、准确的理解。

我在这方面发表的几篇文章，如《60年前后高校学费的比较》和《30年代我国学生的学习和生活费用》等，曾为国内外许多传媒刊登、转载和学术界引用。

第五，我调查了几十年间京、津、沪、宁、广居民的生活水平，作为知识阶层经济状况的参照系

我搜集了历年以来关于我国各地劳工家庭生活费的研究资料。最初是狄特摩（C. G. Dittmer）于1917年指导清华学校学生调查北京西郊农家生活费；此后有陈达、甘博（S. D. Gamble）、言心哲等学者所作的“工人家计调查”，以及北平社会调查所（原名社会调查部）、天津南开大学、上海中国经济统计研究所、太平洋国际学会等学术团体，所作的“生活费调查”，根据实际结果编为生活费指数。由此了解20世纪上半叶北京、天津、上海、广州等地居民生活费以及抗日战争期间“大后方”和“沦陷区”的居民生活水平的变化，作为知识阶层经济状况的参照系。

我在这方面发表的一些文章，如《五四时期北京的生活水平》和《30年代我国知识阶层的经济生活状况》等，曾为国内外许多报刊登载和引用。

第六，我将货币学和物价学两者相结合，计算出“标准银圆购买力”

一般说来“货币学”专门研究货币，“物价学”专门研究物价，两者虽有联系，但过去很少有机地结合起来。

我从货币学和物价学两种角度进行历史的双相比较，确定了几十年间银圆（国币）与法币的实际购买力；并且在日常生活用品的范围内，将标准银圆价值与今日人民币作一换算，使得读者可以对历史上的生活水平有个具体的参照。

我在这方面发表的一组文章，如《我算清了鲁迅挣的钱》、《一块银圆的价值》等，曾为国内外许多传媒刊登、转载和学术界引用。以上这些内容，几乎都是过去人们忽略不计的史料，却可以从中悟出许多道理的。

我的原则是：用尽量确切的事实来说话！

事实胜于雄辩。在这“假大空”泛滥成灾、“炒作喧闹”横行霸道的文化市场上，我只愿沉静地提供一些真货、鲜为人知的真相，献给那些追求真理的知音。尽管他们暂为少数，但我尊重他们、敬爱他们，并且以这些实干的朋友们为荣！

因为历史证明：真理有时候在少数人手里。

陈明远

2009年除夕于北京中关村

校订附记

修补删改之余，还要加上一条补充：就是在本书的编写中，十分慎于史料的考证与对比、核实。这个问题目前非常重要，所以我特别在此提出一些实例来，供大家参考，希望引起注意和反响。例如——

(1) 从第一手史料，查核、订正一些具体数据

许多作家、评论家和某些人文知识分子，往往“一见到统计数字就头疼”；然而须知，在现代化的人文研究中，必要的、尽量准确的统计数字是不可避免的。但往往见到某些人在引用数据资料时，不加核实、以讹传讹。这是常令人头疼的事情。例如关于五四时期知识阶层收入状况，有文章说：

> 20年代初，陈独秀（北京大学文科学长）月薪400银圆，胡适（文科教授）月薪300银圆，李大钊（北大图书馆主任）月薪300银圆……

但是作者所掌握的史料记载，跟上述说法有相当大的差距。我多方搜集并核实、整理《1918—1920年北京大学教员月薪统计数据》后，从第一手的原始资料考证得出：陈独秀担任北大文科学长兼教授（四级学长，到1919年）月薪为300圆；胡适担任文本科一级教授月薪为280圆，李大钊担任北大图书馆主任（五级主任）月薪为120圆，到后来他才升为教授，月薪起点为200圆。

又如，有一些前辈的回忆录称：

> **五四前后，北京大学教授的待遇，最高薪每月大洋280银圆，也有每月260圆或240圆者。**

这种说法是片面的，实际上并非完全如此。据我考证，北大教授分本科、预科两类，各分为六级，月薪级差皆为20银圆。五四时期本科教授分为六级而不是三级，月薪标准分别为：一级（如胡适）280圆、二级（如陈启修）260圆、三级（如周作人）240圆、四级（如吴梅）220圆、五级（如王彦祖）200圆、六级（如黄节）180圆。而他们都还不是“正教授”。详细真相，请参阅本书。

(2) 澄清一般容易混淆的名称和事实

这是许多文章的普遍病症甚至是流行病，且举一例。

许多文章至今人云亦云：

> **梁漱溟年轻时虽属无名之辈，但为伯乐蔡元培校长相中，破格聘请他出任北京大学教授。**

这是夸大其词，跟真相不符。实际上，五四时期梁漱溟在《东方杂志》上发表了相当不错的论文，经过推荐，担任北京大学“讲师”，月薪仅100圆；而非平步青云地立即获取“北大教授”证书。平心而论，梁漱溟担任讲师的时候离教授的水平还差得远，后来不断努力提高，又作出学术贡献，经考核才提拔为教授。

再如，闻一多考入清华学校是在1912年，有些文章记载为1913年，那是弄错了。又，闻一多在清华学校的绰号叫做“Window”就是英文“窗户”的意思；但有的作者英文不行，误记为“Widow”（意为寡妇），成为一个笑柄。

还有，许多文章把1925—1928年清华国学研究院王国维、梁启超、陈寅恪、赵元任等的职称叫做“导师”。某文写道：

> **王、梁、陈、赵四人均是学贯古今的国学大师，校方将四人职称定为“导师”，以示学术地位高于普通大学教授。**

我查遍清华大学有关档案史料，没有找到一个证据能确认“校方将四人（王、梁、陈、赵）职称定为导师”，当时只称为“国学研究院教授”，根本没有“导师”这一正式职称。更令人不解的是，竟然有文章把“王、梁、陈、赵、吴”或“王、梁、陈、赵、李”称为“五大导师”，即加上一个吴宓或李济，真叫人莫名其妙。吴宓于1925年担任国学研究院主任，而李济当时担任讲师。

……

诸如此类的例子举不胜举，希望引起重视，尽量纠错，大家共勉。

(3) 查清楚事件的准确年代日期

在1912年元月孙中山主持中华民国临时政府于南京成立之前，汉武帝以后两千年间，我国各封建王朝的纪年向来采用帝王“年号”，如清代的“康熙、雍正、乾隆……”一直到“同治、光绪、宣统”；同时也用干支纪年如“甲午海战”、“戊戌变法”、“庚子变法”、“癸卯学制”、“辛亥革命”等；而月日的记载，向来采用阴历（月亮历或称夏历、农历、旧历）。直到1912年1月1日以后，民国政府才下令全国一律实行“公元纪年”，并且改用阳历（或称公历）记载日期。

这样，在大清帝国历史的年、月、日换算方面，就容易出现一系列的混淆。

首先是关于年代上的混淆。通常人们容易发生的一个错误，就是把年号干支纪年与公历纪年简单地等同起来。例如一般往往将“光绪二十年甲午”等同于公元1894年、“光绪二十四年戊戌”等同于1898年、“光绪二十六年庚子”等同于1900年、“光绪二十九年癸卯”等同于1903年、“宣统三年辛亥”等同于1910年，等等，不一而足。

但实际上，因为阴历和公历分别以月亮和太阳的运行为准，差别很显著，所以阴历岁首（正月初一）从来不等同于公历的元旦。阴历年代跟公历年代并不是一一对应的，而每一年都有相当大的交叉：一般说来，头尾共有2—3个月的差别，两头都要“跨年度”。也就是每年大约有五分之一（年初、年末各一个月甚至更多）日期的纪年并不对应，决不容忽视。例如——

“光绪二十年甲午”实际上是从公元1894年12月6日到1895年1月25日；

“光绪二十四年戊戌”实际上是从1898年1月22日到1899年2月

11 日；

“光绪二十六年庚子（闰年）”实际上是从 1900 年 1 月 31 日到 1901 年 2 月 18 日；

“光绪二十九年癸卯”实际上是从 1903 年 1 月 29 日到 1904 年 2 月 15 日；

“宣统三年辛亥”实际上是从 1911 年 1 月 30 日到 1912 年 2 月 17 日，等等。

这种阴历与公元纪年“跨年度”的情况，已经使得不少的学者在换算年代的时候发生错误，例如——

严复的生年，是“咸丰三年十二月”。但一些学者以“咸丰三年”等同于公元1853 年，认为严复生于1853 年。实际上“咸丰三年阴历十二月”已进入1854 年1 月。

蔡元培和张元济的生年，按照阴历都是在“同治六年丁卯（兔年）”生肖都属兔，所以称为“同年”生人。但是蔡元培生日在阴历十二月跨年度，生年属于1868 年；而张元济的生年是在1867 年。按照阴历是同年，但按照公历却相差一年。

……

诸如此类的年代换算错误，历历可见。

特别值得提醒的是，许多历史事件的日期，阴历和阳历容易混淆。例如——

光绪廿四年戊戌四月廿三日（1898 年 6 月 11 日），皇帝下《明定国是诏》宣布变法；

光绪廿四年戊戌五月十六日（1898 年 7 月 4 日），皇帝下诏批准设立京师大学堂；

光绪廿四年戊戌八月六日（1898 年 9 月 21 日），西太后发动政变；

光绪廿七年辛丑十二月初一（1902 年 1 月 10 日），清廷任命张伯熙为管学大臣；

光绪廿八年壬寅十一月十八日（1902 年 12 月 17 日），京师大学堂举行入学典礼；

宣统二年庚戌腊月即十二月初五（1911 年 1 月 5 日），清政府学部将“游美肄业馆”改名为“清华学堂”……

这些日期在某些著述里面是搞错了的，把阴历误为公历。

例如，有的文章写道——

> 1898 年 8 月 6 日，以慈禧太后为首的顽固派发动了戊戌政变……

错了。这是把阴历八月六日误当作公历；正确的日期应为：公元 1898 年 9 月 21 日。

还有文章写道：

> 1901 年（光绪二十七年）12 月 1 日，朝廷委派张伯熙为管学大臣。

错了。这也是把阴历的年月误当作公历。光绪廿七年辛丑十二月初一，应换算为 1902 年 1 月 10 日。

再有文章写道：

> 1910 年底，清政府学部将游美肄业馆改名为清华学堂。

又错了。这是把宣统二年庚戌简单地完全换算为 1910 年。宣统二年十二月即腊月，应为 1911 年 1 月。

所以本书对此十分注意。特别在有关戊戌变法和京师大学堂、清华学堂的记载中，不厌其烦地将阴历和公历对照并同时标出，藉以匡误订正。

陈明远

2009 年 2 月